MANUEL

QUATRIÈME CLASSE

MANUEL

QUATRIÈME CLASSE

TOURS

IMPRIMERIE MAME

—

1922

PRÉFACE

Cette année, à laquelle notre programme d'études attribue une grande importance, est essentiellement une période de transition et de préparation.

Le but du Manuel est d'achever une première formation littéraire qui permette aux élèves d'aborder ensuite avec succès le travail des hautes classes.

Le cycle des années moyennes s'achève. Aux petites monographies artistiques précédentes se substituent de véritables Notions d'Histoire des Beaux-Arts *destinées elles-mêmes à préparer des études plus détaillées. Faire connaître aux élèves les noms et les œuvres les plus illustres, les exercer à l'analyse, leur enseigner le sens des expressions techniques que l'on ne peut ignorer, leur donner enfin une idée juste et précise des grandes époques de l'art et des principales écoles, telle est la fin que l'on se propose.*

D'autre part, le Cours de Langue Française, *qui s'est développé progressivement depuis le début de notre plan d'études, touche presque au terme. Les origines de la langue, sa formation latine et* grecque, sont revues dans une synthèse préparée par les études de vocabulaire des deux classes antérieures. L'Explication Française permet de revenir encore sur les préceptes de grammaire, et d'assurer plus fortement la possession des principales règles de la syntaxe en les appliquant à des textes difficiles. Mais déjà cet exercice revêt un caractère littéraire. Des questions analytiques guident les élèves dans l'appréciation du talent de l'auteur : caractères de son style, qualités de la phrase, du vocabulaire, etc.

Les Préceptes littéraires apportent leur appui à l'Explication Française ; l'importance qu'on leur a accordée a été mesurée à ce rôle. Il fallait d'ailleurs se garder d'anticiper sur le Cours de Théorie littéraire, dont les débuts sont réservés à la 3e Classe.

Ce qui appartient en propre à cette année, c'est le commencement d'un Cours de Style plus développé : théorie de la description, du portrait, de la narration et de la lettre. Depuis la 7e Classe, il est vrai, les élèves ont été exercées progressivement dans ces différents genres ; mais leur Manuel ne leur offrait qu'un enseignement tout intuitif, à la portée de leur âge et basé principalement sur l'imitation de textes faciles. Aujourd'hui une théorie complète du style descriptif, narratif et épistolaire leur est présentée. Préparées par des séries d'exercices élémentaires, elles sont à même de s'adapter ces notions et de les appliquer soit à la composition personnelle, soit à l'étude des modèles. Ordonnée en vue de la formation du style, cette théorie n'emprunte ses exemples qu'à des écrivains actuels et à des sujets familiers. Trop d'importance ne pouvait être donnée à des exercices qui servent de base aux compositions des années suivantes.

Les Morceaux choisis comprennent deux parties bien distinctes : les Extraits des Classiques permettent aux élèves de faire une première connaissance avec les auteurs du XVIIe et du XVIIIe siècles et font suite aux textes du Manuel de 5e classe ; les Morceaux correspondant au Cours de Style servent de nouveau développement à la théorie étudiée, et offrent aux élèves matière à un travail personnel.

NOTIONS

D'HISTOIRE DES BEAUX-ARTS

INTRODUCTION

1. **DOMAINE DE L'ART.** Si nous regardons autour de nous, bien souvent nous verrons des choses plates : petite maison neuve, fauteuil Voltaire, etc... Ce qui est plat ne concerne pas l'art ; il lui faut :

a) **L'Expressif**, qualité de ce qui a du caractère, de la vie : tête de vieille paysanne, saule tordu, *Enfant mendiant* de Murillo.

b) **Le Sublime**, qualité de ce qui éveille l'idée d'infini : ciel étoilé, mer en tempête, *Prophète* de Michel-Ange.

c) **Le Beau**, c'est-à-dire la perfection mesurable, l'harmonie perceptible à notre raison, donnant une impression de repos (et non de stupeur, comme le sublime) : mélodie de Mozart, tête de Raphaël.

Le sublime et le beau ne sont que des genres d'expression : le sublime, celle d'une vie intense, extraordinairement puissante ; le beau, celle d'une vie sensiblement harmonieuse, ordonnée.

C'est Dieu lui-même qui a créé l'Art, puisqu'il lui a plu de rendre certaines choses **expressives**, d'atta-

cher aux *formes*, aux *couleurs*, aux *sons* une signification tout à la fois évidente et mystérieuse. Ainsi :

Ligne droite : idée de résistance, fermeté.

Ligne horizontable : calme, repos, sensation d'infini
(désert, mer).

Ligne verticale : élan, élévation (flèches gothiques).
Les verticales répétées accentuent la hauteur (on emploie
des tentures rayées verticalement pour des salons trop
bas).

Ligne courbe : idée de souplesse, grâce, vie ; elle
domine, en effet, chez les vivants (plantes, animaux).

Les formes retombantes sont tristes : saule pleureur,
bouche dont les coins tombent ; au contraire, les
formes relevées sont gaies : sourire, petit toit japonais.

Où l'on combine les droites et les courbes, on
obtient une idée d'équilibre en même temps que de
grâce : fauteuil Louis XVI.

La couleur sera « froide » ou « chaude » : les
bleus, les gris, le bleu pâle surtout ont quelque chose
de doux, de discret, et conviennent aux seconds plans.
Les couleurs chaudes, rappelant le feu ou la lumière,
c'est-à-dire le jaune doré et le rouge orangé, conviennent aux premiers plans et aux tableaux somptueux. Le vert (bleu + jaune) et le violet (bleu +
rouge) sont des couleurs composées, de valeur inter-
médiaire.

2. **L'ARTISTE** est celui qui « *dispose harmonieuse-
ment* » les éléments expressifs mis à sa disposition. La
disposition est un point capital. Les sons, par
exemple, ont déjà une valeur expressive par le fait
seul de leur timbre (voix argentine d'enfant, son grave

ENFANT MENDIANT   (Murillo.)

1*

du violoncelle). Mais des sons seuls ne constituent pas de la musique ; il faut les combiner, leur donner une disposition. La mélodie est une succession de sons s'appelant l'un l'autre ; et le rythme, une organisation des durées des sons ; deux noires contre une blanche, ou *vice versa*.

3. **ÉLÉMENTS A CONSIDÉRER** dans une œuvre d'art. Si elle est « la disposition harmonieuse » d'éléments expressifs, — formes et couleurs ou sons, — il faudra donc analyser dans un tableau :

A. Les matériaux :

Le *dessin*, abrégé, simplifié des grands maîtres (Raphaël), ou détaillé, minutieux (Dürer).

L'*éclairage*, plus ou moins généreux, triste ou gai.

La *couleur*, froide ou chaude, juste ou fantaisiste.

La *facture* même, la touche, — ou, comme disent les peintres : la patte, — doit compter : la brosse se pose hardiment ou timidement, revient ou ne revient pas.

Enfin *l'ordonnance* : en grandes lignes diagonales (*Descente de croix* de Rubens) ; en demi-cercle concave (*Dispute du Saint Sacrement* de Raphaël) ; circulaire (*Saint Ildefonse* de Rubens) ; symétrique (*Vierge de Saint-Sixte* de Raphaël) ; ou avec équilibre des masses, ce qui est plus difficile (*Descente de Croix* de Rubens) ; par la lumière (*Philosophe* de Rembrandt) ; par impression de saison, d'heure (*coucher de soleil*).

Tout peintre a forcément un dessin, un éclairage, une couleur, une ordonnance. Encore une fois, il y a donc toujours disposition dans toute espèce de tableau, bon ou mauvais ; mais, pour que le tableau soit bon, il faut une composition plus profonde encore, c'est-à-dire :

B. **La pensée**, la « disposition harmonieuse » en vue de tel effet, exigeant précisément tel dessin, tel éclairage, telle ordonnance. La pensée donnera :

L'unité. Il faut que le sujet principal frappe le regard, que les accessoires le fassent ressortir et que les détails et les personnages inutiles soient sacrifiés. L'artiste s'attache aux grandes lignes et « n'est ému que par des simplicités » (Bayard). Dans le retable[1] de l'Agneau, Van Eyck dispose avec clarté près de trois cents figures sur une surface n'atteignant pas 15 mètres carrés.

L'expression intense. « La plus pauvre église gothique fait rêver même un ignorant » (Viollet-le-Duc). La douleur physique se lit sur tous les membres du *Laocoon*; la douleur morale, sur le visage du Christ de Vinci, dont les yeux sont cependant baissés; qui oserait troubler les profondes réflexions du *Penseur* de Michel-Ange ?

Quant à l'impression morale produite par une œuvre d'art, rappelons la parole de La Bruyère : « Quand une lecture vous élève l'esprit, vous inspire des sentiments nobles et courageux, ne cherchez pas une autre règle pour juger l'ouvrage: il est bon et fait de main d'ouvrier. » L'œuvre vraiment artistique élève l'âme en lui communiquant les grandes idées qu'elle exprime. Du spectacle des beautés créées, l'âme remonte au Principe de toute beauté, à Dieu même.

---

[1] *Retable*, fond à décorer appliqué derrière l'autel.

REMARQUE AU SUJET DU DESSIN. *Dessin* n'est pas synonyme de *trait*. Qu'il s'agisse d'une eau-forte, d'un crayon, d'une peinture à l'huile, le dessin se fait avec la ligne et la tache.

1º **La ligne** donne ces deux excellents effets :

a) Des coups de crayon soulignant le coin d'une bouche, la direction générale d'une draperie, etc.

b) De l'arabesque, c'est-à-dire un profil élégant, une silhouette agréable par elle-même. Exemple : crayon d'Ingres. En regardant un dessin à l'envers, c'est-à-dire la tête en bas, changé de sens seulement, on verra de suite si les lignes forment de jolis enchaînements [1].

2º **La tache** est nécessaire pour les ombres, qu'elle soit hachures ou vraie tache de peinture.

Comprenons donc bien que *jamais* l'on ne doit exprimer la forme par un contour continu encerclant complètement l'objet représenté ; procédé bon pour la broderie au plumetis. En peinture, autour des objets il y a **l'enveloppe**, atmosphère d'air et de lumière qui demande parfois l'interruption du trait. Dans le dessin au trait seul, on diminue du moins le trait par endroits. — Dans les vitraux, le contour de plomb est pratiquement nécessaire et la peinture est seulement décorative.

« Bien dessiner, » ce n'est pas cerner d'un contour ; c'est quelque chose de bien plus difficile ; c'est-à-dire :

a) Donner les proportions.

b) Donner le caractère de chaque forme.

---

[1] La mise à l'envers sert aussi beaucoup pour se rendre compte de la justesse d'un éclairage et de l'équilibre d'une ordonnance.

L'ANTIQUITÉ

Oublions les maisons grises de nos rues, oublions surtout la Madeleine et l'obélisque de la place de la Concorde : les traces de couleurs restées sur les édifices antiques nous permettent de nous les figurer enluminés au dedans et au dehors. Ce goût de l'enluminure, né dans tout l'Orient du besoin d'atténuer l'éclat de la lumière, insoutenable sur des surfaces blanches, se développa d'une façon que nous pouvons à peine nous figurer, les ruines étant maintenant décolorées, revêtues de la seule patine du soleil et des siècles. Les Égyptiens, en particulier, ne pouvaient supporter une pierre ou un morceau de bois à l'état naturel ; cette débauche de couleurs vives donnait au moindre village un air de fête, qui s'harmonisait avec le ciel magnifiquement bleu.

Les Grecs enluminaient aussi leurs édifices, leurs statues ; l'œil (au moins la prunelle) était rapporté en émail et les draperies rehaussées de couleur. Ils avaient inventé la *chryséléphantine*, association d'or et d'ivoire pour une statue. Mais ils corrigèrent ce que la polychromie avait d'excessif, de trop « oriental », et arrivèrent à la juste mesure : des *rehauts* de couleur simplement. Exemple : la frise du Parthénon : sur un fond rougeâtre, les chevaux de marbre, légèrement teintés par endroits, ont les brides en bronze appliqué.

DIVISION. L'antiquité n'a connu que deux grandes écoles d'art :

1° L'**Égypte** exprime surtout l'idée de durée. A la même époque, la *Chaldée* n'exprime guère que la force physique.

2° La **Grèce** seule s'élève jusqu'à la réalisation de la Beauté. L'art *romain*, qui lui succède, ne fait guère que l'imiter.

A. — L'ÉGYPTE

IDÉAL DE DURÉE

I. IDÉE D'ENSEMBLE. « L'Égypte visait au grand, a dit Bossuet ; elle imprimait un caractère d'immortalité à tous ses ouvrages. » Ce caractère est dû à deux choses :

1, **Proportions gigantesques des monuments.** La grande pyramide, qui représente le travail de 100 000 hommes pendant 30 ans, mesure près de 3 millions de mètres cubes, dont on pourrait faire un mur de 2 mètres de hauteur sur 30 centimètres d'épaisseur, entourant la France. Cette idée un peu primitive d'atteindre à la grandeur par le colossal n'aurait pas suffi à donner aux monuments un caractère de grand art, s'il n'y avait eu pour ordonner ces masses :

2. **Une pensée maîtresse.** L'Égyptien a nettement fait choix :

a) De la symétrie (2 pylônes, 2 obélisques à l'entrée des temples ; avenue de sphinx parallèles, etc.).

b) De la prédominance des grandes horizontales (développement en largeur plutôt qu'en hauteur).

c) De la prédominance des pleins sur les vides.

Il en résulte, — avec quelque lourdeur, il est vrai, — une saisissante impression de stabilité, de repos, en quelque sorte éternel[1]. Classique en cela, l'architecture égyptienne est un ensemble raisonné, clair, simple, « beau ».

II. PRINCIPAUX MONUMENTS. 1. Les pyramides, ou tombeaux des pharaons, dont les trois plus fameuses ont jusqu'à 146 mètres de hauteur. La *chambre funéraire* est située au bout d'une série de couloirs étroits et obscurs, dont l'entrée était souvent dissimulée afin de dépister les voleurs. Le défunt reposait, entouré de bandelettes, muni de papyrus relatant ses bonnes actions, ainsi que de son « double », statuette à sa ressemblance où l'âme pourrait se loger, pensait-on, si la momie venait à disparaître.

2. **Les temples**, dont les pierres taillées tenaient sans mortier, par le seul poids de leur masse. Au delà de la porte, encadrée de deux *pylônes* couverts de dessins et d'hiéroglyphes, se trouvaient des cours entourées de portiques, des *salles hypostyles*[2], et enfin le *sanctuaire* mystérieux où habitait le dieu. Remarquons les chapiteaux en forme de lotus.

III. SCULPTURE. Certaines attitudes invariables se sont maintenues jusqu'à la fin de cette civilisation (homme debout, assis, accroupi ou agenouillé) : la pierre très dure ne se prêtait qu'à des gestes étroits et rares. Mais, grâce à un vrai sens de la simplification, les Égyptiens ont donné beaucoup de noblesse à la sil-

---

1 En 1798, un détachement français arrivant à Karnak se tut instinctivement. Soyons sûres que ce qui saisissait ainsi nos troupiers, c'était le second, plus encore que le premier des caractères que nous venons d'indiquer.

2 *Hypostyle*, entouré de colonnes.

houette, et souvent une certaine expression vivante au visage (le *Scribe accroupi*). Deux créations bien égyptiennes sont :

1. **Les statues adossées** aux temples, et représentant généralement des pharaons assis. Elles jouent un rôle purement architectural et s'imposent par leur grande simplification, leur expression de gravité.

2. **Les sphinx** (lions accroupis à tête d'homme ou de femme) jouent aussi un rôle purement décoratif dans les avenues des temples ; les verticales et les horizontales s'y accusent comme dans un monument. Le plus ancien est celui de Gizeh, qui depuis tant de siècles garde l'entrée du désert, près de la grande Pyramide ; il a été taillé à même le rocher ; le nez seul mesure 2 mètres.

IV. **DESSIN ÉGYPTIEN.** Il est le plus conventionnel qu'on puisse rêver. Une formule invariable fait poser les visages de profil sur les corps de face ; l'œil est de face, les jambes de profil. C'est que le peintre égyptien, peu réaliste, n'a pas essayé de représenter la vie, mais des silhouettes plates, d'une élégance un peu rigide. Or l'effet de silhouette est donné, pour la tête et les jambes, par le profil ; et pour le corps et les yeux, par la face. Remarquons ici le goût de l'arabesque plus que de la vie.

B. — L'ASSYRIE

— IDÉAL DE FORCE —

Quelques monticules informes marquent seuls la place de Babylone, car la brique, employée à défaut de pierre à bâtir, s'est désagrégée. Il faut creuser le sol pour découvrir des vestiges du passé.

I. IDÉE D'ENSEMBLE. Sous les dominations diverses (Chaldéens, Assyriens, Perses), un même art se développe, peu original : lourd, monotone, colossal dans les constructions, bien oriental par le goût de la vive polychromie et des matières précieuses.

II. MONUMENTS. 1. Les temples étaient des tours à sept étages, bariolées aux sept couleurs des astres, et du haut desquelles les mages observaient le ciel.

2. Les palais fortifiés n'avaient ni étages ni fenêtres ; le jour n'y entrait que par les portes des 200 salles rectangulaires. Les briques émaillées y formaient une éblouissante décoration murale ; les peuples d'Asie aimaient à voir ces taches nettes de tons rares et éclatants : des bleus avec de l'or, du rouge corail et du vert tendre. La Perse fait encore de si merveilleux tapis !

III. SCULPTURE. Figée dans certaines attitudes comme celle des Égyptiens, elle est beaucoup moins capable de simplification (broderies des longues robes, barbes détaillées avec trop de complaisance). La grande réussite, ce sont les animaux :

a) D'après nature. Voir la *Lionne blessée*.

b) Décoratifs, du même ordre d'idée que les sphinx : *taureaux ailés* gardant les portes des palais. Ces êtres fantastiques (tête d'homme, crinière de lion, ailes d'aigle, corps de taureau) expriment une force monstrueuse.

Le peuple hébreu. Le Temple de Salomon était inspiré de l'art assyrien ; quant à la sculpture, elle était prohibée par crainte de l'idolâtrie. C'est en musique et surtout en poésie que les Juifs ont donné leur mesure. Au seul point de vue de l'art, que d'inspirations ont été puisées dans la Bible, depuis la décoration romane jusqu'aux voûtes de la Sixtine et aux eaux-fortes de Rembrandt !

C. — LA GRÈCE

IDÉAL DE BEAUTÉ

I. **IDÉE D'ENSEMBLE.** Il nous faut maintenant quitter les immenses plaines et le ciel de feu d'Orient, pour aborder sur des côtes découpées où les profils élégants se détachent dans une vive, mais sereine lumière. Là une race intelligente, et chercheuse entre toutes, poursuit un idéal non de Force ou de Durée, mais de Vérité et de Beauté.

Ce qui distingue les Grecs, ce qui était absolument nouveau à cette époque, c'est :

1. **Le sens de la mesure, de la proportion.** Il y a *proportion* quand tout se rapporte, comme à l'unité, à une partie prise comme point de comparaison : le corps humain aura, par exemple, 7 fois 1/2 la hauteur de la tête ; la hauteur de la colonne ionique égalera 9 fois son diamètre, etc.

De même que des fragments d'os permettent de reconstituer un squelette, des débris suffisent pour reconstituer un temple grec.

La *proportion* est une espèce particulière d'ordre, celle qui convient à la Beauté et non au Sublime, ni toujours à l'Expressif. Un ordre certain régit les grands spectacles de l'univers (tempête) ; mais cet ordre nous échappe, et c'est précisément pour cela que le *sublime* nous frappe de stupeur, éveille l'idée de l'Infini. Dans

le *Beau*, notre impression de repos vient de ce que
l'ordre est rendu « mesurable » par la proportion. Or
les Grecs renoncèrent délibérément au colossal pour
tendre à la Beauté.

2. **Le mouvement, la vie.** Pour définir cette
notion si importante, commençons par dire « ce qui
n'est pas le mouvement ». C'est la position de face à
l'arrêt, la position « de planton ». Dès qu'on la quitte,
le mouvement commence : soit qu'on tienne la tête
légèrement de trois quarts ou penchée, soit que dans
une tête de face, l'œil regarde un peu de côté ; ou
que le buste ne soit pas dans l'alignement exact du
cou, etc... Il y a alors une attitude ; elle suffit pour
établir le mouvement sans qu'il soit nécessaire d'aller
jusqu'au geste (main levée vers le ciel, par ex.). Le
mouvement est le signe de la vie.

Or en Égypte, si le visage était généralement animé,
le corps restait rigide. Polyclète introduisit, pour les
figures au repos, l'attitude de la jambe libre[1]. La *Victoire de Samothrace* s'élance en avant ; n'aurait-elle pas
d'ailes que nous comprendrions qu'elle va voler.

Il y a mouvement aussi pour la lumière dès qu'elle
ne tombe pas de face, uniformément, dès qu'elle tombe
de biais, de haut, etc., et qu'il y a des reflets ; par
ex. : l'éclairage de midi est morne ; celui du matin,
du soir, de l'orage : vivant.

3. **L'idéalisation,** dans le sens de la Beauté, de
l'équilibre harmonieux, de la simplicité élégante, mais
vivante. L'idéalisation a lieu dans toute espèce d'art.

---

[1] Au lieu de reposer de tout leur poids sur leurs pieds, les statues de
Polyclète ne portaient que sur un pied.

DIANE DE GABIES.

Nous l'avons vue déjà dans le sens du colossal ; chez les Grecs, elle saura atteindre la Beauté sans sacrifier l'expression, la vie, la nature. Voici le type de beauté sereine auquel ils sont peu à peu arrivés (voir des bosses d'après l'antique) :

Visage ovale.

Continuité du front et du nez sur une même ligne verticale et forte saillie de l'os frontal, pour « enfoncer » l'œil, le baigner dans l'ombre et accentuer le haut du visage, la partie intellectuelle.

Petite bouche.

Menton en saillie (signe de volonté), mais de belle ligne ronde ou ovale. Chevelure abondante en signe de jeunesse ; ondulée ou bouclée pour obtenir des jeux d'ombre qui fassent valoir, par contraste, la beauté si pure du visage.

Cou sans plis ni rides ; muscles accentués pour les athlètes seulement.

Dans cette note générale, il y avait la variété de détails : rapprochement des lèvres, coupe de l'œil, ouverture de la paupière, etc., laissés à l'imagination de l'artiste. Une Diane avait vingt manières d'être belle.

II. **PRINCIPAUX MONUMENTS**. Les Temples. Ils sont formés essentiellement d'une grande *salle rectangulaire* ouvrant, par une seule porte, sur un *péristyle* à colonnes. Ces colonnes entourent le temple d'un ou de plusieurs rangs, soutiennent la toiture et semblent monter la garde autour de la demeure du dieu. Elles s'amincissent vers le sommet et, par une légère courbe vers le centre (= le *galbe*), elles paraissent fléchir un peu sous le poids qu'elles portent et y répondre par un effort équivalent. Des *cannelures* allègent le fût. La ligne de l'*entablement* a une imperceptible courbure (comme la mer à l'horizon) ; dans les monuments où cette règle n'est pas observée, les axes des colonnes semblent diverger vers le dehors. Enfin les quatre colonnes d'angle ont un diamètre légèrement plus petit, de peur que, complètement éclairées, elles ne paraissent plus grosses que les autres, qui se cachent un peu mutuellement.

1. Temple dorique.

a) La *colonne*, sans base, repose directement sur le sol ; elle a 20 *cannelures* à arête vive.

b) Le *chapiteau* est formé d'une *échine*, coussinet rond qui semble plier un peu sous sa charge, et d'une *abaque* carrée.

c) L'*entablement* semble la transposition en marbre de la charpente des temples primitifs en bois : la grande poutre transversale devient l'*architrave ;* et les poutres en profondeur qui affleurent perpendiculairement à l'architrave deviennent les *triglyphes ;* les intervalles des triglyphes sont les *métopes*.

d) La toiture très inclinée forme un *fronton* triangulaire (orné de bas-reliefs) à l'avant et à l'arrière du temple ; les 3 angles du fronton supportent des motifs ornementaux ou *acrotères*, ordinairement des griffons assis.

e) Le temple entier repose sur un *soubassement* avec gradins.

Proportions : Largeur = 2 hauteurs ; fût de la colonne = 4 à 5 fois 1/2 son diamètre ; d'où :

Aspect simple, sévère, puissant. L'ordre « masculin », comme disaient les Grecs, était le plus ancien

Architecture grecque.
1. Colonne dorique. — 2. Chapiteau ionique.
3. Chapiteau corinthien.

et le plus répandu (Ex. : Parthénon, avec quelque mélange d'ionique).

2. **Temple ionique. a**) *Colonne* sur base, et plus svelte (= 8 à 9 diamètres), avec 24 *cannelures* cylindriques terminées par un *méplat*.

b) Coussinet du chapiteau rabattu de chaque côté en *volute*, à l'imitation de la coiffure des femmes ioniennes, dit la légende.

c) *Entablement* sans métopes ni triglyphes, présentant une *frise* où les bas-reliefs se déroulent sans interruption.

Aspect élégant et léger : 8 colonnes au lieu de 6 dans la façade. Le spécimen le plus charmant est le petit temple de la Victoire sur l'Acropole d'Athènes.

Ces deux ordres sont les deux principaux. Dans l'ordre **Cariatide**, une figure de femme tenait la place d'une colonne ionique (Erechtéion, à Athènes).

Dans l'ordre **Corinthien**, sorte d'accentuation de l'ionique, la colonne avait 10 fois son diamètre et des feuilles d'acanthe entouraient le chapiteau. Cette charmante disposition aurait été suggérée, dit-on, par une acanthe retombant d'une corbeille déposée sur un tombeau.

III. **SCULPTURE**. Les Grecs avaient à leur disposition une matière admirable : le marbre blanc, légèrement transparent et au grain très fin ; le bronze, qui permet des silhouettes plus élancées, des arêtes plus nerveuses.

La grande PÉRIODE CLASSIQUE réalise un type de beauté forte et sereine, qui a valu au ve siècle le nom d'*âge des dieux*.

a) **Phidias** a sculpté le *Jupiter Olympien* et la *Procession des Panathénées* (sur la frise du Parthénon) : jeunes filles et cavaliers se dirigent vers le groupe des dieux (fronton). Cette sculpture a fait le désespoir des artistes par sa majesté sans emphase, son inépuisable variété. La vie a pénétré la pierre ; en même temps l'équilibre des attitudes, le rythme des silhouettes rendent cette frise grandiose, pleine de gravité.

b) **Myron** a surtout fait des athlètes. Dans son fameux *Discobole*[1], chaque membre a son mouvement propre, et tous les mouvements se résument dans l'effort suprême de l'athlète visant le but.

c) **Polyclète** donna de si justes proportions à son *Doryphore*, qu'elles devinrent un canon[2]. Sa sœur, l'*Amazone blessée*, est empreinte de la même beauté fière ; elle montre la faiblesse de la femme en s'appuyant sur une stèle. C'est un des meilleurs exemples de l'attitude de la jambe libre.

Vénus de Milo (Louvre) appartient probablement à cette époque, elle en a la beauté noble et simple.

Une seconde triade de grands maîtres a valu au ive siècle le nom d'*âge des hommes*, parce que l'art cherche une beauté plus gracieuse et se montre parfois un peu plus réaliste.

a) **Praxitèle** est le sculpteur des formes fines, élégantes, un peu langoureuses (*Faune, Apollon Sauroctone*). Ses têtes (*Vénus de Cnide, Diane de Gabies rattachant sa tunique*) sont un des meilleurs exemples

---

1 *Discobole* = lançant le disque.
2 *Canon*, règle à suivre en sculpture pour les proportions du corps humain.

de l'idéalisation expliquée p. 24 ; il aime enfoncer les yeux dans leur orbite sous un front saillant. Le regard est profond, ces têtes pensent.

b) **Scopas** s'attacha à reproduire le mouvement de la passion (*Apollon Musagète*). A son école se rattachent :

Les *Niobides* : groupe pathétique. — L'*Apollon du Belvédère* : il vient de lancer une flèche au serpent Python ; il continue sa marche sans se détourner, avec un regard encore courroucé. Les cheveux en diadème sont un peu compliqués ; mais quelle grâce ! quel élan dominateur !

c) **Lysippe** modifia le canon de Polyclète. Son type est très élancé (8 têtes).

Du IVe siècle date encore la *Victoire de Samothrace*, sur l'avant du navire rentrant au port. Par son élan invincible, par le frémissement de vie insufflé au marbre, par l'heureux contraste entre l'envolée du manteau et l'adhérence de la tunique à la partie médiane du corps, cette Victoire est la plus belle expression de mouvement que nous ait léguée l'antiquité.

Pendant la dernière période, ÉPOQUE HELLÉNISTIQUE (d'Alexandre à la conquête romaine, 323 à 146), l'emphase asiatique l'emporte sur la mesure attique. Cependant on peut citer encore nombre de belles œuvres : *le Gladiateur mourant, Laocoon, Diane à la biche, le Torse du Belvédère,* etc.

A côté de la grande sculpture, il ne faudrait pas oublier les charmantes petites figures de *Tanagra,* terres cuites enfermées dans les tombeaux et représentant des altitudes de la vie familière : enfants qui jouent, femmes se promenant en costume de ville, etc. Ces statuettes étaient fabriquées au moule; mais l'artiste ajoutait lui-même les accessoires (ombrelles, miroirs, etc.), il les retouchait et les peignait; de là vient leur cachet.

VI. PEINTURE. Rien n'en reste. Les contemporains parlent de **Polygnote** contemporain de Phidias, plutôt décorateur. **Zeuxis**, **Appelle**, au ive siècle, semblent avoir cherché à modeler et même à observer la nature, si l'on en croit l'anecdote des oiseaux venant becqueter les raisins peints par le premier. Quoi qu'il en soit, la peinture des Grecs était certainement très inférieure à leur sculpture.

D. — ROME

IDÉE DE DOMINATION

I. IDÉE D'ENSEMBLE. Les Romains, hors ligne comme conquérants et administrateurs, furent incapables de création artistique; ils ne surent pas même s'assimiler l'art des Grecs. « Rome voulut prendre à la Grèce son secret; mais les secrets ne sont que pour les amis... Voilà pourquoi Rome ne prit de la Grèce que des formules. » (Hello.) Une « formule » grecque, ce sont, par exemple, les ordres : telles proportions, telle décoration; le « secret », c'était l'harmonie des proportions, le charme de la perfection, choses qu'on ne prend aux Grecs que si on leur ressemble un peu. Or les Romains avaient un tout autre caractère.

Reconnaissons-leur :

Le *sens utilitaire* pour aménager de la meilleure façon leurs aqueducs, cirques, thermes, etc., utiliser des niveaux différents, tirer parti du moindre vide pour les services accessoires.

Le *sens du faste*. La volonté persévérante, le désir de faire solide et imposant se lisent dans le Colisée, par exemple, ou dans le pont du Gard. Mais cette grandeur est froide et sans grâce.

II. PRINCIPAUX MONUMENTS : Panthéon d'Agrippa, Colisée, pont du Gard, arcs de Titus et de Septime Sévère, colonne Trajane, Forum.

Les Romains, avant la conquête de la Grèce, avaient déjà adopté la **voûte** étrusque, système qui permettait une grande liberté ; celui de la plate-bande imposa un plan rectangulaire où l'espace laissé libre entre les supports est nécessairement limité.

Une fois maîtres de la Grèce, ils pratiquèrent deux systèmes déplorables, qu'il nous faut stigmatiser de suite :

1. **La juxtaposition.** Construire sur *plate-bande* et construire *sur arc* sont deux principes absolument différents. Essayer de les unir, c'était un problème ardu pour lequel les Grecs eux-mêmes auraient peut-être échoué. Sans paraître soupçonner la difficulté, les Romains gardèrent tranquillement la voûte, et la développèrent même jusqu'à la coupole[1] ; puis ils lui juxtaposèrent un portique grec (*Panthéon d'Agrippa*). Sur des murs circulaires (*Colisée*), ils installèrent des ordres grecs faits pour plate-bande.

2. **Le placage**[2]. La décoration n'est plus qu'un revêtement extérieur *plaqué* sur les murs : les colonnes,

---

[1] *Coupole*, voûte servant de couverture à une salle immense, sans le secours de colonnades.

[2] On n'entend pas ici, par *placage*, le revêtement en marbre ou matières riches, qui est des plus légitimes.

engagées dans la maçonnerie, aplaties en *pilastre*, ne supportent plus que des entablements simulés, engagés eux aussi dans le mur; elles se superposent (illogisme) aux différents étages d'une construction (*Colisée*), en variant les ordres[1]; elles sont employées comme simple encadrement des portes et des fenêtres[2]. Au-dessus de ces ouvertures, on installe, sans raison d'être, le *fronton* grec.

Deux fois cependant les Romains se sont élevés à l'assimilation, sinon à la création, dans :

a) L'*arc de triomphe*, inspiré du portique grec. L'arcade, unique à l'origine, fut flanquée plus tard de deux arcs plus petits; sur la plate-forme, on dressa un quadrige (char à 4 chevaux).

b) Les *jardins de la villa* romaine avec pièces d'eau, terrasses, ordonnance symétrique, vraiment grandiose (Cf. villas Pamphili, Borghèse; Versailles).

III. SCULPTURE. *a)* Imitations grecques, répliques des anciens modèles.

b) Art vraiment romain : portraits allégoriques (*la Fortune*), ou réels : bustes des empereurs, belles statues équestres. (*Marc-Aurèle*).

IV. PEINTURE. Les Romains firent grand usage de la mosaïque, restée très italienne.

---

[1] Ordres romains : *Toscan* = dorique, plus une base, et moins les cannelures.
Ionique = ionique grec, mais les volutes ne forment plus d'inflexion.
Composite = corinthien, encore plus orné, et gardant au sommet les 2 volutes ioniques.

[2] L'illogisme est d'employer comme motif ornemental les colonnes, dont le rôle essentiel est d'être soutien.

Notons que la coloration — extérieure — des édifices n'est plus guère employée par les Romains. Ils sont les premiers à laisser voir la pierre nue ; il en résulte un gris terne et une certaine lourdeur pour des monuments n'ayant ni la « dentelle gothique », ni l'éclat et la proportion des temples grecs.

LE MOYEN AGE

Mentionnons les humbles débuts de l'art chrétien.

Les catacombes : un art bien primitif a tracé des images sur leurs parois ; il est avant tout symbolique : poisson, ancre, figurant le Christ, etc. Dans les compositions plus savantes, on utilise l'art courant : Orphée se tranforme en Bon Pasteur ; Apollon sur son char devient Élie enlevé au ciel. Ces naïfs essais des martyrs nous toucheront toujours.

A partir de Constantin, l'art chrétien, libre de se produire, préféra le réel au symbole, et s'efforça de représenter les scènes de l'Évangile, les apôtres, les saints.

Les basiliques. La basilique romaine était une grande *salle rectangulaire* divisée en 3 *nefs* par des rangées de colonnes, portant une *couverture* de charpente, et précédée d'un *porche* : c'était une sorte de « hall », lieu de réunion, bourse, etc. Les premières églises élevées à Rome prirent tout naturellement la forme de basiliques (Saint-Laurent-hors-les-murs, Saint-Jean de Latran, etc.).

A. — L'ART BYZANTIN

Épargné par les invasions, l'Orient continua la tradition romaine en la dépassant.

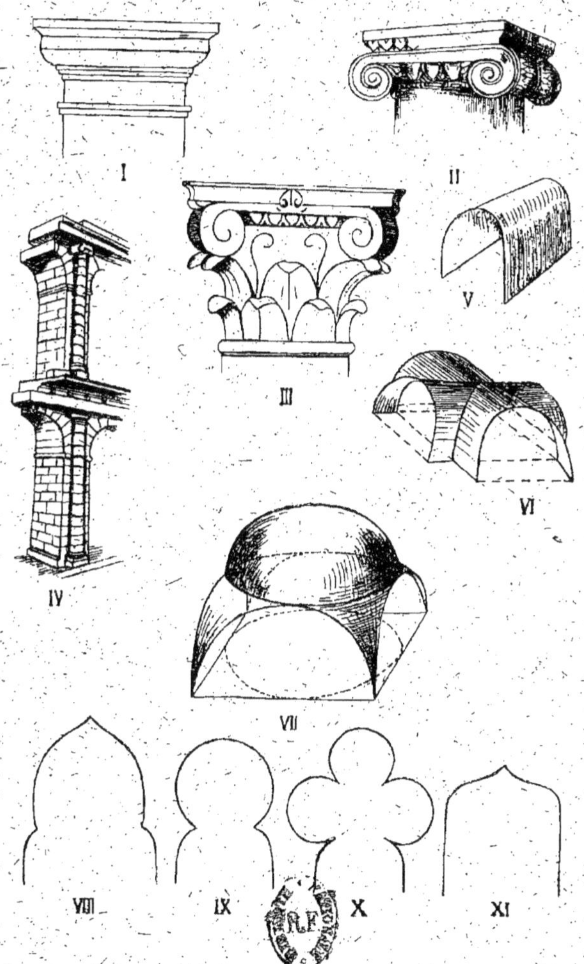

Art romain. — Arts byzantin et arabe.

1. Chapiteau toscan. — 2. Chapiteau ionique. — 3. Chapiteau composite. —
4. Colonnes plaquées et ordres superposés. — 5. Voûte en berceau. —
6. Voûte d'arête. — 7. Coupole sur pendentifs. — 8, 9. Arcs en fer à
cheval. — 10. Arc lobé. — 11. Arc en accolade.

I. ARCHITECTURE. 1. Union de l'arc et de la plate-bande. Plus heureux que les Romains, les Byzantins parvinrent à unir intimement ces deux éléments, au lieu de les juxtaposer, grâce à l'emploi du *pendentif*, véritable trouvaille [1].

2. Union de l'arc et de la colonne. Chez les Romains, deux colonnes inutiles encadrant l'arcade allaient se joindre à une petite plate-forme surmontant cette même arcade (*Colisée*). Avec plus d'intelligence et de goût, les Byzantins firent porter les extrémités de l'arcade sur les chapiteaux des colonnes, qui redevinrent support.

La **décoration** fut d'une richesse tout orientale. Citons seulement *Sainte-Sophie* avec son autel d'or étincelant d'émaux et de pierreries, sa table de communion en argent massif, ses 6000 candélabres et ses merveilleux ornements sacerdotaux. (Le *cabochon* est byzantin.) Les Romains avaient aimé la mosaïque pour les parquets ; avec plus de logique, les Byzantins la placèrent verticalement.

Sainte-Sophie (Constantinople) est le type de l'art byzantin ; *Saint-Marc* de Venise, *Saint-Front* de Périgueux s'en inspirent, comme de nos jours *Montmartre* et la cathédrale de Marseille. L'art russe dérive du byzantin ; mais la coupole y devient bulbeuse.

II. PEINTURE. Remarquablement inhabiles en ce genre, les Byzantins accusent même un recul sur l'art gréco-romain.

Pas de *profondeur*. Les personnages, posés sur un

[1] Regardez une vue de l'intérieur de Sainte-Sophie. Posez, par la pensée, une calotte creuse sur un carré, et vous comprendrez l'établissement des 4 pendentifs. Il y en aurait 8 pour un plan octogonal.

fond plat tout en or, ont les pieds sur une même ligne horizontale.

Pas de *mouvement* (p. 24). Tout le monde de face, immobile, figé.

Pas de *vie*. Ces attitudes figées se répètent indéfiniment en série sur tel type consacré (Ex. : Ravenne).

Pas de *style* véritable. Le grand legs de la Grèce s'est perdu.

Ces personnages immobiles sont heureusement emprisonnés dans des draperies chatoyantes ; les feux des pierreries mettent seuls quelque vie dans ces mosaïques, qui furent prises, hélas ! pour modèles par les premiers enlumineurs en Occident.

B. — L'ART ARABE

Il dérive de l'art byzantin et n'est original que dans la décoration vraiment féerique.

I ARCHITECTURE. *a)* Les pendentifs forment souvent des *stalactites*[1].

b) L'arcade prend des formes variées : arc surbaissé, trilobé ou en fer à cheval.

c) Création du *minaret*, fine tourelle d'où le muezzin appelle à la prière.

Décoration. L'art arabe est bien fils de l'Asie par son goût pour la fantaisie des lignes et la vive polychromie. Tandis que nous cherchons avant tout dans l'art une interprétation de la vie, l'Arabe n'y voit qu'un jeu d'arabesques et exécute ses variations indé-

---

[1] Voir une gravure de Grenade.

finies sur toutes les matières : bois, ivoire, cuir damas-
quiné, tissus, etc.

Voir l'*Alhambra* de Grenade, la Mosquée de Cordoue.

C. — L'ART ROMAN

Les premières églises avaient été des basiliques
(p. 38). Au temps des invasions normandes, les incen-
dies fréquents firent renoncer à la couverture en bois.
On rêva d'une voûte en pierre : la voûte représente l'élan
vers le ciel. Or c'est un problème que celui de voûter
une grande pièce rectangulaire : les constructions en
plate-bande pèsent perpendiculairement sur leurs supports, en sorte que tout est stabilité, repos ; la voûte,
au contraire, pèse en diagonale et tend à écarter les
murs : c'est ce qu'on appelle la *poussée des voûtes.*
Mais les moines se mirent à l'œuvre et, à la fin du
xie siècle, le problème était résolu. C'est, en effet, de
ce **problème :** *poser une voûte sur le plan basilical,*
que vont sortir les merveilles romanes, puis gothiques.

I. ARCHITECTURE. L'église romane garde le plan
basilical : porche d'entrée, 3 nefs ; mais elle y ajoute
ces caractéristiques :

a) *Voûte en berceau,* ordinairement en plein cintre,
soulignée d'arcs *doubleaux.*

b) Épaisses murailles, peu de baies ; prédominance
des pleins sur les vides et *contreforts* extérieurs acco-
lés aux murs : tout en vue de contrebalancer la poussée des voûtes. Les chapelles absidiales et les piliers
épais de l'intérieur ont le même but.

c) Façades majestueuses souvent ornées de deux tours (Cluny).

d) Un clocher, forme symbolique de l'élan vers le ciel.

II. DÉCORATION. L'église, avec cette prédominance des pleins sur les vides, offrait à la fresque de vastes espaces ; mais presque tout a disparu en fait de peinture.

La statuaire, — prohibée dans les basiliques à cause des souvenirs de l'idolâtrie païenne, — n'était pas encore en faveur.

Des bas-reliefs inspirés de l'art byzantin ornent les tympans et chapiteaux, singulier mélange de raideur byzantine et de vie européenne (Vézelay, Autun). L'ornementation est belle : reliquaires en émail, crosses, etc. Elle affectionne la symétrie et l'ornement géométrique, les entrelacs surtout.

Principales églises. *Saint-Trophime* d'Arles ; *Vézelay, Cluny* en Bourgogne ; *Notre-Dame-la-Grande* à Poitiers ; *Saint-Front* de Périgueux ; en Auvergne, *Notre-Dame du Port, Notre-Dame du Puy* (massives) ; *Saint-Sernin* de Toulouse. En Allemagne, *Worms, Spire, Mayence* (avec ses 4 clochers et 2 transepts).

D. — L'ART GOTHIQUE

Née dans l'Ile-de-France d'où elle rayonna, cette forme merveilleuse devrait s'appeler encore *opus francigenum*. Le mot « gothique » est un terme de mépris (*goth*, barbare) que les Renaissants employèrent, mais qui heureusement aujourd'hui a perdu son sens péjoratif.

Art roman. — Art gothique.

1. Crochet. — 2. Voûte d'ogive. — 3. Rose. — 4. Contreforts. — 5. Arcs doubleaux. — 6. Arc-boutant.

2*

I. ARCHITECTURE. La cathédrale gothique est née d'une trouvaille de maçon, et son principe générateur a été la *croisée d'ogives*.

Les moines avaient remarqué que les voûtes tendaient toujours à se rompre en trois endroits : 1° à la clef[1]; 2° aux reins de l'arc[2]. Ils essayèrent d'empêcher la clef de céder en la surélevant, et les reins de se rompre en les redressant : au lieu d'une voûte en courbe unique, on avait une voûte en deux arcs de cercle, point de départ d'admirables développements esthétiques.

Le roman avait pratiqué la voûte en arête, connue déjà des Romains, voûte sectionnée en quartiers indépendants (voûtains) se faisant équilibre et diminuant d'autant la poussée générale. Mais voici le grand progrès, les premières caractéristiques du style gothique :

1° **La voûte en ogive**. On jette, d'un doubleau à l'autre, dans chaque travée, deux arcs ou *ogives*, se coupant en croix et formant un cintrage permanent portant tout le poids de la voûte. Dès lors, la matière qu'on dispose entre les nervures n'est qu'un remplissage et peut être aussi légère que possible. Mais il fallait soutenir ces nervures.

2° Les nervures portaient sur des piles, qu'on étaya par des **arcs-boutants** extérieurs, en vertu de ce principe de mécanique qu'un mince étai oblique neutralise aisément une poussée latérale.

Ainsi la nef gothique est réduite aux éléments indispensables à l'équilibre. D'où : allègement de toutes les parties, élancement des baies, diminution des pleins

---

[1] Sommet de la voûte.
[2] A droite et à gauche de la clef, au quart de la voûte.

au profit des vides, ascension presque indéfinie des lignes. L'architecte a si bien triomphé de la pesanteur, que la cathédrale semble monter et porter nos regards et nos cœurs vers le ciel. Les piliers eux-mêmes ont été allégés par l'heureuse substitution du *faisceau de colonnes* au pilier unique. Toutes les parties hautes de l'édifice s'achèvent en *pinacles*; des tours hardies s'élèvent sur la façade et se terminent en *flèches*. « Un athée serait mal à l'aise sous ces voûtes, » disait Napoléon en entrant, en 1802, dans la grande nef d'Amiens.

II. DÉCORATION. Un merveilleux décor complète la cathédrale. Pour la première fois peut-être depuis les Grecs, les artistes regardent la nature et ornent leurs chapiteaux de feuillages du pays (trèfle, chardon, chou frisé, vigne, houx, etc.), ce qui annonce une révolution profonde dans l'art. De la copie du végétal, on en viendra à celle de la forme humaine : statuaire pleine de vie.

Les caractéristiques de la décoration des cathédrales sont :

a) L'*ornementation végétale*. Notons la *crosse* ou crochet, aux angles des chapiteaux, pinacles, etc. : sorte de feuille retournée (ou vrille de la vigne?) rappelant la volute corinthienne.

b) Le *peuple de statues* aux portails, pinacles (anges de Reims); en galerie, à la façade (rois de Juda à Reims, prophètes, apôtres, etc.).

c) Les *gargouilles* en forme de chimères, licornes, etc.

d) Les *vitraux* aux tons éclatants, vraies « fenêtres ouvertes sur le paradis ». Les hommes du Moyen Age ont tant aimé ces peintures de verre, qu'ils semblent n'avoir évidé leurs murs pleins que pour donner plus de place à ces visions célestes. Les plus anciens vitraux ont des tons purs : or, feu, azur; plus tard, la peinture sur verre perdra ses meilleures qualités à la recherche des effets de peinture de chevalet, c'est-à-dire des tons dégradés.

e) Les *roses*, au-dessus des grands portails, spécialement éblouissantes.

f) Les *tapisseries*, tendant l'intérieur aux jours de fête et achevant de le rendre féerique.

Le gothique revenait donc à la polychromie ancienne; tout était lumière et couleurs [1].

Principales cathédrales : *Saint-Denis*, édifié par Suger (1144), type reproduit à Noyon, Sens, Senlis, Soissons, au *clocher vieux* de Chartres, etc. — Au XIIIe siècle, *Notre-Dame-de-Paris*, comparée à une élégante nef à longues rames, dont s'inspirent Laon, Bourges, Reims, Chartres... — *Amiens*, avec sa nef, la plus légère et la plus lumineuse, devient à son tour prototype. — La *Sainte-Chapelle*, chef-d'œuvre de Pierre de Montereau, cet architecte poète qui voulait « faire de la lumière », Beauvais, Strasbourg; etc.

L'art de « voûter à la française » rayonne en Syrie avec les croisés; en Angleterre, avec la conquête normande (York, Salisbury, etc.); en Espagne (Tolède, Séville...); en Allemagne, la plus riche en édifices gothiques (Bamberg, Cologne, etc.); en Belgique (Bruxelles, Bruges, etc.); en Italie, où le gothique se transforme en un sens qui fait prévoir la Renaissance (Sienne, Milan, Florence, etc.).

Architecture civile et militaire. En ruines (Coucy, les châteaux du Rhin); restaurée (Pierrefonds, cité de Carcassonne), ou conservée (maison de Jacques Cœur, hôtel de Cluny, etc.).

[1] Notons le style *flamboyant* (haut des vitraux en forme de flammes); décoration un peu excessive et détaillée à la fin du XVe siècle: trop de clochetons, de « dentelle ».

E. — LES PRIMITIFS

EN ITALIE

De même que le gothique est une de nos grandes gloires, l'éternel honneur de l'Italie sera d'avoir mené la peinture de l'enfance (voir byzantinisme, p. 41) à la plus belle maturité. Pendant que nos architectes résolvaient le problème de la voûte, que cherchaient les peintres et les sculpteurs?

1º Le dessin en profondeur, c'est-à-dire *les deux perspectives*[1].

2º Le *modelé*[2], bien difficile avant l'invention de la couleur à l'huile, la couleur à la détrempe[3] séchant de suite.

3º L'anatomie, afin de dessiner correctement le corps humain.

[1] *Perspective linéaire* = fuite des lignes dans certaines positions. Ex. : lignes des toits, trottoirs, rails, qui semblent se rapprocher, ou fuir vers l'horizon vers un même point. — *Perspective aérienne* = dégradation progressive des valeurs (pas d'ombres absolument foncées au dernier plan) ou des couleurs (les montagnes perdent leur couleur locale pour devenir bleues à l'horizon). — Pour peindre un plan horizontal fuyant, il faut peindre par couches horizontales, de couleur et de valeur graduées ; sinon on obtient un plan vertical, « un mur ». De même pour les volumes (tête, arbre, nuage, etc.), il faut varier sans cesse les valeurs pour cette bonne raison que, dans une boule, par exemple, les surfaces, changeant tout le temps de position par rapport à la lumière, la reçoivent tout le temps de façon différente ; tandis que le mur la reçoit de façon à peu près monotone. Les têtes plates sont quelque chose d'affreux en peinture ; il faut les traiter comme des volumes et non comme des plans.

[2] *Modeler* signifie ombrer (p. 17). Tant qu'un objet n'est pas modelé, il ne baigne pas dans l'air, il est *plat*, sans saillies, sans profondeur.

[3] *Peinture à la détrempe*, la plus ancienne de toutes : avec des *terres* de diverses colorations et des poudres délayées dans l'eau gommée. Ce procédé pauvre et sec, ne permettant pas la retouche ni la liaison des tons surtout, confine dans les teintes plates. Ex. : salles peintes à la colle.

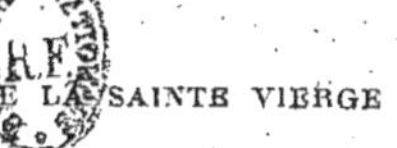

(Fra Angelico.)

COURONNEMENT DE LA SAINTE VIERGE

4° La *composition*, vivante et ordonnée, au lieu des formules byzantines.

Chez les tout premiers primitifs du xiv° et du xv° siècle, quelle candeur, quel sentiment religieux, rachetant le dessin encore gauche, le modelé à peu près nul, l'ensemble trop analytique, pas assez large!

Giotto (1266-1344) substitue le paysage vivant et profond à l'éternel fond d'or des Byzantins. Le dessin est insuffisant, le modelé n'existe pas ; mais deux choses capitales apparaissent :

a) *Le mouvement, la vie.* Les personnages prennent des attitudes, font des gestes, savent sé ranger non plus en ligne horizontale, mais en demi-cercle (Voir *Mort de saint François* ou *Les Apôtres autour du tombeau de la Vierge*).

b) *La composition.* La nature des œuvres de Giotto (grandes peintures murales représentant des sujets historiques), celle du procédé (la fresque[1], qui interdit le modelé et exige le dessin large), comme aussi celle du génie latin, tourné vers la synthèse plutôt que vers le détail, acheminent l'art dans la voie de la grande peinture d'histoire, celle qui a une large ordonnance, un accent général et non de portrait, simplement expressif (relire p. 11).

Giotto est un très grand maître. **Masaccio** (1401-1428) contribua à orienter la peinture dans le même sens que lui.

---

1 Peinture pratiquée sur les murailles enduites de mortier frais. Il faut avoir une grande esquisse toute prête sur carton, la décalquer rapidement au mur, passer la couleur en teintes à peu près plates qui ne prennent que pendant le temps où le mortier reste frais. On n'enduit que la partie que l'on peut exécuter.

Une lignée de maîtres charmants nous laisse toute une série de sujets religieux : Visitations, Annonciations, etc. ; les pâles et pures madones de **Filippo Lippi** sont comme des fleurs du Paradis.

Fra Angelico (1387-1451) unit le génie d'un peintre à l'âme d'un saint. Instruit de tout le naturalisme de son temps, associé à l'ardent mouvement de recherches, il a de plus l'imagination illuminée de visions célestes. Il peint des formes très pures et vraies avec une couleur qui est de la flamme, de l'azur et de l'or. La meilleure explication qui ait été donnée de son œuvre est celle qui nous montre des anges peignant ses tableaux pendant son sommeil. « Celui qui veut peindre le Christ, disait-il, doit vivre avec le Christ. »

Voir son *Christ pèlerin*, surtout ses *Anges musiciens*. Une des plus charmantes idées des primitifs, ce sont les *Conversations célestes*. La Madone se tient au milieu avec l'Enfant Jésus ; à droite et à gauche (un peu symétriquement encore) des saints les contemplent et expriment divers sentiments ! Ce sont les saints honorés au Moyen Age : sainte Madeleine, le Précurseur, les Apôtres, le patron de la ville ou d'une corporation. Fra Angelico met toujours « son Père saint Dominique » ; et son frère saint Pierre, dominicain martyr, presque toujours. Inutile de chercher une pose extatique ; la croyance à la vie surnaturelle est intense : Dieu vit avec nous, vit en nous ; s'entretenir avec Lui est une chose naturelle.

Nommons encore **Le Pérugin** et **Botticelli** (1447-1515), déjà un peu maniéré.

Notons aussi dans l'équipe des sculpteurs, comme

LA VIERGE AU DONATEUR

(Van Eyck.

dans celle des peintres, des efforts merveilleux. *Florence*, le grand centre artistique, a des sculpteurs qui se reconnaissent à l'élégance, à la précison : **Verrocchio**, **Donatello** (le *Zuccone*), **Luca della Robia** (madones en bas-relief).

EN FLANDRE

C'est le second foyer artistique pour la peinture. Mais

1° Le procédé avait été la miniature[1] autant que la détrempe ; la discipline de la fresque eût été utile pour élargir le style ;

2° La tendance analytique, réaliste, est assez accentuée ; elle nous vaut les magnifiques portraits de **Van Eyck** (1370-1440). Son *Adoration de l'Agneau* atteint à la grandeur, sans avoir le « large » d'une fresque florentine.

Memling (1435-1495), délicat, mystique, a une note élevée, en même temps qu'un charme de pureté.

Tous les primitifs flamands, artistes sains, robustes, sont très coloristes. Fra Angelico seul pourrait leur être opposé en Italie. Trop souvent les Florentins se contentaient de colorier un dessin ; les Flamands « peignent », parce que chez eux la couleur, au lieu d'être un accessoire, a l'honneur de composer, d'être une ressource expressive. Ils savent, comme Angelico, que le rapport du fond avec les figures peut dire quelque chose ; que le doré, le « chaud », les ombres

---

[1] *Miniature*, ancienne aquarelle patiente sur vélin ou ivoire.

expriment autre chose[1]. On ne peut dégrader à la détrempe, mais on peut au moins juxtaposer, tirer partie de la juxtaposition.

Les Van Eyck inventent la *peinture à l'huile*[2], événement capital. Le tableau de chevalet va tout gagner à cette nouvelle discipline.

Et chez nous?... Nos primitifs sont insignifiants. La discipline régnante était celle de la miniature : les œuvres de Fouquet ne sont que des enluminures agrandies. D'ailleurs la guerre de Cent ans nous absorbait.

[1] Regarder, par exemple, la robe rose et le ciel de *Mater*; *Mater* en bleu, ou sur un ciel bleu, dirait autre chose.

[2] *Peinture à l'huile.* On met les poudres de couleur, non dans l'eau gommée comme à la détrempe, mais dans certaines huiles beaucoup plus « liantes ». La sécheresse n'est plus à craindre ; les couleurs se fondent, se dégradent à volonté, et l'artiste peut retoucher indéfiniment. Ce procédé permettra toutes les hardiesses et toutes les exactitudes.

(Léonard de Vinci.)

LA JOCONDE

LA RENAISSANCE

A. — EN ITALIE

La première moitié du xvi⁰ siècle sera merveilleuse.
C'est le trop court instant où le grand effort des primitifs (p. 5o), le contact avec l'Antiquité (nombreuses
statues exhumées du sol romain sous Jules II), l'esprit
de recherche et non de copie permettent à trois génies
hors ligne, — Léonard de Vinci, Michel-Ange, Raphaël,
— de donner des fruits parfaits.

Immédiatement après, l'Italie tombera dans la décadence. Déjà d'ailleurs des germes dangereux se
révèlent. Mais donnons-nous d'abord le plaisir
d'admirer.

PEINTURE

I. LÉONARD DE VINCI, MICHEL-ANGE, RAPHAEL.

Léonard de Vinci (1452-1519), esprit universel,
également doué pour l'art, les sciences et la philosophie, chercheur infatigable. Il faut remarquer chez
lui :

a) *Un merveilleux dessin*[1], non seulement impeccable, mais très joli : en même temps que parfaitement exactes[2], ses lignes sont admirablement pures,

---

1 Relire à la p. 17 les deux conditions d'un bon dessin.
2 Un rocher est un rocher ; une draperie, une draperie ; une épaule,
une épaule, etc.

élégantes, et Léonard égale les sculpteurs grecs, pour unir le style à la vie intense, la beauté à l'expression, on dirait presque au frémissement de la vie. Exemple : la figure de la *Joconde* avec son entourage (cheveux, voile). Enfin, servi par le nouveau procédé de l'huile, Léonard est le premier qui dessine en peintre, c'est-à-dire avec du « modelé » (p. 50).

b) *Un charme très subtil*, dû précisément à l'infini de ce *modelé*, à la transparence des ombres, à l'enveloppe (p. 17). Léonard est un maître du *clair-obscur*[1], un des premiers explorateurs de ce domaine ; il donne à ses tableaux une profondeur mystérieuse. C'est vaporeux en même temps qu'incisif, et les personnages ont une vie intérieure intense (sourires des femmes surtout). A cette impression de charme pénétrant contribuent aussi les fonds si imaginatifs (*Vierge aux rochers*). Léonard est trop profond pour avoir beaucoup produit.

Il reste de lui : *la Cène*[2] (Milan), la *Vierge aux rochers*, la *Joconde* (Louvre), l'*Adoration des Mages*, des études de tête à la sanguine.

Michel-Ange (1475-1564), comme Léonard, travailleur infatigable. A 88 ans, il sculptait encore la nuit quand il ne dormait pas ; il s'était fabriqué un casque de carton sur lequel il fixait une bougie, afin d'avoir les mains libres.

Il ne continue pas, après Léonard, la conquête du clair-obscur et du modelé. Il est sculpteur : les fresques

[1] *Clair-obscur*, région de la demi-teinte et non de l'ombre intense. Dès qu'une ombre occupe une surface étendue, il y a des reflets à côté d'elle ; c'est une région où les objets se dessinent vaguement.

[2] Elle se détériora très vite, à cause du malheureux essai que fit Léonard d'unir la fresque et l'huile.

(Michel-Ange.)

de la Sixtine sont traitées en sculptures. Voilà son domaine. Remarquons :

a) *Le dessin génial,* selon le « réalisme supérieur », c'est-à-dire le dessin de mémoire et d'imagination. Après avoir longtemps travaillé par notation directe et étudié à fond l'anatomie, Michel-Ange connaît si parfaitement la forme humaine, qu'il dessine de mémoire dans toutes les positions qu'il lui plaît d'imaginer.

b) *Le mouvement extraordinaire,* sans agitation. Observer, selon la définition donnée p. 24, les différences d'axe, presque imperceptibles parfois (par exemple dans *Moïse* : regard, index, épaules, jambe droite, etc.).

c) *La sublimité* (p. 11). Remarquons l'énergie surhumaine dans les attitudes véhémentes : *Création, Isaïe.* Tous les prophètes nous frappent par la profondeur de leurs pensées. C'est une humanité amplifiée. Michel-Ange a surtout réussi dans l'expression de l'énergie et du désespoir ; chez lui, tout devient héroïque.

OEuvres : *Sixtine, Moïse,* le *Penseur* et le *Tombeau des Médicis, Jugement dernier* (trop étude, trop d'appels à la science anatomique). — Comme architecte : la coupole de Saint-Pierre.

Raphaël (1483-1520). Ses premières peintures sont de fraîches madones écloses sous le ciel d'Ombrie. A Florence, il apprit l'impeccable dessin ; puis à Rome, sous l'influence du *genius loci,* de cette âme qui se respire autour des ruines et des basiliques, il s'éleva à la majesté romaine, à la hauteur de pensée, à la vaste synthèse. Nous admirerons donc chez lui :

a) *Une grâce infinie*, là beauté (p. 11), l'harmonie douce, l'équilibre parfait. L'ovale, la grâce féminine, l'élégante arabesque, voilà son domaine (tête de la Vierge du *Sposalizio*, sainte Barbe de la *Vierge de Saint-Sixte*). Personne ne sait inscrire une figure ou un groupe dans un cercle (*Vierge à la Chaise*, haut de la *Madone de Foligno*) avec une plus jolie arabesque[1]. Mais ce qui fait la force et la grande valeur de ce dessin, c'est que cette ligne si pure est en même temps très exacte. Raphaël a assez de génie pour dessiner élégamment, à force de vérité, à force de synthèse : qu'on examine par exemple la ligne des épaules de la *Belle Jardinière* : c'est par la plus savante, la plus sûre simplification, la réduction à un trait général, abrégeant, mais exprimant tout, que l'effet magique est obtenu.

b) *L'harmonie dans la disposition*. L'étude de ses fresques (*Dispute, École d'Athènes, Héliodore*) enseigne l'art d'enfermer dans un rythme parfait, et sans les figer, le désordre et l'agitation de la vie.

La grande peinture d'histoire ne dépassera pas les *Stanze* du Vatican. La pensée même de la fresque est très haute : convergence générale, dans la *Dispute*, vers l'humble hostie un peu au-dessous du milieu.

Digne de si hauts travaux, cet adolescent de génie se montra capable d'un art purement expressif dans son portrait du *Cardinal*. Il aurait même — mais ici il faut employer le conditionnel, — il aurait merveilleusement réussi dans le modelé; la fresque curieuse, « romantique » de *Saint Pierre en prison* est un très

---

[1] Tourner un dessin de Raphaël à l'envers et regarder l'arabesque charmante.

(Phot. Anderson.) (Raphaël.)

DISPUTE DU SAINT SACREMENT

bel essai de luminisme[1], et dans un procédé s'y prêtant fort peu. De même, certaines harmonies roses et vertes de *Balthazar Castiglione* prouvent que Raphaël aurait pu être un coloriste, mais il est important de noter qu'il ne fut pratiquement qu'un fresquiste.

Merveilleux ordonnateur, merveilleux dessinateur, il n'approche pas de Léonard comme peintre.

ŒUvres : *Vierge à la Chaise, du Grand Duc, de Saint-Sixte,* etc. (trop humaines). — Grandes fresques du Vatican : *Dispute du Saint-Sacrement, École d'Athènes, Héliodore chassé du temple.* — Portraits : *Cardinal, Balthazar Castiglione.* — Tableau de la *Transfiguration.*

II. CORRÈGE. — LES VÉNITIÉNS.

Après « les Trois », l'Italie est encore créatrice par un génie (Corrège) et une école (Venise), qui complètent les acquisitions précédentes.

Le Corrège (1494-1534), à Parme, est un maître luministe. Il doit sa grande poésie à sa connaissance profonde des ressources de l'ombre et de la lumière. Il manie parfaitement :

Le *dégradé*, passage insensible d'une valeur, d'une couleur à une autre (exemple : ciel du soir) et le préfère aux contrastes de lumière et d'ombre ;

L'*enveloppe*, obtenue par atténuation des valeurs et des couleurs ;

Le *rayonnement* : jeu de reflets dus à des voisinages, ou à l'auréolage que la lumière produit autour d'elle.

[1] *Luministe*, celui qui distribue avec une vérité et une poésie remarquables la lumière. Le *coloriste* lui est très voisin : c'est celui qui assortit des tons s'harmonisant de façon remarquable, soit que ces tons s'opposent ou se fondent. Pour comprendre la couleur, il faut observer le ciel, où il y a rarement des effets de ligne (quelquefois barres de nuages horizontaux le soir), et à peu près exclusivement des effets de lumière et de couleur. Observer aussi la mer.

Corrège se sert, en imaginatif maintenant, et non simplement en observateur, des *rappels* : échos affaiblis qu'il dispose autour d'une teinte ou d'une couleur principale [1].

Voir : *Mariage de sainte Catherine; Nativité; Vierge, Enfant et saint Jean.*

Les **Vénitiens** eurent le sens de la couleur et de l'effet décoratif. Tandis que dans l'air sec de Florence tout se dessine nettement, à Venise tout est vaporeux ; les reflets sont multiples, grâce à la présence de l'eau. On est incliné à rendre la nature par la tache (p. 17) plus que par la ligne. — Puis les Vénitiens, qui débutent à la fin du xve siècle, peignent tout de suite à l'huile. En réalité (et jusqu'à Rubens inclusivement), on prépare à la détrempe pour peindre ensuite à l'huile, méthode excellente pour la conservation des couleurs, et qui permet aux Vénitiens leur « glacis [2] », d'un effet un peu artificiel, mais chatoyant et doré, inimitable pour la peinture actuelle. — Notons enfin la proportion excellente de un quart de lumière pour un quart d'ombre ; le reste à la demi-teinte.

Nommons simplement **Giorgione** (1470-1510), qui inaugura la peinture à la tache.

Titien (1490-1577), païen, mais maître magnifique pour l'ordonnance (*Assomption, Charles-Quint, Homme au gant;* grand appareil de fond, d'accessoires) et la peinture (dessin de peintre). Dans sa *Mise au Tombeau*, l'endroit principal : tête du Christ, est dans

---

[1] Ex. : rappels *assourdis* du ton de la robe dans le fond sur lequel se détache une femme ; — reliés par un merveilleux dégradé.

[2] *Glacis*, couche légère d'huile sur une esquisse à la détrempe.

(Véronèse.)

l'ombre ; effet assez rare, suggestif ici. Dans Léonard déjà, dans Titien pleinement, le style analytique des primitifs a fait place au style large, au modelé par grandes masses, souple et puissant.

Tintoret (1512-1594), tempérament fougueux, artiste inégal.

Véronèse (1528-1538). C'est une fête perpétuelle ; aussi doit-on remarquer qu'il ne prend pas de façon intime, recueillie, mais de loin en panorama : ciels immenses, architectures grandioses ; d'où : gaieté, lumière épandue. Étudier à ce point de vue les *Noces de Cana*, le *Repas chez Simon*, la *Gloire de Venise*. Les harmonies sont argentées, et non dorées comme celles du Titien [1].

Notons, à propos de l'*effet décoratif*, seconde conquête des Vénitiens, la différence entre la peinture murale et la peinture de chevalet ou tableau.

Le *tableau* est un livre qui se lit d'*un seul regard* et a été inventé pour être médité dans un intérieur. Il lui faut son « cadre », l'isolant de l'entourage ; il a un endroit intéressant où l'œil doit aller de suite ; c'est une pensée, un sentiment fortement condensé, le tableau fait penser.

Une peinture murale, *ne pouvant être regardée de près*, ni parfois d'un seul coup d'œil, ne peut s'isoler ainsi. C'est tout l'ensemble qui doit intéresser, et non un seul endroit se subordonnant les autres. On conduit dans ce sens le jeu des valeurs (adoucies généralement), le jeu des couleurs (dont la richesse est épandue, non concentrée), le jeu des lignes (équilibre avant tout, avant même l'expression).

Peinture murale et peinture de chevalet s'opposent. Cependant la fresque, procédé surtout mural, peut arriver au tableau (comme le prouve *Mater*) ; et l'huile, créée tout exprès pour le tableau de chevalet, peut aussi bien donner du mural. Il ne faudrait pas

---

[1] Les reproductions ne peuvent rendre le coloris des Vénitiens, ni donner idée de leur sens de l'effet décoratif, effet auquel Véronèse sacrifiait tout, même le bon sens parfois : personnages bibliques en beaux costumes vénitiens, accessoires aussi imprévus qu'un lévrier, un chat, etc...

croire non plus que le tableau ait le monopole de la pensée ; Véronèse, il est vrai, n'est pas un penseur ; mais Puvis de Chavannes en est un.

ARCHITECTURE

C'est là que, dès la grande époque, certains germes dangereux (annoncés p. 61) donnent leurs fruits. L'enthousiasme pour l'Antiquité, s'accompagne d'un mépris injuste pour le Moyen Age, dont on méprise tout, même le gothique. L'engouement pour l'Antiquité est également sans restriction, et s'applique même au mauvais gréco-romain (p. 34) et au traité de Vitruve[1], qui connaissait mal l'architecture grecque et donnait des ordres une formule trop rigide. Une série de palais s'élèvent sur le plan de cet architecte (*Palais Pitti* à Florence). L'absence d'invention, le règne de la formule contribuent à rendre froide cette architecture italienne-renaissante.

B. — DANS LES AUTRES PAYS

FLANDRE. On commence à romaniser, à essayer les grands sujets mythologiques (**Quentin Matsys**, 1466-1530 ; *Ensevelissement du Christ*) ; mais un courant réaliste et coloriste se maintient (Quentin-Matsys : *Le Banquier et sa femme.* — Scènes paysannes de **Breughel le vieux**, 1526-1560).

FRANCE. La sculpture, élégante et fine, garde un peu de la vie de nos imagiers du Moyen Age et s'assi-

---

[1] Architecte romain du 1ᵉʳ siècle.

mile assez bien le grand style antique : *Les trois Grâces* de **Germain Pilon** (1515-1590), les *Nymphes* de **Jean Goujon** (1510-1572).

L'architecture est supérieure à celle de l'Italie, parce que la rupture avec le Moyen Age est moins absolue : Chenonceaux, Chambord, sont des œuvres de transition, unissant d'une façon charmante les lignes plus droites, plus simples de l'antique avec un reste de dentelle gothique, et de spontanéité, de dissymétrie dans le détail. Plus compassés, Fontainebleau et le Louvre sont encore élégants et intéressants.

ALLEMAGNE. Nommons ici ses deux seuls peintres :

Holbein (1497-1543) s'assimile un peu de la largeur et de la noblesse des Italiens, mais reste cependant plus près de l'expressif que du beau (p. 11), portraitiste avant tout ; aussi ses meilleures œuvres sont-elles de simples crayons.

Dürer (1471-1528), imagination sombre et fantastique. Ce n'est pas un peintre, c'est un graveur dont le burin est analytique jusqu'à nous fatiguer (cheveux et fourrure du portrait de *Pirkheimer*).

OEuvres : *La Mélancolie.* — *Le Chevalier de la Mort.*

L'ÉPOQUE MODERNE

(XVIIe ET XVIIIe SIÈCLES)

A. — L'ITALIE

La stérilité succède à la magnifique floraison du siècle précédent ; mais l'Italie reste, du fait de sa gloire passée, un foyer d'enseignement artistique.

I. **ARCHITECTURE**. Elle continue dans la voie fausse où elle s'est déjà engagée (p. 74). (A Rome : le Gésu, Saint-Louis des Français ; chez nous : le Panthéon, Saint-Sulpice, etc.)

II. **PEINTURE**. L'Académisme, organisé par les trois frères **Carrache**, chefs de l'École de Bologne (1515-1619), consiste à réduire en formules les chefs-d'œuvre des grands maîtres[1] ; on n'aura ensuite qu'à les appliquer indéfiniment. Illusion néfaste, car le génie échappe aux formules.

Égarés par l'imitation inconsidérée de Michel-Ange, ces peintres tombent dans une méprise fatale et *confondent statuaire et peinture*. Ils se contentent de colorier d'une couleur quelconque des statues soigneusement dessinées à l'avance ; les lumières auront

---

[1] Ex. : Pour faire à la Raphaël, pour « faire noble », dessiner plutôt avec la ligne courbe, d'un trait continu, affectionner l'ovale ; ceci pour les saintes Vierges. — Pour faire à la Michel-Ange, pour « faire grand », — et ceci sera surtout pour les grandes scènes d'histoire, — gonfler les muscles, poser des attitudes tourmentées, agiter les draperies.

à peu près le ton local[1] ; les ombres, un gris anodin, peu étudié[2].

Enfin l'éclairage d'atelier[3] est établi pour longtemps ; il nous faudra attendre jusqu'à Rubens pour retrouver un peu de plein air, des ombres légères, transparentes. En résumé : fadeur, emphase, peu de couleur, modelé faible.

Nommons seulement : **Guido Reni** (1575-1642), **Carlo Dolci**, **Dominiquin** (1561-1641, *Communion de saint Jérôme*).

Un mouvement de réaction semble se dessiner avec **Caravage** (1569-1609). Réaliste et personnel, il se vante de n'imiter personne. Mais il a le tort d'épaissir encore plus les ombres, de prodiguer les oppositions forcées de lumière et d'obscurité, s'imaginant bien à tort que faire noir, c'est faire vigoureux[4].

Salvator Rosa (1615-1673) traite aussi, dans une note violente, des sujets empruntés au paysage.

Ce qui manque, en somme, c'est le travail consciencieux, si bien pratiqué au xve siècle. L'Italie n'invente plus, d'autres peuples vont prendre la tête du mouvement.

---

1 *Ton local*, celui de l'objet même, bleu pour une étoffe bleue, chair pour un visage, etc. Ce qui fait varier le ton, c'est : 1° l'intensité de l'éclairage ; 2° le reflet des tons voisins qui l'exaltent ou l'abaissent. Exemple : 1er cas : enfant dehors au soleil ; 2° cas : même enfant devant un fond de velours rouge ou un mur gris.

2 La coloration des ombres, et non celle des lumières, est ce qui ensoleille. D'où vient qu'une rose est si éclatante ? Le bon Dieu a mis un ton orange foncé ou rouge dans son ombre, dans le cœur.

3 Jour concentré, ombres épaisses.

4 Si nous observons la nature, nous remarquerons qu'il ne peut y avoir qu'une *très petite* surface de noir intense (par exemple un trou, le commencement d'une ombre portée), parce que si l'ombre s'étend sur une région un peu considérable, le jeu des voisinages, des reflets, commence tout de suite à faire de cette région un clair obscur, une demi-teinte.

3*

B. — LA FRANCE

I. ARCHITECTURE. En dehors des églises nous donnons dans le même style gréco-romain, avec froideur, mais avec un réel grandiose, le palais et surtout les jardins de Versailles. Les longues lignes de murs en feuillage, avec statues blanches de distance en distance, les courbes géométriques des bassins avec nymphes de bronze étendues sur les margelles, tout cela s'accorde avec la façade du château, avec la société polie qui va descendre le perron. Versailles est une harmonie.

II. PEINTURE. Poussin (1594-1664) vécut à Rome, où il apprit malheureusement à voir en sculpteur et non en peintre (p. 76). Sa couleur est quelconque, terreuse, souvent « appliquée » sur des statues drapées à l'antique. Néanmoins comme il travaillait, on trouve chez lui :

1° Un vrai souci d'*analyse psychologique* dans les poses, les gestes de ses statues (*Bergers d'Arcadie*) ;

2° Une recherche d'architecture dans les fonds disposés en *paysage historique*[1]. Cette tendance s'était développée dans la campagne romaine, où il allait s'asseoir des heures, paraissant ne rien faire, mais prenant des idées de grands ciels avec défilé solennel de nuages ou de terrains immenses où se trouveront toujours, bien entendu, quelques ruines : débris de temple grec, colonnes à l'antique, etc. L'architecture du tableau est la partie la plus durable de l'œuvre de

---

[1] Cadre rendu grandiose, solennel, pour des scènes antiques.

BERGERS D'ARCADIE

(Poussin.)

(Phot. Braun.) (Claude Lorrain.)

Poussin : quantité donnée au fond, groupes ni trop serrés ni trop espacés ; aussi ses peintures tendent au mural.

Claude Lorrain (1600-1682) vécut aussi à Rome. Ses méditations dans la campagne romaine expliquent les teintes dorées, féeriques de ses fonds. Ses lointains sont presque toujours illuminés ; la lumière revient au premier plan ; le second seul est dans l'ombre. Cette disposition contribue à donner de l'enfoncement. L'espace est aussi obtenu par le fait seul que Claude aime à prendre de loin. Ce paysage, — encore un peu solennel, — reste un merveilleux commencement : la nature est enfin peinte pour elle-même.

C. — LA FLANDRE

Rubens (1577-1640) passa quelques années à Rome ; mais il se garda de l'Académisme. Il sut observer les Vénitiens et leurs harmonies ardentes. Des autres maîtres italiens, il s'assimila le meilleur : le sens des groupements, l'esprit de construction.

On pourrait lui désirer plus de distinction, et peut-être de profondeur ; mais il est remarquable par :

a) *Le coloris qui a une magnifique gaieté.* Il ouvre toutes les fenêtres et donne un tiers à la lumière, alors que les Vénitiens, représentant une parfaite proportion moyenne, donnaient un quart à la lumière, un quart à l'ombre, le reste à la demi-teinte. C'est lui qui nous délivre enfin des ombres opaques à la bolonaise, par son procédé du frottis léger, transparent pour les ombres, et de la pleine pâte réservée pour la lumière.

b) *Une verve inépuisable.* Ce qui distingue le génie du talent, c'est la puissance, le don de créer. Rubens ne sera jamais à court, par exemple pour ses ordonnances, toujours neuves, toujours gaies à force de mouvement, et où la lumière compose aussi bien que la ligne diagonale (*Descente de Croix*), circulaire (*Saint Ildefonse*), en zigzag (*Montée au Calvaire*), etc. Outre qu'il est très complet, à cause du modelé, son dessin est fait « de verve », tracé d'une manière aisée, rapide, en synthétisant, en attrapant. Il a une brosse magique.

Nous verrons que Rubens exercera toujours une influence excellente : méthode très sûre à l'huile, contagion de mouvement, de gaieté et de couleur.

OEuvres : *Descente de la Croix, Saint Ildefonse, Coup de lance, Epiphanie, Bataille d'amazones, Chasse au sanglier, Histoire de Marie de Médicis*, etc.

Van Dyck (1599-1641) a laissé dans l'art une trace ineffaçable. Cet élève de Rubens imprima un cachet de distinction tendre et frêle à tout ce qu'il traita. C'est dans le portrait qu'il est incomparable. Si l'on ne savait ce que c'est que la distinction, et si l'on voulait apprendre qu'elle est aisance, il faudrait regarder le *Duc de Bedford, Charles Ier revenant de la chasse*, le *Cardinal Bentivoglio*, etc. Nous retrouvons là le grand portrait « orchestré » de Titien, le maître de Van Dyck ; mais dans cet entourage somptueux, les lords anglais peints par ce dernier ont une grâce plus parfaite. Sa peinture religieuse n'est, comme celle de Rubens, que de la peinture d'histoire traitée avec élégance et le sens du groupement dramatique (*Pieta. — Repos en Égypte*).

Jordaens (1593-1678), au métier excellent, a au contraire le réalisme un peu lourd.

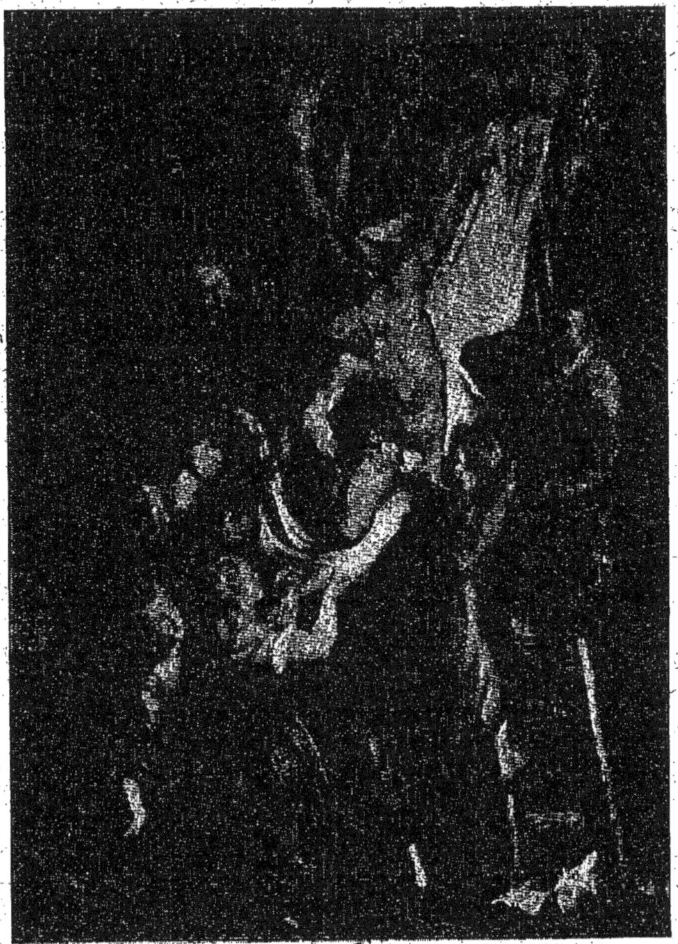

(Rubens.)

DESCENTE DE LA CROIX

(Van Dyck.)

CHARLES Ier A LA CHASSE

(Téniers.)

Téniers (1610-1694) traite avec la même parfaite technique des kermesses, rixes, tabagies, etc.

La France et la Flandre restaient encore dans l'orbite de l'Italie ; voici deux pays qui s'en éloignent davantage, deux écoles absolument originales, qui apportent des éléments nouveaux.

D. — L'ESPAGNE

La peinture espagnole est quelque chose d'aussi particulier qu'une mélodie populaire espagnole accompagnée de guitare et castagnettes, ou qu'une course de taureaux. Cet art est franchement *expressif* et n'a aucun souci de styliser, de tendre à la Beauté poursuivie pour elle-même. Il affectionne des *sujets* très familiers (mendiants, gamins), ou horribles (estropiés, supplices), ou religieux de genre ardent, mystique (extases, moines en prière).

Son caractère propre est une franchise extraordinaire d'*ordonnance* : c'est jeté sur la toile sans l'ombre d'apprêt : un arbre, un chien seront coupés au premier plan (*Infant don Carlos* de Velasquez). Aucune formule de disposition n'est saisissable, bien qu'il y ait une disposition réelle (*Fileuses* de Velasquez, surtout *Funérailles d'un évêque* de Zurbaran). La couleur, chaude, généreuse, se rapprocherait de celle des Vénitiens : cette peinture sombre, dramatique souvent dans ses effets, n'est nullement enfumée.

Velasquez (1599-1660) est uniquement et absolument objectif. L'objet, sa forme, son caractère, la manière dont il baigne dans l'air, voilà ce qui l'occupe : rien de plus, rien de moins. Cet idéal est réalisé avec une telle puissance, que cette peinture simple, impersonnelle, vous saisit. Un tel peintre devait être portraitiste avant tout. Il a peu réussi, en effet, dans la peinture religieuse, sauf pour son très beau Christ ; c'est dans ses portraits qu'on le trouve vraiment. Notons aussi une scène de genre : les *Fileuses*.

Il délaisse les harmonies dorées pour peindre avec des gris très fins, relevés de noir, blanc, rose. Comme Rubens, il manie la brosse avec une hardiesse élégante.

Ribera (1588-1656), influencé par l'Italie, tomba dans la peinture enfumée et le relief sculptural ; mais il reste bien Espagnol dans son *Pied bot* (Louvre) et son *Martyre de saint Barthélemy*.

Zurbaran (1598-1662) a laissé des figures de moines inoubliables pour leur dévotion farouche.

Murillo (1618-1682) est le moins espagnol et le moins personnel de l'école. Cependant sa teinte de « romanisme » est légère ; si elle peut se relever dans le fond de *Sainte Élisabeth de Hongrie*, le premier plan est, certes, espagnol. Sa Vierge est bien à lui, brune et souriante Andalouse ; les couronnes de petits anges sont les « anges à la Murillo », tant copiés depuis. Peintre vaporeux, gracieux, voire un peu langoureux parfois, Murillo a peint beaucoup d'extases, de visions (*Saint François*) ; mais ce n'est pas là, ni dans ses Assomptions, que paraît sa piété si profonde : ce serait plutôt dans *Saint Pierre à la colonne* et le *Divin Berger*.

Goya (1746-1828), peintre inégal, réaliste jusqu'à la vulgarité, parfois bizarre, a donné des eaux-fortes qui sont des rêves étranges (*Caprice*, *Proverbes*). Certains de ses portraits (*Jeune homme en gris*, *Femme à l'éventail*) ont beaucoup de cachet.

IMMACULÉE CONCEPTION (Murillo.)

(Vélasquez,)
PRINCE BALTHAZAR

E. — LA HOLLANDE

Cette école sera celle du vrai réalisme. Le réalisme espagnol est plutôt de l'intensité, de l'expression, que de l'analyse, de l'exactitude. Ici on peint ce que l'on a sous les yeux ; on rend tout avec la même conscience scrupuleuse. Mais il faut distinguer :

1. Les vrais Hollandais, qui donnent des tableaux de genre, d'un petit format, — ce qui est une preuve de goût, — d'une facture presque trop soignée, mais sûre et enfin d'un réalisme familier ; puis des paysages qui sont de magistrales études.

2. Deux génies indépendants, isolés : Ruysdaël et Rembrandt.

1. **LES VRAIS HOLLANDAIS**. Genre. Les titres seuls donnent une idée de cette école : *le Boulanger, la jeune Cuisinière, l'Enfant sage, le Benedicite, l'Arracheur de dents, Marché d'Amsterdam*. Chez **Pierre de Hooch**, une admirable lumière joue sur les meubles, éclaire les arrière-cours. **Brauwer** nous mène dans les tabagies. **Van Ostade** affectionne les fermes et les intérieurs de cuisine. **Terburg** (1608-1681) et **Metzu** (1615-1658) nous introduisent dans la bourgeoisie riche, où les dames portent des collerettes bien repassées, font de la musique et reçoivent des visites. Le métier est si habile, si discret, qu'on oublie le peintre. Est-ce dessiné au trait? à la tache? C'est admirablement dessiné, voilà tout ce qu'on peut dire. Si l'on essaie de copier, on s'aperçoit que ce dessin, ce modelé, est presque insaisissable, tant il est exact, parfait.

Paysage. Nous reconnaissons la plaine très plate, l'horizon bas, le ciel immense où courent les nuées grises : pays monotone en apparence, mais où l'eau, la terre et les nuages, qui semblent se mêler, offrent des harmonies simples et cependant changeantes, des lignes très larges, pays de ciel et d'eau comme les lagunes de Venise, où se formeront aussi des luministes. **Van der Meer** a toujours peint le même site, à diverses heures et saisons. **Hobbema** (1638-1709) anime la nature riante et hospitalière, telle que l'a faite le travail de l'homme (*Moulin*, charmant). Les chevaux de **Wouverman** et les vaches de **Cuyp** reçoivent une belle lumière dorée. **Potter** (1625-1659) est un animalier attentif dont le *Jeune Taureau* est un vrai portrait (*Vache qui se mire*, *Prairie*).

2. **DEUX GÉNIES INDÉPENDANTS. Ruysdaël** (1628-1682) a connu et rendu la nature au point que ses tableaux pourraient servir d'exemples, dit-on, pour reconnaître les différentes espèces d'arbres. Mais il est beaucoup plus qu'un copiste, c'est un rêveur et un poète. Son paysage triste est moins à l'image de la Hollande qu'à celle de son propre génie. Il peint les assauts furieux des vagues sur les digues, les chemins jaunis par une pauvre lumière, les vieux chênes rompus par l'orage[1]. Admirables de poésie, de sentiment, ces paysages présentent en même temps une composition aussi parfaite que celle des *Stanze* de Raphaël. Étudier à ce point de vue : *le Moulin*, *la Forêt*, parmi les plus beaux tableaux qui comptent.

Rembrandt (1606-1669) est un homme du Nord, anti-classique. Aucun souci de la beauté plastique;

---

1 Les vieux arbres rompus, les branches mortes au milieu de parties feuillées, c'est l'arbre à la Ruysdaël, comme la grande masse imposante au feuillage compact, détaillé, c'est l'arbre à la Poussin, à la Claude (tableaux du xviii° siècle).

(Phot. Braun.)

(Ruysdaël.)

LA RONDE DE NUIT
(Rembrandt.)

mais les figures ont souvent une vie intérieure intense.

Rembrandt est un imaginatif encore plus qu'un sentimental ; à ce point de vue ses fonds s'apparentent à certains de Léonard (*Présentation, Résurrection de Lazare*). Le personnage principal de son œuvre est la lumière, non pas la clarté pure qui détaille les formes, mais le pauvre rayon qui tombe dans une ombre humide et confuse, où il se noie. Un huitième seulement est donné à la lumière ; tout le reste au clair-obscur, le vrai domaine de Rembrandt, qui y cherche ce que les Florentins demandaient à l'arabesque et les Vénitiens à la couleur.

Tout immerger dans un bain d'ombre ; mais, grâce à un « rayon » qui tombe dans cette ombre, rendre l'obscurité transparente, la demi-obscurité facile à percer, donner aux valeurs les plus fortes une sorte de perméabilité qui les empêche d'être noires, voilà *le Philosophe, les Syndics*. S'il affectionne les ombres, Rembrandt y jette des reflets rougeâtres ; jusque dans les plis des noirs vêtements de ses syndics, on rencontre des ors fauves, des reflets profonds et mouvants.

L'imagination transformant toujours plus le réel, la lumière bientôt ne semble plus éclairer les choses, mais en émaner, et cette phosphorescence autour des visages paraît être le rayonnement de l'âme. D'admirables eaux-fortes traduisent cet effet aussi bien que la peinture : on se demande comment, avec un burin grattant du cuivre, Rembrandt a pu ainsi « tacher » comme au pinceau (*Calvaire, Faust*).

OEuvres : La *Ronde de nuit*, gravure de la *Pièce aux cent florins*. — La *Chaumière*. — La *Résurrection de Lazare*. — Les *Syndics des drapiers*. — Les *Pèlerins d'Emmaüs* (Louvre).

L'école hollandaise n'a pas survécu au xviiᵉ siècle : un naturalisme aussi absolu est limité par son modèle même ; mais les Hollandais restent extrêmement profitables à étudier.

F. — LE XVIIIᵉ SIÈCLE FRANÇAIS

Louis XIV disparu, on secoua vite le joug d'une solennité qui devenait pesante. Ennuyés par les lignes droites de l'architecture, les ébénistes donnèrent aux meubles des courbes d'une fantaisie gracieuse (fauteuil Louis XV). Dans les boiseries, dominent les teintes adoucies et claires : or mat sur fonds bleutés, vert d'eau, rosés ou lilas. Le parc anglais sera un tableau et non une construction : on y multiplie les surprises, les sinuosités, les lacs et les grottes.

Watteau (1684-1721) nous arrive de Flandre, bon coloriste donc, en même temps qu'observateur exact ; il saisit de suite l'élégance, l'esprit en même temps que la frivolité de cette société de la Régence ; et, dans ses tableaux, il fait vivre un monde sémillant : de petites marquises en robe de satin causent avec de spirituels marquis, sous des ombrages gracieux, dans des paysages harmonieux, simples, pleins d'air et de lumière, avec du bleu et du rose dans le ciel (*Embarquement pour Cythère*, *Champs-Élysées*).

Greuze (1725-1805) peint sa *Laitière* (charmant pendant de la *Cruche cassée*) en corselet de satin : les bergères d'alors sont bien enrubannées... Mais, d'élégante, sa peinture devient bientôt larmoyante : la sensiblerie faisait fureur avec Rousseau (*la Malédiction paternelle*, *l'Innocence*, *l'Accordée de village*, etc.).

Les personnages de **Chardin** (1699-1779) gardent de la prestesse, de l'élégance, mais sont beaucoup

EMBARQUEMENT POUR CYTHÈRE

(Watteau.)

BÉNÉDICITÉ

(Chardin.)

plus simples : des enfants qui jouent, une ménagère qui revient du marché, une mère qui apprend à broder à sa fille, il ne lui en faut pas davantage pour produire un chef-d'œuvre de vérité et souvent d'émotion (*Enfant au toton*, *Bénédicité*, etc.). Outre le réalisme, il y a dans ses tableaux une note de grâce et de goût qui ne se trouve pas au même degré dans les scènes néerlandaises ou les croquis espagnols d'enfants du peuple.

Les sémillantes marquises ont posé devant le pastelliste **La Tour** (1704-1788) ; mais tout en rendant bien l'élégance mondaine, il pénètre profondément ses modèles. « Je les connais mieux qu'eux-mêmes, » disait-il.

Houdon (1741-1828) est aussi un merveilleux traducteur de la figure humaine (*Voltaire*).

G. — L'ANGLETERRE

C'est une nouvelle école qui naît. Elle se forme avec Van Dyck et les Flamands, qui lui apprennent le coloris moelleux en même temps que vigoureux. Le portrait l'attire, ainsi que le paysage ; quant à la peinture murale, aux grands sujets d'histoire, le génie anglais, très analytique, y semble peu porté et même réfractaire ; la légende, l'illustration diraient plus à son imagination septentrionale.

Hogarth (1697-1794) traite des sujets humoristiques.

OEuvres : *Buveurs de punch, le Musicien enragé, la Fille aux crevettes.*

4*

Reynolds (1723-1792) et **Gainsborough** (1727-1788) sont deux magnifiques portraitistes, dans la note Titien-Van Dyck, c'est-à-dire le portrait aristocratique et le grand portrait « orchestré » ; mais aux colonnes et tentures avec un bout de ciel, le tendre et rêveur Gainsborough préfère un fond de parc simplement. La distinction des lords peints par Van Dyck se retrouve dans leurs descendants. On y sent une grâce exempte d'affectation. Avec le modelé et le coloris charmeurs, c'est une séduction de plus que cette absence de pose ; et cependant ces portraits sont des modèles d'arrangement, de goût, d'élégance.

De Reynolds : *Lady Spencer, la Jeune fille au manchon*, etc. — De Gainsborough : *Miss Graham, l'Enfant bleu, Miss Parsons*, etc.

SERMENT DES HORACES (David.)

L'ÉPOQUE CONTEMPORAINE

A. — LA FRANCE

« Êtes-vous pour Ingres ou pour Delacroix, pour le dessin ou pour la couleur? » Voilà ce que l'on se demandait en 1830. En Angleterre, une violente réaction va se produire contre Raphaël. « Pour moi, je vais mettre tout le monde d'accord, dit Courbet, car je crée un « art vrai », l'art exact, uniquement exact. »

LES ÉCOLES

La lutte s'engage d'abord entre classiques et romantiques.

I. CLASSIQUES. **David** (1748-1825) part en guerre contre les marquis et les marquises, les bergères enrubannées. Art de salon, dit-il dédaigneusement; il faut revenir à l'antique, camper et draper des héros romains. Il le fait d'une façon absolument académique (p. 76). Le *Serment des Horaces* est la froideur même; c'est de la statuaire emphatique et non de la peinture.

Ingres (1780-1857) ne peint pas non plus et ses tableaux gagnent à ne pas être représentés en couleur; mais il est supérieur à David, n'étant pas uniquement académique. Il est bien lui-même pour le culte de la ligne, l'amour de l'arabesque. Rien ne compte à ses yeux, si ce n'est la pureté d'une ligne, la courbe tracée d'une main sûre. Le souci de la silhouette a même trop dominé celui du modelé; mais ses portraits sont d'un dessin absolument précis et pur.

Rien ne vaut ses simples crayons. Peu imaginatif, il ne réussit pas dans la grande peinture d'histoire (*Apothéose d'Homère*) et ne dispose même pas toujours avec intérêt le fond, les accessoires dans ses portraits.

II. ROMANTIQUES. Delacroix (1798-1863) lance le nouveau programme : rupture avec l'académisme; liberté d'inspiration; recherche du caractère avant tout, — déformation expressive au besoin; sentiment, couleur, de la pleine pâte et non la peinture vernissée de David.

Géricault expose au Salon de 1821 son fameux *Radeau de la Méduse*, où les attitudes conventionnelles ont bien disparu.

Delacroix donne *la Barque de Dante*, *l'Entrée des Croisés à Constantinople*, *la Lutte de Jacob et de l'Ange*, où le dessin est parfois un peu lâché, mais plein de mouvement. Pour comprendre Delacroix, il faut chercher en lui :

1° Un vrai poète lyrique : il ne peint pas d'après nature, encore moins d'après convention; l'univers où il se meut est sorti de son imagination; ce sont ses visions personnelles de batailles du moyen âge, de chasses arabes, etc., qu'il jette sur la toile.

2° Un grand coloriste, un peu compliqué : *a*) il juxtapose ou superpose ses tons (sans trop les « fondre », afin d'obtenir de la fraîcheur ou du mystère) : Ex. : une femme dans l'ombre, à un plafond, paraît d'un joli gris : en réalité, elle est rayée de hachures roses et vertes, couleurs complémentaires

(Delacroix.)

ENTRÉE DES CROISÉS A CONSTANTINOPLE

REMISE DE CHEVREUILS
(Courbet.)

donnant le gris. — *b*) Il étudie soigneusement la coloration des ombres[1]. — *c*) Il comprend que la relation des tons est le grand point, bien plus encore que la valeur propre de chaque ton. Une couleur vaut par sa voisine.

III. **NATURALISTES.** Courbet (1819-1877) s'oppose au romantisme de Delacroix comme au classicisme d'Ingres. « Il n'y a pas besoin, dit-il, de faire *beau* comme Ingres, ni de faire *à son idée* comme Delacroix : faites ce qui est devant vous, faites *nature*. » C'était, en somme, un conseil peu nouveau et que les Hollandais avaient supérieurement pratiqué ; mais précisément : 1° il y a trop de système, il n'y a pas l'ingénuité du *Taureau* de Potter dans le *Bonjour* de Courbet ; 2° dans les toiles meilleures, plus simples (*Combat de cerfs*, *Remise de chevreuils*), nous voyons reparaître l'éclairage d'atelier à la Caravage.

On peut prévoir une réaction.

IV. **IMPRESSIONNISTES.** Pour « désenfumer » définitivement la peinture, ils étudient le plein air. Ils comprennent que, pour atteindre à l'effet de lumière réelle, la meilleure ressource[2] sera encore d'user de la vivacité des tons et de leur juxtaposition[3], puis d'étudier les rayonnements, les reflets : peindre l'atmosphère autant que les choses mêmes, faire perdre à

[1] On sait que les ombres, grises dans le Nord, sont violettes, rouges, bleues, vertes en Orient, plus colorées que les lumières souvent, parce que le plus ou moins de coloration dans l'ombre dépend de l'intensité d'éclairage.

[2] Qu'est-ce, en effet, que du blanc d'argent à l'huile à côté d'un rayon de soleil ?...

[3] Du bleu et du rouge à peine mélangés, juxtaposés plutôt, donneront de loin, un violet plus vibrant ; puis il y a la question des couleurs complémentaires : vert (plus clair) près de rouge (plus foncé) s'exalte.

ces choses leur matérialité, leur ton local même, dans les vibrations de la lumière. En somme, l'exactitude des valeurs reste bien la chose essentielle[1]; cependant reconnaissons que les toiles impressionnistes ont un bel éclat qui éteint tout autour d'elles. Cette vision, cette technique ont renouvelé la peinture, comme on peut le voir dans les grands panneaux de **Maurice Denis**, par exemple; c'est un enrichissement dont tous les genres ont bénéficié. Seul le portrait répugne à cette féerie : le visage humain doit montrer la vie de l'âme plutôt que le bariolage des reflets; il faut là une profondeur morale incompatible peut-être avec l'éblouissement des yeux.

Après l'impressionnisme, il y a encore bien des noms en isme : tachisme, pointillisme (le mot fait comprendre le système); cubisme (on comprend encore qu'il s'agit d'un dessin simplifié, géométrique), futurisme (on ne comprend plus du tout...).

EN DEHORS DES ÉCOLES

Profitant de ce que ces systèmes divers offraient de bon, de grands artistes ont travaillé à Paris, vraie capitale artistique au XIXe siècle.

a) Pléiade de talents que nous appellerons divers : **Meissonnier**, dans le « genre », en très petit format, donne la *Confidence* ou de vraies épopées (*Campagne de France*); **Raffet** et **Charlet**, des grognards, des scènes militaires, **Tissot**, la vie de Jésus-Christ, etc.

---

1 L'exactitude des valeurs : une analyse très serrée du changement des tons selon la nature de l'éclairage donnera précisément des résultats au point de vue lumière. On deviendra *luministe* (p. 69) ; on soulignera les *valeurs*, si l'on trouve le vert doré, vif et doux à la fois, que prennent les prairies et les arbres à l'heure du crépuscule, leur ton vert cru sous un ciel gris, leur vert étrange sous un ciel d'orage. La couleur peut rendre des services immenses à ce point de vue.

CAMPAGNE DE FRANCE

(Meissonnier.)

b) Les grands paysagistes : **Corot** (1796-1875) est avant tout un poète de la lumière, mais de la lumière fine, atténuée par les buées du matin ou l'ombre du crépuscule. Quelques arbres légers, bouleaux, trembles au feuillage frissonnant, des lacs aux eaux tranquilles, frôlés par une barque, lui suffisent pour composer des tableaux plus exacts, et aussi pleins de poésie que l'*Embarquement pour Cythère* (Watteau), ou *le Gué* (Claude Lorrain). On ne s'étonne pas d'y rencontrer quelques nymphes dansantes, car la vision de Corot transpose la réalité en rêve (*Soir, Mare*).

Rousseau (1812-1867) est le portraitiste des chênes, dont il analyse avec une application fervente les membres noueux, et dont il montre l'âme altière.

Millet (1814-1875) s'attache à la vie des champs. Les paysans ne ressemblent guère aux bergers Louis XV. Ce sont de rudes tâcherons, vêtus de grosse bure, traduisant avec vérité la monotonie et l'âpreté de ce combat, vieux comme le monde, de l'homme avec la terre. Millet est un peu lourd, mais tellement sincère qu'il émeut profondément (*Angelus, la Bergère, l'Homme à la Houe, la Herse, le Printemps...*).

Un décorateur de génie : **Puvis de Chavannes** (1824-1898), peintre le plus mural qui ait jamais existé (p. 73). On le reconnaît aisément à la tranquillité des lignes, à la solidité des formes, à la stabilité de la composition ; dans cet art « fait de sacrifices[1] »,

---

[1] Né coloriste, Puvis sacrifie délibérément et de plus en plus les effets de couleur à l'impression générale de douceur. Excellent dessinateur, il en vint à sacrifier l'élégance des formes au calme des silhouettes, — par trop même à la fin : *S⊔ Geneviève enfant, en prière.*

les couleurs très atténuées, le jeu très doux des lumières et des ombres composent un ensemble sans accidents. Puvis n'a pas inventé seulement cette langue pittoresque, il a compris que la décoration devait parler aussi à notre esprit. Il a su délaisser la mythologie et mettre sous nos yeux des allégories très simples auxquelles il donne la vie par l'extrême beauté du paysage où il les place. Exemple : l'âme d'une province, dans *Marseille, porte de l'Orient*, dans *Ave, Picardia nutrix*; ou la vie intellectuelle dans *Lettres, Arts, Sciences* (Sorbonne). Décor et figures composent un monde d'une incomparable poésie, et Puvis a réappris aux naturalistes la nécessité de l'harmonie décorative; et aux impressionnistes, la dignité de la pensée en art.

LA SCULPTURE

Dans la note classique, mais sans banalité, sans académisme, **Dubois**, **Chapu** donnent leur *Jeanne d'Arc*, **Barye**, son *Tigre*; **Carpeaux**, la fontaine de la place de l'Observatoire. **Rude** (Arc de triomphe de l'Étoile) est plus romantique; mais **Rodin** (1870-1917) sacrifie tout à l'expressif. Il ne craint pas les déformations excessives : la figure entière est contractée ou distendue par la douleur, l'effort ou la joie (différence avec le Laocoon, par ex.). La réalité est soumise à l'imagination et à la sensibilité de Rodin : hardiesse plus téméraire en sculpture qu'en peinture, car la sculpture est essentiellement réaliste; et on sait que cette note a été poussée par lui jusqu'aux pires excès. De fait, Rodin reste unique dans les *Bourgeois de Calais*, *Saint Jean-Baptiste prêchant au désert*.

ANGELUS   (Millet.)

(Puvis de Chavannes.)

Dans l'art des médailles, **Chaplain**, **Roty**, ont donné des effets charmants ; les acquisitions modernes, du côté du luminisme, de la couleur, de l'enveloppe, ont influé même sur cet art si précis de la gravure sur métal.

B. — LES AUTRES PAYS

1. **L'ANGLETERRE.** Elle tient une belle place et a vraiment créé l'aquarelle moderne.

Constable (1776-1837) fonda le paysage en même temps que nos grands paysagistes (*Charrette de foin*). **Turner** apprit en Italie et devant les toiles de Claude Lorrain la sérénité radieuse du ciel du Midi ; il chercha toujours à rendre les splendeurs de la lumière, ses luttes avec les brumes de Londres, et cela dans une note fougueuse et romantique (*Vaisseau le Téméraire, Rameau d'or*).

Les **préraphaélistes** prêchaient l'ingénuité, demandaient qu'on ait une âme de primitif. Le critique **Ruskin**, si original, était des leurs.

2. Citons, de l'Américain **Whistler**, cette symphonie de couleurs sobres intitulée *Ma Mère*. — Le *Christ devant Pilate* de **Munkacsy**, Hongrois ; les études de **Zuloaga**, Espagnol.

L'Architecture. Elle n'a rien produit d'artistique, bien que des ressources nouvelles lui aient été fournies par la métallurgie : possibilité de nervures d'un élan prodigieux, d'abris immenses et légers, etc. L' « art nouveau » n'a réussi que dans le genre bibelot, où le décor s'inspire de la fleur.

C. — L'EXTRÊME-ORIENT

Il y a longtemps que nous avons quitté l'Asie. Cependant, l' « art nouveau » s'inspire un peu de l'Extrême-Orient.

La Chine ne réussit que dans le genre bibelot. De minuscules personnages, des fragments de paysage d'un dessin d'ailleurs assez laid, se superposent sur les laques. Nous retrouvons l'arbre méticuleusement détaillé, la petite dame avec son ombrelle et ses yeux en coulisse sur les porcelaines blanches, vertes ou roses.

Mais **les Japonais** furent capables de grand art; non du tout d'art classique à la Raphaël, visant à une expression noble et généralisée; mais d'art pittoresque, visant au caractère, à l'expressif. Les lignes (tracées au pinceau) sont sinueuses, continues, souples pour les formes humaines; elles sont cassées, tourmentées pour les troncs rabougris des petits arbres. Quand un lointain apparaît, il est fait en quelques traits vifs qui éveillent une impression juste : ligne de la mer, arête aiguë d'une montagne. Ces images ne se relient pas, elles restent nettes, éparses; il est impossible de suggérer plus spirituellement la réalité en quelques traits. Les couleurs, posées à plat, restent légères, franches, pures.

Cet art est bien différent du nôtre; mais rappelons-nous la définition de l'artiste p. 12. Or les Japonais savent disposer : c'est-à-dire choisir, composer, accentuer certaines choses, en sacrifier d'autres, ce dont les Chinois se sont montrés incapables jusqu'ici. Le grand mot de l'art, c'est : Harmonie.

COURS

LANGUE FRANÇAISE

ÉTUDE DES MOTS

D'APRÈS LEUR ÉTYMOLOGIE ET LEUR DÉRIVATION

Etumos et *logos* sont deux mots grecs qui veulent dire : *vrai mot* ou *vraie parole* ; cette décomposition rend bien compte de l'étymologie, qui est la connaissance du vrai sens des mots, à l'aide de la dérivation.

L'étymologie recherche les racines des mots, afin d'en saisir la signification primitive, et elle étudie les modifications qui y ont été apportées par l'adjonction de préfixes et de désinences.

FORMATION DE LA LANGUE FRANÇAISE

Le français est né du roman, latin corrompu ; le latin lui-même est dérivé du grec, et tous deux appartiennent aux langues indo-européennes, dérivées du sanscrit et des idiomes indiens.

La formation de la langue française présente trois phases principales :

I. — L'ÉTAT DE PRÉPARATION, sous les deux premières races.

Trois éléments concourent à créer le roman, précurseur du français :

a) Le **celtique**, langue des vaincus, dans une proportion minime.

De là nous sont venus : harnais, de *harnez*, ferraille ; lande, de *lann*, buisson d'épines, etc.

b) Le **latin**, parlé pendant plus de cinq siècles par les Gaulois ou les Gallo-Romains.

c) Le **tudesque,** ou allemand, qu'apportèrent les Francs.

Nous lui devons les mots : hanse, de *hansa*, troupe ; ban, de *bannan*, convoquer, etc.

De ces trois éléments, le latin est de beaucoup le plus important.

Importé dans les Gaules par les légionnaires de César et par les colons qui les suivirent, il devint la langue du peuple. Il se dépouilla en même temps de ses formes savantes, se fit un vocabulaire à lui, des tours de phrase et des constructions propres.

Ce latin populaire fut adopté en grande partie par les tribus franques ; et, à la fin du vi⁰ siècle, il supplantait le latin classique dans les administrations et les écoles ; ce dernier restait la langue de l'Église et des savants. Le latin populaire continua à s'altérer, et donna naissance à une langue distincte, appelée avec dédain *lingua romăna rustica,* langue des rustres, ou langue romane.

Vers le viii⁰ siècle, la langue romane se partagea en deux idiomes : la *langue d'oc,* avec ses dialectes limousin, languedocien, gascon et provençal au sud de la Loire ; au nord, la *langue d'oïl,* avec ses dialectes normand, picard, bourguignon et français (ou de l'Ile-de-France). — *Oui* se disait *oc* au Midi, et *oïl* au Nord ; de là les expressions de langue d'óc et de langue d'oïl. Si l'on tire une ligne de la Rochelle à Grenoble, on aura tracé à peu près la démarcation de la langue d'oc et de la langue d'oïl, et fixé leurs frontières. Mais le dialecte français prévaudra sur tous les autres, qui tomberont à l'état de patois ; et la langue des troubadours cédera le pas à celle des trouvères.

II. — L'ÉTAT DE CONSTITUTION, à partir du x⁰ siècle.

Les Capétiens réunissent successivement à l'Ile-de-France et à l'Orléanais, qui constituent le domaine royal, le Berry, la Picardie, la Touraine, la Normandie, la Champagne, le Languedoc, etc.

La langue du roi devient la langue de la France.

Trois éléments, ici encore, contribuent à l'achèvement de cette langue :

a) Le **roman**, ou vieux français, simple et naïf en même temps qu'expressif et original, a son apogée sous saint Louis.

b) Les **mots étrangers**, importés à la cour à la suite de nos relations avec l'Italie et l'Espagne.

Ainsi : *haquenée*, de l'espagnol *haçanea*, cheval ; *chambre*, de l'italien *camera*, chambre, et tous ses dérivés : *camérier*, *chambellan*, etc.

c) Les mots tirés du **grec** et du **latin,** assez maladroitement forgés par les érudits de la Renaissance, tels que :

Iconographie, de *eikon*, image, et *grapho*, décrire.

C'est pendant cette période qu'apparaissent les articles et la plupart des désinences caractéristiques de notre langue. Enfin, vers le xvıe siècle, on commence à employer les accents.

III. — L'ÉTAT DE PERFECTION, dû aux grands écrivains du siècle de Louis XIV, préparé par Malherbe, Vaugelas, l'Académie. La langue entre en pleine possession des qualités maîtresses qui la distinguent : la clarté et la précision, la grâce et la force, l'ampleur et la richesse.

Aujourd'hui elle compte environ 140 000 mots, sur lesquels 30 000 sont plus usités et suffisent au besoin de la conversation.

Après de malheureux emprunts faits à l'anglais : *meeting, interview,...* et même à l'allemand : *chenapan (schnappen,* attraper, — *Hahn*, coq), un retour accentué vers les origines latines se remarque actuellement.

FORMATION LATINE

C'est surtout dans le latin qu'il faut chercher l'origine du français.

Nous étudierons successivement :

1° Les mots dérivés.

2° Les mots composés.

3° Les familles de mots.

(Voir dans la Grammaire le sens de ces expressions, ainsi que des mots : *racine* et *radical*.)

LES MOTS DÉRIVÉS

Les mots dérivés sont constitués d'après deux lois principales :

I. — LOI DE TRANSITION. La transformation d'un mot latin en mot français n'a pas été immédiate ; elle s'est faite par une suite de transitions.

Ainsi *domina* (latin) a donné *dominicella* (bas-latin), puis *dominizelle* (vieux français), et enfin *demoiselle*.

II. — LOI DE LA PERSISTANCE DE L'ACCENT TONIQUE. En latin, il y avait dans chaque mot une syllabe accentuée : celle sur laquelle portait l'accent tonique : *Romănus, Dŏminus*; les syllabes voisines étaient brèves.

La langue romane a conservé l'accent tonique ; mais les syllabes brèves qui l'entouraient sont devenues de plus en plus faibles et ont souvent fini par disparaître.

Tab(u)lam. Asp(e)r.
Table.   Apre.

Un certain nombre de mots sont formés de l'accusatif latin, ce cas ayant survécu à tous les autres dans le latin populaire.

Nota. Voir dans la Grammaire l'origine des doublets.

Iᵉʳ EXERCICE ORAL

Définir les mots dérivés. — Montrer comment tous renferment une idée de blancheur, et indiquer ceux dans lesquels cette idée a gardé la nuance particulière de la racine.

ALBUS Blanc, pâle par nature.

<table>
<tr><td rowspan="2">(Latin classique)</td><td>DÉRIVÉS</td><td>Albâtre, albatros, albinos, Albion.</td></tr>
<tr><td>DÉRIVÉS ALTÉRÉS</td><td>Aube, aubade, aubépine, aubier.</td></tr>
</table>

CANDIDUS. Éclatant de blancheur.

(*Latin classique*) } DÉRIVÉS } Candeur, candide, candi, candidat.

COMPOSÉ } Incandescent.

BIANCO. Blanc (a donné tous les dérivés vulgaires).

(*Italien*) } DÉRIVÉS } Blanchâtre, blancheur, blanchiment, blanchir, blanchisseur, etc.

2e EXERCICE ORAL

Définir les mots dérivés. — Montrer comment tous renferment, au moins par extension, une idée de vieillesse, et comment cette idée a gardé le plus souvent la nuance particulière de la racine.

VETUS. D'apparence vieille.

Gén. : Veteris
Dim. : Vetulus } DÉRIVÉS } Vétusté. Invétéré, vétéran. Vieux, vieillesse, vieillard, vieillot.

ANTIQUUS. Très vieux.

Racine : ante } DÉRIVÉS } Antique, antiquité, antiquaille, antiquaire. Ancêtre[1], ancestral. Ancien, ancienneté. Aîné[2], aînesse.

SENEX. Avancé en âge.

Comp. : senior } DÉRIVÉS } Sénilité, sénat, sénateur, sénatorial. Sire, messire. Seigneur, monseigneur, monsieur[3].

CANUS. Blanc de vieillesse.

} DÉRIVÉ } Chenu.

[1] *Ancêtre*, de *ante cedere*.
[2] *Aîné*, contraction de *ante natus*.
[3] *Sire, messire*, etc., titres d'honneur donnés d'abord aux vieillards.

3ᵉ Exercice

Répondre aux questions par des dérivés de *aqua*, et résumer à la fin les différentes transformations de la racine.

Aqua **Eau**

Comment désigne-t-on :

1. — Un dessin au lavis, dans lequel on emploie des couleurs transparentes ?
2. — Ceux qui pratiquent ce genre de peinture ?
3. — Un graveur à l'eau-forte ?
4. — Le bassin dans lequel on entretient des animaux ou des plantes marines ?
5. — Une plante qui vit dans l'eau ?
6. — Un canal pour conduire l'eau ?
7. — Un fruit dont la chair contient de l'eau ?
8. — Un terrain qui conduit l'eau ?
9. — Une province du sud-ouest de la France, réputée autrefois pour ses eaux ?
10. — Une variété d'émeraude, dont le vert bleuâtre rappelle l'eau de mer ?
11. — Un ancien port de la Méditerranée, déserté aujourd'hui ?
12. — Un vase destiné à contenir de l'eau ?
13. — Une ville des Pyrénées renommée pour ses eaux ?

4ᵉ Exercice

Même exercice sur les dérivés de *capra*.

Capra **Chèvre**

Comment désigne-t-on :

1. — Une fantaisie semblable au mouvement désordonné d'une chèvre ?
2. — La constellation représentée sous la figure d'un bouc ?

3. — Le mouvement d'un cheval dressé sur ses jambes de derrière, comme une chèvre?

4. — Le petit d'une chèvre, qui saute à tout propos?

5. — Sauter comme une chèvre?

6. — Une voiture qui saute facilement à cause de sa légèreté?

7. — Le petit d'une chèvre (nom ordinaire)?

8. — Un animal dont la tête a quelque ressemblance avec celle d'une chèvre?

9. — Celui qui mène les chèvres?

10. — Une pièce de bois qui soutient les lattes d'une toiture et semble posée sur les hauteurs à la manière d'une chèvre?

11. — Le fait de chanter en tremblotant, comme serait le cri d'une chèvre?

12. — Le gros plomb dont on se sert pour la chasse au chevreuil?

13. — La plante qui grimpe capricieusement, comme une chèvre?

5ᵉ EXERCICE

Même exercice sur les dérivés de *caput*.

Caput Tête

Comment désigne-t-on :

1. — La coiffure légère que les femmes portent dans la région des Pyrénées?

2. — L'officier qui est à la tête d'une compagnie?

3. — La somme que l'on place à intérêts?

4. — Le centre gouvernemental d'un pays?

5. — Un droit féodal qui se payait par têtes?

6. — Les lois de Charlemagne divisées par chapitres?

7. — L'action de résumer une thèse, en la ramenant aux points principaux?

8. — La propriété d'une liqueur qui monte à la tête?

9. — Le registre dans lequel sont inscrits les biens-fonds d'une commune appartenant à chacun?

10. — Le second chef d'une famille, par opposition à l'aîné ?

11. — Une division d'un livre ?

12. — La réunion des chanoines ?

13. — La partie la plus élevée d'une colonne ?

14. — Un bail de bestiaux comptés par têtes ?

15. — Anciennement la tête ? Aujourd'hui, la tête au sens figuré ?

16. — Le côté du lit où se trouve la tête ?

17. — L'action de terminer une chose commencée ?

6ᵉ EXERCICE

Traduire le texte en français moderne et répondre aux questions.

L'Ambassade de Villehardouin, à Venise

Lexique.

Altus, haut.
Audire, entendre.
In de mane, endemain.
Ingenium, habileté.
Monasterium, monastère.

Sensus, jugement, appréciation.
Velle (*volens*), vouloir.
Noxa, dommage (ici : bruit).
Tertius, troisième.

L'endemain du *tiers* jour, le dux qui *moult ere* sage, manda son grand conseil ; et par son sens et son *engin*, qu'il avait moult cler et moult bon, les mit en ce qu'ils le louèrent. Et leur dit qu'ils *ouïssent* messe del Saint-Esprit... Quand la messe fut dite, le duc dit aux messagers qu'ils mandassent à tot le peuple humblement, s'ils voulaient que ce traité fût fait. Les messagers vinrent au *Moustier*. Jeoffroy de Vile-Hardouin prit la parole par la *volenté* des autres messagers et leur dit : « *Seignior*, le baron de France le plus *halt* nos a envoyés vers vos ; il vos crie merci que vos preniez pitié de Jérusalem, qui est en servage des Turcs. Et por ce, vos ont eslis (élus), parce qu'ils savent qu'il n'est gens qui soient sor mer comme vos et *vostre* gent. » Les *sex* messagers s'agenouillèrent à leurs pieds, moult pleurant, et le dux et tot les autres tendirent leurs mains en

halt, et dirent : « Nos l'octroiions. » Et il y eut si grand *noise*,
qu'il sembla que terre fondist.

VILLEHARDOUIN.

Questionnaire.

1. — Quelles sont les racines latines de : *tiers, moult, engin,
ouissent, Moustier, noise*. — Citez quelques mots modernes où les
racines subsistent non altérées.

2. — Montrez comment : *Seïgnior, ere, sex, volenté, vostre*, se
rapprochent plus du latin que leurs équivalents actuels.

3. — Cherchez dans le texte quatre exemples de la transformation
de l'*o* en *ou*, dans le passage du vieux français au français moderne.

4. — Quelle est la racine de *halt*, et quels sont les dérivés de
cette racine transformée en : *alt, aut, haut*?

7ᵉ EXERCICE

Même exercice.

Départ de Joinville pour la Croisade

Lexique.

Calceus, chaussure (*dis*, nég.).	*Intus*, dans.
Castellum, château.	*Laneum*, chemise de laine des
Claustura, forme barbare de	pénitents.
Clausura, claudere, fermer.	*Navis*, navire.
Crimen, accusation.	*Stare*, être debout.
Ecce istum, voici ce.	*Sic*, ainsi.
Fari, parler.	*Unquam*, jamais.

Le jour que *je me parti* de Joinville, j'envoiai querre l'abbé
de Cheminon qu'on témoignait au plus *preudhome* de l'ordre
Blanche[1]... *Cis* abbé *si* me donna une escharpe et mon bour-
don, et lors je me parti de Joinville (sans regarder au *chastel*
jusques à ma revenue), a pié, *deschaus*, et en *lange*. Je ne
voulais *oncques* retourner mes yex vers Joinville, pour ce que
li cuers ne m'attendrisist du biou chastel que je laissai et de
mes *dous enfants*... A Lyon, entrâmes au Rône pour aler à

---

1 Ordre de Cîteaux, illustré par saint Bernard.

5*

Arles, et dedans le Rône trouvâmes un chastel que l'on appelle
Roche de Glun, que le roi avait fait abatre, pour ce que le
sire du chastel *estoit* criez de dérober les pèlerins... Au mois
d'août, entrâmes en nos *neif* à la Roche de Marseille. A celle
journée, fist l'on ouvrir la porte de la neif et mist l'on tous nos
chevaux *ens*... Quand li chevaux furent ens, notre *maistre*
notonnier escria à ses notonniers : « Est arée[1] votre besoigne ? »
Et ils *respondirent* : « Oïl, sire. » Il leur escria : « Chantez
de par Dieu. » Et ils s'escrièrent tot a une voix : « Veni crea-
tor Spiritus. » Et il s'escria a ses notonniers : « Faites voile
de par Dieu. » Et ils si firent. Et en brief tens, li venz si *feri*[2]
ou voile, et nous ôte toute la veüe de la terre.

JOINVILLE.

Questionnaire.

1. — Quel souvenir reste-t-il dans le français moderne des
verbes : *se partir, férir ?*

2. — Les mots : *lange, enfant, prud'homme,* ont-ils gardé leur
sens primitif ? Répondez en vous basant sur l'étymologie.

3. — Montrez comment les mots : *cis, si, oncques, dous, ens,*
se rapprochent davantage du latin que leurs équivalents modernes.

4. Comment, dans le français moderne, a-t-on remplacé l's des
mots : *chastel, deschaus, estoit, maistre, respondirent.* Montrez
comment cette lettre avait son origine dans le latin.

5. — Quels sont les dérivés de *navis ?* (En vieux français : *neif.*)

8e EXERCICE ORAL

A quels mots français ont donné naissance les racines suivantes :

Par la transformation de :

L en U { Palma, malva, talpa, salvia, saltus, alter,
salmo, salvus, ulna, sylvaticus (rad. : sylva),
falco, falx.

---

1. *Arée,* prête.
2 Frapper sur les voiles.

P ou B en V $\left\{\begin{array}{l}\text{Ripa, liber, sapo, rapio, aperio, cuprum,}\\ \text{rapa, pauper, sapor, sapere, capra, lepus,}\\ \text{debere.}\end{array}\right.$

Par la prédominance de l'accent tonique :

Fabŭla, lītlera, cicāda, cicōnia, scarabœus, formīca, fortūna, corōna, cōrvus, lāncea, colūmba, pīca, cȳcnus, crocodīlus.

9ᵉ EXERCICE

Chercher la ressemblance et la différence de sens entre les mots qui constituent les doublets suivants, et les employer dans de courtes phrases.

Sacrare (rendre sacré)	{ Sacrement. { Serment.	*Vigilare* (veiller)	{ Vigile. { Veille.
Redimere (racheter)	{ Rédemption. { Rançon.	*Concha* (coquille)	{ Conque. { Coque.
Credere (croire)	{ Créance. { Croyance.	*Labor* (travail)	{ Labeur. { Labour.
Feria (fête)	{ Férie. { Foire.	*Locus* (lieu)	{ Local. { Lieu.
Collecta (collecte)	{ Collecte. { Cueillette.	*Advocatus* (appelé)	{ Avocat. { Avoué.
Hospitium (hôtellerie)	{ Hôpital. { Hôtel.	*Clavicula* (cheville)	{ Clavicule. { Cheville.

10ᵉ EXERCICE

La lumière se glissait dans l'atrium des maisons, entre les plantes *pariétaires* (Mᵍʳ Baunard). — Porphyre ne dissertait pas, il *vaticinait*, il pontifiait (*Id.*). — Les belles images des porches et les légendes *profuses* des vitraux renseignent l'homme du moyen âge sur des faits qui lui offrent en action la pensée chrétienne (R. P. Sertillanges). — Il suffit que quelqu'un soit vraiment, ce qu'il doit être dans un monde où la *défi-cience* est le cas le plus ordinaire, pour que ce soit un spécia-liste apparent... au titre de héros dans la race humaine (*Id.*). — Ses camarades avaient eu la maladresse de se laisser mourir longitudinalement, comme il *appert* par une de ses ballades (Th. Gautier). — Regardez les chênes que cette terre nourrit,... leur tête est droite, car la mer est loin, et les grands coups de vent n'atteignent point là leur puissante *frondaison* (R. Bazin). — Le chamois avait sauté à temps sur une étroite saillie qu'il avait *repérée* (H. Bordeaux). — La Thessalie et l'Epire ne connurent jamais que le Jupiter informe et monstrueux des Pélages, la divinité *tellurique* qu'on adorait dans le frémissement des chênes de Dodone (Gebhart). — C'est pourtant de ce désert qu'il devra tirer quelque chose, de cette *carence* qu'il devra tirer une surabondance (Psichari).

Chercher, d'après l'étymologie, le sens des mots en italique et les remplacer par des synonymes.

Apparere, apparaître.
Carere, manquer.
Deficere, manquer.
Frons, feuillage.
Paries, muraille.

Profundere, répandre abondamment.
Reperire, retrouver.
Tellus, terre.
Vates, devin.

(Voir dans la Grammaire les suffixes latins.)

11e Exercice

Indiquer les modifications apportées au sens des mots suivants par le changement de suffixes.

Ex. : *Abattage* (action), *abattement* (manière d'être).

Glacière, glaçage.
Convenance, convention.
Chancellerie, chancelier.
Libéralisme, libéralité.
Diversité, diversion.
Procédure, procession.

Fumeur, fumiste.
Rectitude, rectification.
Imprimerie, impression.
Miroir, mirage.
Terrien, terrassier.
Service, servitude.

I2° Exercice

Chercher deux adjectifs dérivés de chacun des mots suivants et indiquer le sens particulier dû au suffixe.

Communiquer. Comparer. Passer. Paix.
Honneur. Défaut. Lettre. Italie.
Herbe. Grain. Mort. Harmonie.
Musique. Vue. Fureur.

LES MOTS COMPOSÉS

(Voir dans la Grammaire les préfixes latins.)

I3° Exercice

Décomposer les mots suivants en séparant le préfixe du radical, et les définir.

Ex. : *Commensal* (con, *avec*; mensa, *table*), *celui qui mange à la même table qu'un autre.*

Gradi, marcher; *cinis, cineris,* cendre; *carcer,* prison; *grex,* troupeau; *solitus,* habitué; *ultimus,* dernier; *spectare,* regarder; *robur,* force; *mittere,* abandonner; *stare,* se tenir; *vertere, versum,* tourner; *fugere,* fuir;

Agrégé, agresseur, corroborer, inamissible, incarcérer, incinération, insolite, interstice, pénultième, rétrospectif, subversif, transfuge.

I4° Exercice

Justifier, en se basant sur l'étymologie, la présence d'une double lettre dans les mots suivants, et les employer dans de courtes phrases.

Ex. : *Agglomérer* (ag, *pour* ad, glomerare), *assembler, entasser.*

Clamare, crier; *tranere,* tirer; *memoria,* mémoire; *mergere,* plonger; *colligere,* cueillir; *rogare,* prier, demander; *manere,* demeurer, être posé ; *migrare*, aller ; *cubare*, se coucher ; *restare*, rester ; *lumen*, lumière ; *frenum*, frein ; *læsum*, blessé ; *respondere*, répondre ; *nota*, note ; *plaudere*, applaudir ; *gluten*, glu ; *plicare*, plier ; *pretium*, prix ; *levis*, léger.

Acclamer, accueillir, agglutiner, alléger, allumer, annoter, applaudir, appliquer, apprécier, arrêter, attirer, collision, correspondre, effréné, immémorial, immersion, immigrer, imminent, interroger, succomber.

15ᵉ Exercice

Justifier, en se basant sur l'étymologie, la présence ou l'absence d'*h* dans les mots suivants, et les employer dans de courtes phrases.

Halare, respirer ; *hærere*, tenir, être attaché ; *hortari*, conseiller ; *orare*, prier ; *humus*, terre ; *orbita*, borne ; *onus*, fardeau ; *asper*, âpre ; *uber*, fertile.

Adhésion, exhaler, exhorter, inhumer, inexorable, exorbitant, exubérant, exaspérer, exonérer.

16ᵉ Exercice

Justifier, en se basant sur l'étymologie, la présence d'un *c* après l'*x* dans les mots suivants.

Capere, prendre ; *causa*, cause ; *cedere*, aller ; *centrum*, centre ; *citare*, mouvoir ; *claudere*, fermer ; *communicare*, communiquer, partager ; *currere*, courir.

Excéder, excursion, excentrique, excepté, excommunier, excuser, exclure, exciter.

17ᵉ Exercice

Diviser les mots suivants en deux groupes, selon que le préfixe *dé* a un sens négatif ou ampliatif.

Débandade, débarquer, débarrasser, débattre, déboiser, déboîter, découler, décrire, dédier, déduire, défoncer, déflagration, déjeuner, délasser, délaisser, délimiter, déloger, démêler, démoder, démontrer, dénoncer, dénouer, déparer, dépérir, déplorer, déposer, déprimer, dérailler, déterminer, détoner, détonner, devenir, déverser, dévouer.

18ᵉ Exercice

Diviser les mots suivants en deux groupes, selon que le préfixe *dis* exprime la négation, ou la diversité, la dispersion.

Disconvenir, discréditer, disjoindre, disposer, disséminer, dissentiment, disséquer, dissident, dissonance, dissuader, distance, distiller, distraction, distribuer.

19ᵉ Exercice

Diviser les mots suivants en trois groupes, selon que le préfixe *re* indique la répétition de l'action, son intensité ou son opposition à une autre action.

Réagir, rebâtir, reboiser, recéler, réchauffer, réclamer, récriminer, réjouir, remercier, remmailler, remuer, rémunérer, renier, renouveler, réprimer, repousser, requérir, ressemeler, retenir, rétorquer, reverdir, révérer.

LES FAMILLES DE MOTS

20ᵉ Exercice

Répondre aux questions, et, à l'aide des mots trouvés et de leurs dérivés, former la famille de mots ayant pour racine :

Ago, actum : faire, pousser, conduire.

Comment appelle-t-on :

1. — Un circuit et un embarras de paroles ?
2. — Un terme qui peut être pris dans deux sens ?
3. — Ce qui a une grande facilité à se mouvoir ?
4. — L'opération d'un agent quelconque ?

5. — Les façons d'agir d'un conspirateur ?-
6. — Tout ce qui fait quelque chose ou produit quelque effet ?
7. — Celui qui remue beaucoup en divers sens ?
8. — Un petit livre sur lequel sont imprimés les jours et les mois ?
9. — Une sentence populaire ?
10. — Celui qui joue un rôle dans une pièce ?
11. — Ce qui a lieu présentement ?
12. — Celui qui est ponctuel ?
13. — L'acte de demander une chose en vertu d'un droit ?
14. — Ce qui est fort petit ?
15. — Un effet surprenant, contraire au cours ordinaire des choses ?
16. — L'action d'un corps sur un autre dont il a éprouvé l'influence ?
17. — Exercer une action en sens contraire d'une autre ?
18. — Faire des concessions pour atténuer un différend ?
19. — Une contestation en justice ?
20. — Aller sur mer ?
21. — Les chars que les Grecs attelaient à quatre chevaux ?

21ᵉ EXERCICE

Même exercice.

Dico, dictum : dire.

Comment appelle-t-on :

1. — Un mot passé en proverbe populaire ?
2. — L'action de lire lentement un texte afin que d'autres l'écrivent ?
3. — La partie du style qui concerne la manière de s'exprimer ?
4. — Le vocabulaire de tous les mots d'une langue ?
5. — L'action de consacrer un objet avec certaines cérémonies ?
6. — Prescrire par un édit ou une loi ?
7. — Défendre quelque chose ?
8. — Souhaiter du mal à quelqu'un ?
9. — Dire du mal de quelqu'un ?

10. — Annoncer un événement futur ?
11. — Ce qui est dans les formes judiciaires ?
12. — Celui qui a l'habitude de dire la vérité ?

22ᵉ EXERCICE ORAL

Reconstituer la famille des mots dérivés de :

Sto, statum : se tenir debout.

QUELQUES EXPRESSIONS LATINES

23ᵉ EXERCICE

Employer dans de courtes phrases les expressions suivantes :

Ad hoc, pour ceci, pour tel objet spécial.

Ad libitum, à volonté, comme il vous plaira.

Ad patres (vers les pères), aller vers ses pères, c'est-à-dire mourir.

Alter ego (un autre moi-même), personne à laquelle on accorde toute sa confiance.

Casus belli (cas de guerre), tout motif qui met un État dans la nécessité de recourir aux armes.

Coram populo (devant le peuple), parler publiquement, sans crainte.

Ex æquo, d'un mérite égal.

Illico, sur-le-champ.

In extenso, au long.

Imprimatur (qu'il soit imprimé), permission d'imprimer.

In partibus (s. e. *infidelium*), expression que l'on emploie en parlant de celui qui a un titre d'évêché dans un pays occupé par les infidèles.

Ipso facto, par le fait même.

Lapsus linguæ, faute qui consiste à employer un mot pour un autre dans la conversation.

Motu proprio, nom donné à certains rescrits du Souverain Pontife à cause de la formule : *motu proprio*, qui s'y trouve. Cette clause fait présumer que le Pape veut user de la plénitude de sa puissance.

Modus vivendi (manière de vivre), convention.

Nec plus ultra (pas au delà), terme que l'on ne saurait surpasser.

Passim, çà et là.

A quia (*quia*, parce que). Un homme réduit *a quia* est comparé à quelqu'un qui, dans une dispute scolastique en latin, est réduit à répondre aux questions qu'on lui pose : *quia... quia...*, sans pouvoir aller au delà.

Statu quo, dans l'état où sont actuellement les choses.

Sine qua non (sans quoi non), indispensable.

Vade mecum (marche avec moi), chose que l'on porte ordinairement avec soi.

FORMATION GRECQUE

Jusqu'au xviᵉ siècle, le grec eut peu d'influence directe sur le français ; à l'époque de la Renaissance, un grand nombre de mots grecs furent introduits dans la langue, mais beaucoup disparurent au xviiᵉ siècle. Le xixᵉ siècle revint à la nomenclature grecque et lui emprunta la plupart des termes scientifiques.

LES MOTS DÉRIVÉS

Iᵉʳ Exercice

Remplacer les points par des mots dérivés des racines grecques suivantes :

Bapto, laver.

Barbaros, étranger, peu civilisé.

Diabolos, trompeur.

Diakonos, serviteur.

Euaggelion, bonne nouvelle.

Horizo, borner.

Harmonia, liaison, accord.

Idios, particulier.

Koimeterion, dortoir.

Kome, chevelure.

Komodia, représentation.

Litaneia, supplication.

Methodos, par le chemin.

Monios, solitaire.

Pharmakon, médicament.

Phusiognomonia, indication du naturel.

Presbus, vieillard.

1º

1. Les 223 langues des Indes Orientales offrent toutes les transitions imaginables, des ... monosyllabiques de l'Indo-Chine aux riches langages de l'Hindoustan (E. Reclus). — 2. Le soir, le seul délassement était de psalmodier à demi-chant les ... (Lamartine). — 3. En vain l'apothicaire a quitté son arrière-boutique ; sous le nom de ... il est encore ridicule (Veuillot). — 4. La terre a vu sensiblement des ... s'enflammer et disparaître (Pascal). — 5. Heureux celui qui ne connaît rien au delà de son ..., et pour qui le village voisin même est une terre étrangère (B. de Saint-Pierre). — 6. Toute institution possède les conditions essentielles à l'... : le beau et le mystérieux (Chateaubriand). — 7. Le ... est un pacte solennel par lequel nous engageons notre foi à Dieu (Bossuet). — 8. O ... des campagnes chrétiennes où les tombes couvertes d'herbes fleuries se pressaient autour du clocher ! (Veuillot). — 9. Théodote, avec un habit austère, a un visage .... (La Bruyère).

2º

1. Olympie entra dans l'Église de Constantinople comme ... (A. Thierry). — 2. Une de mes grandes envies est d'être dévote. Je ne suis ni à Dieu, ni au ... (Mᵐᵉ de Sévigné). — 3. Tout l'... commande l'humilité (*Id.*). — 4. Quand la ... convenable n'est pas employée, la science s'arrête ; quand la ... convenable est pratiquée, la science marche (Taine). — 5. De tout temps, les femmes chrétiennes s'étaient montrées les émules des hommes dans la pratique des vertus et des austérités ... (Montalembert). — 6. Le séraphique Père saint François disait que s'il rencontrait en chemin un ange et un ... de compagnie, il baiserait la main au ... plutôt et plus volontiers qu'à l'ange (P. Lejeune). — 7. La ... n'est pas une règle donnée pour juger les hommes ; elle nous peut servir de conjecture (La Bruyère). — 8. Tertullien est le Bossuet africain et ... (Chateaubriand).

LES MOTS COMPOSÉS

(Voir dans la Grammaire les préfixes grecs)

2ᵉ Exercice

Définir d'après leur étymologie les mots suivants :

A.
(privatif).

Mnaomai (se ressouvenir), amnistie.
Onuma (nom), anonyme.
Pathos (passion), apathie.
Odune (douleur), anodin.
Theos (Dieu), athée.
Temno (couper), atome.
Zoe (vie), azote.
Zumos (levain), azyme.
Phone (voix), aphone.

DIA.
à travers — autour.

Gonia (angle), diagonale.
Logos (discours), dialogue.
Metron (mesure), diamètre.
Phaino (briller), diaphane.

3ᵉ Exercice

Même exercice.

EPI.
sur.

Hemera (jour), éphémère.
Derma (peau), épiderme.
Grapho (écrire), épigraphe.
Phaino (briller), Epiphanie.
Demos (peuple), épidémie.
Taphos (tombeau), épitaphe.
Temno (couper), épitomé.

PARA.
près de — contre
au delà.

Doxa (opinion), paradoxe.
Leipo (laisser), Paralipomènes.
Phrazo (parler), paraphrase.
Sitos (blé), parasite.
Tithemi (je place), parenthèse.
Oikos (maison), paroisse.

PERI.
autour.
- *Metron* (mesure), périmètre.
- *Odos* (chemin), période.
- *Anthos* (fleur), périanthe.
- *Phrazo* (parler), périphrase.
- *Stulos* (colonne), péristyle.

4ᵉ Exercice oral

Montrer comment le sens primitif de la racine grecque s'est conservé dans les mots suivants :

PHAINO,
briller,
paraître.
- Fanal.
- Diaphane.
- Emphase.
- Epiphanie.
- Fantôme.
- Fantasma-gorie.
- Phénomène.

GRAMMA,
lettre.
- Anagramme.
- Télégramme.
- Épigramme.

GRAMMA,
lettre.
- Grammaire.
- Monogramme.
- Programme.

ARCHE,
gouverne-ment.
- Anarchie.
- Hiérarchie.
- Monarchie.
- Oligarchie.
- Patriarche.
- Heptarchie.

5° Exercice oral

Même exercice.

PHILOS,
ami.
- Bibliophile.
- Philosophe.
- Philologue.
- Philanthrope.
- Philomèle.
- Philharmo-nique.
- Philopator.
- Philadelphe.

ODE,
chant.
- Ode.
- Psalmodie.

ODE,
chant.
- Parodie.
- Palinodie.
- Prosodie.
- Rapsodie.
- Tragédie.
- Comédie.

ERGON,
travail.
- Chirurgie.
- Métallurgie.
- Énergie.
- Thaumaturge.
- Dramaturge.

6ᵉ Exercice oral

Chercher des mots formés des racines suivantes.

Métron, mesure (20 mots[1]). — *Theos*, Dieu (10 mots) — *Phone*, voix (9). — *Polis*, ville (9). — *Kuklos*, cercle, racine modifiée : *cycl* (9). — *Chronos*, temps (6). — *Autos*, soi-même (5). — *Anthropos*, homme (3). — *Demos*, peuple (3). — *Hippos*, cheval (3). — *Doxa*, opinion (3).

7° Exercice

Remplacer les points par un des mots suivants :

Acrostiche (*akros*, extrémité ; *stikhos*, rangée), petite pièce de poésie dont chaque vers commence par la lettre d'un mot déterminé.

Chrysanthème (*chrusos*, or ; *anthos*, fleur).

Cyclopes (*kuklos*, cercle ; *ops*, œil). Géants qui n'avaient qu'un œil au milieu du front. *Cyclopéen*.

Éphémère (*epi*, dans ; *hemera*, jour).

Épopée (*epo*, dire ; *poieo*, faire), récit en vers d'une action héroïque.

Euphémisme (*eu*, bien ; *phemi*, je parle). Expressions atténuées sous lesquelles on déguise une critique.

Horloge (*hora*, heure ; *lego*, dire).

Métaphore (*meta*, trans ; *phero*, porter).

Néophyte (*neos*, nouveau ; *phuo*, naître).

Panégyrique (*pan*, tout ; *ageiro*, assembler).

Parasite (*para*, proche ; *sitos*, blé). Littéralement : près du blé ; nom que donnaient les Grecs à ceux qui avaient l'intendance des blés sacrés, et une part aux viandes des sacrifices. Plus tard, on vit s'élever à Athènes des essaims de convives qui assiégeaient

---

[1] Les nombres ne doivent être considérés que comme de simples indications.

les maisons opulentes : on les appela parasites, et le terme fut pris en mauvaise part. Aujourd'hui on appelle parasites tous les êtres qui vivent aux dépens des autres.

Philosophie (*Philos*, ami ; *sophia*, sagesse).

1. L'homme, pendant quatre mille ans, est resté sous la domination du sens dépravé, jusqu'à ce qu'enfin l'... de l'éternité sonnât une heure ; et cette heure disait : « Un Sauveur vous est né » (Lacordaire). 2. — Saint Paul ne voulait pas qu'un ... fût élevé tout d'un coup à certaines distinctions (Bourdaloue). — 3. Ici, la nature n'a su qu'entasser les masses brutes de ses constructions ... (Taine). — 4. Pourquoi n'est-il pas établi de faire publiquement le ... d'un homme qui a excellé pendant sa vie dans la bonté ? (La Bruyère). — 5. L'ode chante l'éternité, l'... solennise l'histoire, le drame peint la vie (V. Hugo). — 6. Mes créanciers sont mes candidats, mes ..., mes diseurs de bonjour (Rabelais). — 7. Parmi ces êtres ... se doivent voir des jeunesses d'un matin (B. de Saint-Pierre). — 8. Les perles et les diamants de la rosée jetaient au soleil des feux splendides dans leurs montures de boutons d'argent et de ... (Th. de Banville). — 9. La vraie ... est de voir les choses telles qu'elles sont (Buffon). — 10. Vous êtes renommé pour l'... ; vous savez dire les choses académiquement. — 11. On cite souvent la ... de M. Prud'homme[1] : « Le char de l'État navigue sur un volcan ». — 12. Voici un ... fait sous Louis XIV par un poète gascon dont le cœur était plein d'enthousiasme et la bourse vide :

> Louis est un héros sans peur et sans reproche.
> On désire le voir ; aussitôt qu'on l'approche,
> Un sentiment d'amour enflamme tous les cœurs ;
> Il ne trouve chez nous que des adorateurs ;
> Son image est partout, excepté dans ma poche.

[1] *M. Prud'homme*, type de la sottise satisfaite.

LES FAMILLES DE MOTS

8e Exercice oral

Reconstituer la famille de mots au moyen des racines indiquées.

LOGOS, discours.

- Apo, (préfixe).
- Apo, (id.).
- Amphi, de deux côtés.
- Archaios, ancien.
- Astron, astre.
- Ana, entre.
- Anthos, fleur.
- Bios, vie.
- Chronos, temps.
- Cosmos, monde.
- Cata, sur.
- Clima, région.
- Dia, à travers.
- Dia, entre.
- Déka, dix.
- Doxa, gloire.
- Epi, sur.
- Etumos, vrai.
- Ethnos, nation.
- Genos, race.
- Ge, terre.

- Homos, semblable.
- Hora, heure.
- Idea, idée.
- Griphos, énigme.
- Monos, un.
- Martur, témoin.
- Meteoros, élevé.
- Muthos, fable.
- Néos, nouveau.
- Pro, avant.
- Palaios, ancien.
- Psuchè, âme.
- Philos, ami.
- Pathos, maladie.
- Phusis, nature.
- Nekros, mort.
- Ontos, être.
- Sun, avec.
- Tauto, le même.
- Treis, trois.
- Theos, Dieu.

9e Exercice oral

Même exercice.

GRAPHO, écrire.

- Epi, sur.
- Para, près de.
- Telé, loin.
- Palaios, ancien.
- Eikon, image.
- Kallos, beauté.
- Sténos, serré.
- Topos, lieu.
- Lithos, pierre.

- Orthos, droit.
- Cosmos, monde.
- Photos, lumière.
- Hudor, eau.
- Biblion, livre.
- Bios, vie.
- Autos, soi-même.
- Tupos, caractère.
- Daktulos, doigt, etc.

L'EXPLICATION FRANÇAISE

CHATEAUBRIAND (1768-1848)

François-René, vicomte de Chateaubriand, naquit à Saint-Malo. En 1800, il écrivit *Atala*, souvenir des forêts vierges d'Amérique. En 1802, son *Génie du Christianisme* fit sensation ; il marque une date dans l'histoire littéraire : le retour au merveilleux chrétien et au sentiment de la nature. Ce livre est inférieur au point de vue apologétique ; il eut néanmoins, en son temps, une heureuse influence. Son apparition coïncidait avec le rétablissement du Concordat.

Nommé ambassadeur à Rome par le Premier Consul, Chateaubriand brisa sa carrière après le meurtre du duc d'Enghien. Il parcourut la Grèce et l'Orient, et écrivit les *Martyrs*, épopée en prose, qui chante le triomphe de la religion chrétienne, et l'*Itinéraire de Paris à Jérusalem*, ou le récit de son voyage, « livre original et charmant, » suivant l'expression de Villemain. Aux ouvrages déjà cités, il faut ajouter : *le Dernier des Abencérages*, *les Natchez*, *les Mémoires d'outre-tombe*.

Chateaubriand est à la fois un excellent peintre de la nature, un poète profond et délicat, un orateur aux amples périodes. Il n'existe peut-être pas, dans la prose du xixe siècle, de style plus grand, ni plus varié que le sien. Il est tout à la fois un initiateur et un maître ; mais on doit regretter qu'il ait introduit dans la littérature française de son temps quelque chose de rêveur et de vague.

Les Bords de la Rance.

Chaque paysan, matelot et laboureur, est propriétaire d'une petite bastide blanche avec un jardin ;

parmi les herbes potagères, les groseilliers, les rosiers,
les iris, les soucis de ce jardin, on trouve un plant de
thé de Cayenne, un pied de tabac de Virginie, une
fleur de la Chine, enfin quelque souvenir d'une autre
rive et d'un autre soleil : c'est l'itinéraire et la carte
du maître du lieu. Les tenanciers de la côte sont d'une
belle race normande ; les femmes, grandes, minces,
agiles, portent des corsets de laine grise, des jupons
courts de callemandre[1] et de soie rayée, des bas blancs
à coins de couleur. Leur front est ombragé d'une large
coiffe de basin ou de batiste, dont les pattes se relèvent
en forme de béret, ou flottent en manière de voile.
Une chaîne d'argent à plusieurs branches pend à leur
côté-gauche. Tous les matins, au printemps, ces filles
du Nord, descendant de leurs barques comme si elles
venaient encore envahir la contrée, apportent au marché des fruits dans des corbeilles et des caillebottes[2]
dans des coquilles ; lorsqu'elles soutiennent d'une main
sur leur tête des vases noirs remplis de lait ou de
fleurs, que les barbes de leurs cornettes blanches
accompagnent leurs yeux bleus, leur visage rose, leurs
cheveux blonds emperlés de rosée, les Walkyries de
l'Edda, dont la plus jeune est l'Avenir, ou les Cané-
phores d'Athènes, n'avaient rien d'aussi gracieux. Le
tableau ressemble-t-il encore? Ces femmes, sans doute,
ne sont plus, il n'en reste que mon souvenir.

Mémoires d'outre-tombe.

---

[1] Callemandre ou calmande : étoffe flamande, laine et soie, ornée de dessins.
[2] Caillebottes : masses de lait caillé.

Questions.

I. ANALYSE DU MORCEAU. — Tableau d'un paysage de Bretagne. — 1. Ce spectacle était-il nouveau pour Chateaubriand ? Quel est, dans cette description, son premier mérite ? — 2. Comment se divise ce tableau ? — 3. A) Étudiez dans la 1ʳᵉ partie les deux traits en relief : *matelot et laboureur*, accentués par le choix des détails. — B) Dans la 2ᵉ partie : la genèse et le développement de l'image sur laquelle s'achève la description. — 4. On a reproché à Chateaubriand de charger parfois trop sa palette de bleu et de rose. Quelles sont ici les teintes ? Doit-il encourir le même reproche ? — 5. Les lignes sont-elles aussi observées ? — 6. Quelle impression se dégage de l'ensemble ?

II. STYLE. EXPRESSIONS. — 1. Relevez les comparaisons ; sont-elles inspirées par le sujet ? — 2. Notez : A) les expressions imagées, variées ; B) les jolis mots employés. — 3. Analysez, au point de vue littéraire, la phrase : *Tous les matins, au printemps,...* et voyez comment elle est construite, avec quel sens artistique.

III. GRAMMAIRE. — 1. Mots de la même famille que *herbe, tabac.* — 2. Autres sens des mots : *coquille, cornette, voile.* — 3. Analyse des pronoms de la dernière phrase : *Ce tableau ressemble-t-il encore ? Ces femmes... souvenir.*

LACORDAIRE (1820-1861)

Henri Lacordaire naquit en Bourgogne. Jeune prêtre en 1830, il collabora, avec Lamennais et Montalembert, au journal *l'Avenir.* Après la suppression du journal en 1832, et la censure du Souverain Pontife, Lacordaire se sépara de Lamennais et, trois ans après, fut chargé par l'archevêque de Paris d'inaugurer, pour les hommes, des *conférences* religieuses à Notre-Dame. Ce fut pour lui une période de magnifique succès. En 1840, il rétablit en France l'ordre des Frères Prêcheurs de Saint-Dominique, et reparut dans la chaire de Notre-Dame avec la robe blanche des Dominicains : ce fut pour y remporter de nouveaux triomphes oratoires. On reproche cependant à son éloquence d'être plus brillante que solide.

En 1848, il fut élu à l'Assemblée nationale ; mais il n'était pas né pour la vie politique. Il donna bientôt sa démission et se consacra tout entier à son ministère religieux et à l'éducation de la jeunesse : il rétablit dans ce but l'antique et célèbre école de Sorèze. Il mourut le 21 novembre 1861. Au mois de janvier précédent, il avait été reçu membre de l'Académie française. Depuis la Révolution, aucun religieux n'avait obtenu cet honneur.

On a de lui ses *Conférences de Notre-Dame*, le *Mémoire pour le rétablissement des Frères Prêcheurs en France*, une *Vie de saint Dominique*, une *Vie de sainte Marie-Madeleine*, Sa *Lettre sur le Saint-Siège*, ses *Lettres à des jeunes gens*, etc.

Il fut plutôt orateur qu'écrivain ; sa parole écrite n'est qu'un écho affaibli de sa parole parlée ; néanmoins, quelle imagination, quelle âme, quel feu !

La Provence.

Quand on sort de Marseille en se dirigeant vers les Alpes, on entre dans une vallée qui longe la mer sans la voir, parce que de hautes montagnes lui en cachent les flots ; une autre chaîne se dresse à l'opposite de celle-là, et, contenue entre ces deux murailles, la vallée court vers un amphithéâtre abrupt qui semble lui fermer le chemin, pendant qu'une rivière bordée d'arbres glisse sans efforts dans de longues prairies et arrose de sa fécondité mille habitations. Son nom est obscur comme ses eaux. Elle guide en quelque sorte le voyageur ; et, après s'être épanouie dans une campagne plus vaste, arrêtée par les monts, elle tourne tout à coup vers la gauche, s'enfonce dans des gorges resserrées, devient un torrent, et, s'élevant entre un dédale de cimes boisées et de sommets dénudés, elle trouve enfin sa source près d'un plateau paisible, cou-

ronné d'un immense et solitaire rocher. On était tout
à l'heure au sein d'une ville riche et ardente, l'une
des reines de la Méditerranée. On entendait le bruit
des vagues et le bruit des hommes ; on voyait arriver
de tous les points de l'horizon des vaisseaux moins
poussés par le vent que par les trésors qu'ils portent ;
maintenant tout est calme en même temps que tout
est pauvre et, à la paix comme à la nudité de ce
désert, on se croirait transporté par des routes mystérieuses aux inaccessibles retraites de l'antique Thébaïde.
Quelques murailles tombées s'aperçoivent au milieu de
la plaine ; quelques maisons debout à l'extrémité, derrière un mamelon ; mais ces vestiges de vie ne dimi-
nuent pas la solennité réelle du lieu. Le cœur pressent
qu'il est dans une solitude où Dieu n'est pas étranger.

Au centre de ces roches hautes et alignées, qui ressemblent à un rideau de pierre, l'œil découvre une habi
tation qui y est comme suspendue, et à ses pieds une
forêt dont la nouveauté le saisit. Ce n'est plus le pin
maigre et odorant de la Provence, ni le chêne vert, ni
rien des ombrages que le voyageur a rencontrés sur sa
route ; on dirait que, par un prodige inexplicable, le
Nord a jeté là toute la magnificence de sa végétation.
C'est le sol et le ciel du Midi avec les futaies de l'Angleterre. Tout proche, à deux pas, sur les flancs de la
montagne, on retrouve la nature vraie du pays ; ce point-
là seul fait exception. Et si l'on y pénètre, la forêt
vous couvre aussitôt de toute sa majesté, semblable
en ses profondeurs, en ses voiles, en ses silences, à
ces bois sacrés que la hache des anciens ne profanait
jamais. Là aussi, les siècles seuls ont accès ; seuls ils
ont exercé le droit d'abattre les vieux troncs et d'en
rajeunir la sève ; seuls ils ont régné et règnent encore,

6. — Manuel de 4ᵉ Classe.

instruments d'un respect qui vient de plus haut qu'eux, et qui ajoute au saisissement du regard celui de la pensée. Qui donc a passé là? Qui a marqué ce coin de terre d'une empreinte si puissante? Quel est ce rocher? Quelle est cette forêt? Quel est enfin ce lieu où tout nous semble plus grand que nous?

O Marseille, tu vis venir l'hôte qui habita le premier cette montagne. Tu vis descendre d'une barque la frêle créature qui t'apportait la seconde visite de l'Orient. La première t'avait donné ton port, tes murailles, ton nom, ton existence même; la seconde te donna mieux encore, elle te confia les reliques vivantes de la vie de Jésus-Christ, les âmes qu'il avait le plus tendrement aimées sur la terre, et, pour ainsi dire, le testament suprême de l'amitié d'un Dieu.

Sainte Marie-Madeleine.

Questions.

I. ANALYSE DU MORCEAU. — 1. Montrez que l'impression qui se dégage de ce tableau est une impression : A) de grandeur sévère, B) de solitude et C) de sainteté. — 2. Lacordaire nous dépeint-il la Provence sous son aspect ordinaire? N'a-t-il pas pris soin de répondre à cette question? — 3. N'y a-t-il pas dans ce texte une sorte de gradation, d'émotion croissante qui en forme le plan? — 4. Relevez les allusions historiques.

II. STYLE. EXPRESSIONS. — Montrez que le style de Lacordaire est éblouissant par la profusion des figures les plus brillantes : métaphores, antithèses. — 2. Relevez quelques épithètes pittoresques, quelques expressions poétiques. — 3. Montrez que Lacordaire, même en écrivant, garde quelque chose de la forme oratoire.

III. Grammaire. — 1. Quelle est l'origine du mot *dédale ?* — 2. Quelle est la racine des mots : *Orient, reliques.* — 3. Distinguez les propositions contenues dans la 1re phrase.

VICTOR HUGO (1802-1885)

Victor Hugo est né à Besançon en 1802. Dès 1823, il publia *les Odes ;* puis successivement, *les Ballades, les Orientales, Notre-Dame de Paris ;* mais ce fut de 1831 à 1840 qu'il donna ses quatre plus beaux volumes de vers : *les Feuilles d'Automne, les Chants du Crépuscule, les Voix intérieures, les Rayons et les Ombres.* En 1841, il entra à l'Académie française.

Au coup d'État de 1851, il fut exilé à cause de sa violente opposition, et passa quelques années en Belgique, puis à Jersey. Il y composa *les Châtiments* (1853) pamphlet contre l'Empire, *les Contemplations,* et commença *la Légende des siècles,* qu'il acheva en France après la chute de Napoléon III. Enfin il écrivit de nombreuses pièces de théâtre ; elles ne sont pas ce qu'il a produit de meilleur.

La nombreuse liste de ses œuvres laisse entrevoir un des dons les plus extraordinaires de Victor Hugo : son inspiration poétique inépuisable. On dirait que tous les sentiments, toutes les passions qui s'agitaient de son temps ont trouvé un écho dans son âme. Comme il est doué d'une imagination puissante, la pensée la plus banale s'enrichit chez lui de brillantes images. Poète par l'inspiration, il l'est aussi par la forme, la variété et la plénitude du rythme, la richesse du vocabulaire.

L'ambition fourvoya malheureusement ce beau génie. Il perdit, avec la foi, la rectitude du jugement et la pureté du goût.

L'Enfant Grec.

Les Turcs ont passé là. Tout est ruine et deuil.
Chio, l'île des vins, n'est plus qu'un sombre écueil.
    Chio, qu'ombrageaient les charmilles,
Chio, qui dans les flots reflétait ses grands bois,

Ses coteaux, ses palais, et le soir quelquefois　　5
　　　Un chœur dansant de jeunes filles.

Tout est désert. Mais non; seul près des murs noircis
Un enfant aux yeux bleus, un enfant grec, assis,
　　　Courbait sa tête humiliée.
Il avait pour asile, il avait pour appui　　10
Une blanche aubépine, une fleur, comme lui
　　　Dans le grand ravage oubliée.

Ah! pauvre enfant, pieds nus sur les rocs anguleux!
Hélas! pour essuyer les pleurs de tes yeux bleus
　　　Comme le ciel et comme l'onde,　　15
Pour que dans leur azur, de larmes orageux,
Passe le vif éclair de la joie et des jeux,
　　　Pour relever ta tête blonde,

Que veux-tu? Bel enfant, que te faut-il donner
Pour rattacher gaîment et gaîment ramener　　20
　　　En boucles sur ta blanche épaule
Ces cheveux, qui du fer n'ont pas subi l'affront,
Et qui pleurent épars autour de ton beau front,
　　　Comme les feuilles sur le saule!

Qui pourrait dissiper tes chagrins nébuleux?　　25
Est-ce d'avoir ce lys, bleu comme tes yeux bleus,
　　　Qui d'Iran borde le puits sombre?
Ou le fruit du tuba, de cet arbre si grand,
Qu'un cheval au galop met, toujours en courant,
　　　Cent ans à sortir de son ombre?　　30

Veux-tu, pour me sourire, un bel oiseau des bois,
Qui chante avec un chant plus doux que le hautbois,
　　　Plus éclatant que les cymbales?

Que veux-tu? fleur, beau fruit, ou l'oiseau merveilleux?
— Ami, dit l'enfant grec, dit l'enfant aux yeux
[bleus, 35
Je veux de la poudre et des balles.

Les Orientales.

8-10 juin 1828.

Questions.

I. ANALYSE DU MORCEAU. — 1. A quelle occasion cette pièce a-t-elle été écrite? — 2. Quelles en sont les divisions? — 3. Analysez chaque partie : A) Comment le poète a-t-il rendu l'impression de la douleur dans la 1re strophe? — B) Comment a-t-il réussi à donner tant de grâce au tableau suivant? — C) Montrez que la 3e et la 4e strophes ne sont, sous forme de dialogue, que la continuation du portrait de l'enfant? — D) Analysez la fin de ce discours, et montrez comment le poète s'est appliqué à lui donner une teinte orientale[1]. — E) Par quelles qualités le dénouement est-il remarquable?

II. STYLE. EXPRESSIONS. — 1. Quel est le rythme employé? — 2. Quel est l'effet de l'enjambement? — 3. Montrez que les comparaisons obéissent au ton général. — 4. Relevez quelques antithèses.

III. GRAMMAIRE. — 1. Indiquez deux synonymes de chacun des mots suivants : *coteau, flots, appui*. — 2. Quels sont les adjectifs dérivés de : *ruine, onde, larmes?* — 3. Analysez les verbes de la 5e strophe.

---

[1] La couleur orientale de V. Hugo est d'ailleurs artificielle, simple fruit de son imagination.

LOUIS VEUILLOT (1813-1883)

Louis Veuillot s'est fait un nom surtout comme journaliste. Sorti du peuple, converti dans un voyage à Rome, et devenu rédacteur en chef de *l'Univers*, il joua dans la presse un rôle prépondérant. « C'est, disait Sainte-Beuve, le premier polémiste de notre temps. » C'était assurément un batailleur zélé, sincère et peu endurant ; il eut plus d'une fois le tort d'offenser d'éminents catholiques d'une opinion différente de la sienne.

Outre ses articles de journaux, il a composé de nombreux ouvrages : *Rome et Lorette*, *Pèlerinages en Suisse*, *Çà et là*, *le Parfum de Rome*, etc.

C'est un écrivain vigoureux, dont la phrase rapide et nerveuse est spécialement adaptée à la polémique.

Le Dernier Moine de Saint-Aubin.

L'abbaye de Saint-Aubin était riche. Quand vint la Révolution, les moines n'émigrèrent pas. Ils étaient peu nombreux et ne remplissaient qu'une aile de leur vaste monastère, où les cellules se suivaient, toutes ouvertes sur le même corridor. Une nuit d'hiver, les révolutionnaires firent invasion chez ces pauvres religieux trop confiants. Sans autre forme de procès, ils les massacrèrent, à l'exception d'un seul, le plus jeune, qui, occupant la cellule la plus éloignée, put échapper avant qu'on arrivât jusqu'à lui.

Lorsqu'il eut fait quelques pas hors de la clôture, ce jeune religieux pensa qu'on le trouverait aisément et que ce n'était pas la peine de fuir ni de conserver sa vie. Il se mit à genoux, attendant les assassins. Cependant les assassins ne vinrent pas. Au bout de quelques heures, saisi par le froid et tourmenté par la faim, le moine se releva et se mit tranquillement en quête d'un refuge. Il trouva une chaumière, dont les habitants le tinrent caché tout le temps de la persé-cution. Quand il y eut un peu de sécurité, il revint à l'abbaye. Depuis la nuit du massacre, elle était déserte, défendue par la terreur ; personne n'y avait osé entrer. Le religieux trouva les restes de ses frères à la place où les assassins les avaient laissés. Il leur donna la sépulture. Ensuite, il s'établit dans sa cellule. Il vécut là de longues années avec quelques serviteurs revenus comme lui.

Un soir, deux voyageurs, surpris par un effroyable orage, se réfugièrent à l'abbaye. Le moine, averti par ses serviteurs, vint au-devant d'eux et leur rendit en personne les devoirs de l'hospitalité, comme il avait d'ailleurs coutume. L'un des voyageurs était un homme d'un certain âge, d'assez mauvaise figure, et qui paraissait préoccupé et craintif ; l'autre était son fils, garçon de vingt ans. Après qu'ils eurent bu et mangé et qu'ils se furent réchauffés auprès d'un bon feu, le père parla de reprendre sa route. L'orage con-tinuait ; le religieux leur conseilla de passer la nuit. C'était l'avis et le désir du jeune homme.

« Mon père ne voulait pas entrer, dit-il en souriant ; il craignait un mauvais accueil, et c'est presque mal-gré lui que j'ai heurté à la porte de l'abbaye.

— Il est vrai, reprit l'autre ; et je suis très recon-naissant de la bonne hospitalité qu'on nous donne. Néanmoins, je ne voudrais point passer la nuit ici. »

Il avait l'air contraint et effaré, et balbutiait avec effort plutôt qu'il ne parlait. Le moine insista :

« Vous ne gênerez point, dit-il ; nous avons des chambres vides. On a fait de la place ici. Sous la Révolution...

— Oui, oui, se hâta d'ajouter le voyageur, j'ai

entendu parler de cela. Mais l'orage a cessé, nous pouvons partir... »

Un coup de tonnerre et le bruit furieux du vent lui coupèrent la parole. Il pâlit. Le moine le regardait avec attention...

« Vous entendez, mon père. dit le jeune homme. Que deviendrons-nous sur les chemins et à cette heure ?

« — Quelle heure est-il donc ? » dit l'homme de plus en plus pâle.

En prononçant ces mots, il tira machinalement sa montre. Le moine étendit la main et prit avec une sorte d'autorité cette montre qu'il croyait reconnaître. C'était celle qu'il avait laissée dans sa cellule, en fuyant les assassins. Il la rendit sans manifester aucune émotion :

« Restez ici, dit-il au jeune homme. Couchez-vous et reposez tranquillement dans ce lit, qui fut celui du dernier Abbé de Saint-Aubin. Vous, ajouta-t-il en s'adressant au père, venez avec moi ; j'ai une autre chambre, où peut-être vous pourrez dormir. »

Il parlait d'une voix si grave et d'un visage si imposant, que l'homme à qui il s'adressait se leva, prêt à le suivre, sans objecter un mot. Le moine le conduisit à l'extrémité du corridor, dans sa propre cellule, celle d'où il avait fui la nuit du massacre.

« Ici, dit-il au voyageur, le repos pourra vous être moins difficile... Il n'y a pas eu de sang versé. »

L'homme tomba à genoux. Le dernier moine de Saint-Aubin lui donna sa bénédiction.

« Dormez, mon frère. »

Et il le laissa.

Çà et là.

Questions.

I. ANALYSE DU MORCEAU. — 1. Déterminez nettement l'exposition, le nœud, le dénouement de cette narration. — 2. Que nous fait connaître l'*exposition*, quant au lieu de la scène, à l'époque, au héros principal. Y a-t-il des longueurs ? — 3. A) Qu'est-ce qui fait l'intérêt du *nœud* ? B) Quels sont les sentiments des personnages en présence ? C) Quels sont les détails qui font avancer l'action ? D) Peut-on prévoir le dénouement ? — 4. Le *dénouement* est-il en rapport avec le reste ? Répond-il à toutes les questions ? — 6. Le caractère des personnages est-il bien dessiné ?

II. STYLE. EXPRESSIONS. — 1. Montrez comment la phrase de Veuillot est courte et nerveuse. — 2. Est-elle hachée ? — 3. Son style est-il imagé ? — 4. A-t-il les qualités du style narratif ?

III. GRAMMAIRE. — 1. Indiquez deux synonymes de : *balbutier, avis, machinalement*. — 2. Nature et fonction des adjectifs dans la phrase : *Sans autre forme de procès.*

TAINE (1828-1893)

Taine s'est fait un nom, à la fois comme philosophe, malheureusement matérialiste (*De l'Intelligence*), comme historien (*les Origines de la France contemporaine*), et comme critique (*La Fontaine et ses Fables, Histoire de la littérature anglaise* [ce livre est à l'Index], etc.).

Trop systématique-et trop absolu en fait de critique littéraire, il a cependant souvent des vues justes et profondes et un sens très délicat de l'art. Son style, un peu tendu, ne manque ni de force ni d'éclat. *Les Origines de la France contemporaine* sont d'un historien incomparable ; mais la foi lui a toujours manqué, aussi ne s'est-il jamais élevé aux belles synthèses philosophiques d'un Bossuet.

Paysage de Sapins.

Au soleil levant, à travers une forêt de sapins, on gravit la montagne. Les yeux ne se lassent pas de voir leurs corps droits, leurs tailles fines. D'un élan superbe, ils montent nus par centaines, jusqu'au dôme noircissant qui ferme le ciel, et leur raideur est héroïque. Parfois, sur un versant, il y a deux ou trois solitaires, pareils à un poste avancé de sentinelles, immobiles et debout, avec une fierté et une beauté d'adolescents barbares. D'autres, en troupe, descendent jusqu'au fond d'une gorge, comme une bande en marche. Le soleil les frappe en travers; mais leurs lamelles serrées ne se laissent pas transpercer par la lumière : on la démêle vaguement, à travers la colonnade des troncs, bleuie et transfigurée comme par des vitraux de rosaces. D'autre fois, par une percée subite, elle arrive avec un flamboiement magnifique, coupe un peu de forêt, blanchit les troncs, ruisselle sur les lichens luisants des roches; au-dessous de ces illuminations, on voit, dans les profondeurs, les sveltes fûts des jeunes arbres s'élancer, se presser par myriades, comme les colonnettes d'une cathédrale infinie.

La forêt s'ouvre et l'on arrive sur une route à mi-côte. En face, échelonnés sur le versant, montent des files de pins rouges éclaircis par la hache. Un à un, accrochés aux rocs, ils lèvent haut dans l'azur leur panache de verdure pâle. La sève du printemps crève leur écorce, et le sang végétal suinte entre les écailles de leurs troncs. La pleine lumière du jour les enveloppe; la force du soleil fait sortir de leurs vieux membres une senteur d'aromates. Ces candélabres vivants demeurent ainsi tout le jour sous la pluie des rayons et dans la gloire du ciel éblouissant, exhalant leur parfum vague, et çà et là, autour de leurs têtes, des couples de ramiers voltigent.

Plus droits encore et plus grandioses, des sapins

argentés, sur l'autre flanc du chemin, étagent les uns
au-dessous des autres leurs pyramides noirâtres. Ils
descendent en dés creux où le soleil ne pénètre pas et
font une ombre sépulcrale. Dans ces fondrières, l'air
froid et le jour éteint sont ceux d'une crypte ; les rocs
écroulés et les cadavres d'arbres gisants y semblent
des ruines ; des mousses livides moisissent sur les
troncs ou pendent aux branches, et de toutes parts
l'obscurité humide tombe comme un suaire. Mais
des êtres agiles et charmants peuplent toute la pente.
Ce sont les eaux éparpillées, ruisselantes ; elles glissent
sur les mousses, sautent et bouillonnent à l'aventure,
avec des caprices mignons et de petites colères folles,
dans leurs rigoles obstruées de pierres. Au tournant
de la montagne, elles s'étalent pour un instant, avec
des teintes d'acier, sur un lit de sable ; les myosotis,
les fougères, les cressons, toutes ces fraîches créatures
qu'elles abreuvent leur font un cadre de vive verdure,
et le cadre se ploie, suivant et enlaçant toujours de
ses deux bords leurs reflets subits, leur pétillement
d'éclairs, leur long ondoiement lumineux qui se perd
entre les roches.

Essais de critique et d'histoire. Sainte-Odile.

Questions.

I. ANALYSE DU MORCEAU. — 1. Quelle est la nature de ce
morceau ? — 2. Quelles divisions marquent les alinéas ? —
Montrez comment Taine a observé, en vrai peintre : A) les
lignes et les groupements ; B) les couleurs et les jeux de lumière.

II. STYLE. EXPRESSIONS. — 1. Quelles comparaisons l'auteur
a-t-il employées ? Sont-elles bien suivies ? — 2. Quel poétique
contraste a-t-il mis en relief ? — 3. Étudiez ses transitions.

III. GRAMMAIRE. — 1. Indiquez deux synonymes de : *livide,
agile, éparpillé.* — 2. Relevez quelques noms collectifs. —
3. Quelle est la nature et la fonction des mots de la 1re phrase?

FRANÇOIS COPPÉE (1842-1908)

François Coppée a cultivé les genres les plus divers. On a de
lui des drames : *le Passant, Severo Torelli, Pour la Couronne,
les Jacobites;* des recueils de poésies variées, particulièrement *les
Humbles;* des articles en prose, des contes et des nouvelles, et
La bonne Souffrance, qui marque sa conversion.

C'est un écrivain tendre et charmant qu'un rien suffit à émouvoir; les souffrances des petits, des humbles trouvent en lui un
vibrant écho. Aussi a-t-il surtout réussi dans la poésie familière
et réaliste, un peu trop réaliste parfois. Son style est gracieux,
souple, coloré.

Devant la Tombe d'un Soldat.

Le capitaine Schneider, attristé dans sa carrière militaire par la
vue d'injustices et de crimes contre la patrie et par la lenteur de
notre revanche après 1870, vient prier sur la tombe de son père,
ancien officier.
Nouvelle écrite le 1er novembre 1903.

... Le capitaine Schneider entra dans la rue cen-
trale du village, qui, à cette heure, était à peu près
déserte, les hommes étant aux labours, les femmes à
la maison, les enfants à l'école. Rien d'ailleurs n'était
changé. Comme autrefois, dans le calme rural, l'en-
clume du maréchal-ferrant tintait au fond d'une cour.
Comme autrefois, une bande d'oies sortait, en clau-
dicant lourdement, de la porte charretière de la grande
ferme.

Il y avait, comme d'habitude, devant l'auberge,
une charrette dont le cheval était attaché au vieil
anneau entre les deux fenêtres, au-dessous de la gros-
sière peinture représentant un lapin sautant dans une

casserole. Au bout de la muraille, hérissée de tessons
de bouteilles, qui bordait le jardin du notaire, le capitaine retrouva, derrière la grille d'entrée, les mêmes
massifs de chrysanthèmes et de dahlias flétris.

Une femme, portant un marmot, sortit de la boutique de l'épicier, et la petite sonnette de la demi-porte
résonna faiblement derrière elle. Un homme en berlingot[1], — le médecin du pays probablement, — passa
au trot rapide de sa jument efflanquée, en effarant
quelques volailles. Non, rien n'avait bougé, pas même,
derrière la vitre du petit cabaret, les quelques flacons
d'apéritifs passés de mode, depuis longtemps oubliés
là sous la poussière, et les cadavres de mouches, dont
l'un, ayant la forme du petit père Thiers, s'appelait
« Liqueur du Bon Patriote », et dont un autre, sur
son étiquette, offrait ces deux mots : « Guignolet
Boulanger », avec le portrait enluminé du bon général.

C'était vraiment toujours le même village, le même
coin de vieille France.

Le capitaine atteignit enfin l'église, édifice d'un
gothique assez pur, mais dans un état de lamentable
délabrement, qu'environnaient, éparses dans l'herbe
mouillée, les croix du cimetière. Celle qui se dressait
sur la tombe du vieux soldat était de pierre grise et
un peu plus haute que les autres. Après s'être découvert, le fils pieux l'orna de la couronne d'immortelles
qu'il avait apportée, puis il resta devant elle, debout,
dans une immobilité martiale, comme si son père, le
colonel qui reposait là, l'eût passé en revue.

Ce Français était un chrétien. Il pria d'abord seulement par la pensée, avec toute l'ardeur de sa ten-

---

1 *Berlingot*, sorte de voiture démodée.

6*

dresse filiale, puis l'admirable office des morts lui revenant à la mémoire, il le murmura lentement. Mais, au moment où il prononçait à voix basse les mots : *Speravit anima mea*, le soleil, qui depuis quelques instants transparaissait derrière les nuages et semblait lutter avec eux, les déchira, et, brusquement, un rayon d'automne éclaira le petit cimetière, dora les murs ruinés de l'église, en fit scintiller les verrières et inonda de lumière blonde la pierre de l'humble tombeau.

Saisi d'une émotion mystérieuse, le capitaine s'arrêta dans sa récitation du psaume.

Speravit anima mea, répéta-t-il plusieurs fois à voix basse, avec un battement de cœur.

Alors, il lui sembla que, du fond de cette tombe soudain lumineuse, c'était son père qui lui parlait, et il se souvint que le soldat d'Alsace, qui avait vu mutiler sa patrie, n'avait jamais désespéré.

Questions.

I. ANALYSE DU MORCEAU. — 1. Quelle est la nature du morceau ? — 2. Quelles en sont les divisions ? — 3. Détachez de l'ensemble un passage descriptif soigneusement observé, et analysez-le. — 4. Indiquez un passage plus réaliste. — 5. Indiquez enfin quelques lignes de réelle poésie et analysez-les. — 6. Quels nobles sentiments peut-on admirer dans le héros ?

II. STYLE. EXPRESSIONS. — 1. Quelle est l'idée saillante de la description du village ? Comment Coppée a-t-il réussi à la mettre en relief ? — 2. Citez : A) quelques exemples où le mot propre a été employé plus heureusement ; B) quelques jolies expressions. — 3. Montrez ce qui rend la phrase souple et gracieuse. — 4. Ce qui la rend variée.

III. GRAMMAIRE. — 1. Indiquez les synonymes de : *lamentable, éparses*. — 2. Quel est le genre de : *chrysanthème*,

automne. — 3. Espèce et fonction des noms dans la phrase :
Au bout de la muraille,... jusqu'à *flétris.*

E.-M. DE VOGÜÉ (1848-1906)

Eugène-Melchior de Vogüé descendait d'une antique famille du Vivarais. Il fut quelque temps secrétaire d'ambassade, ce qui lui donna l'occasion de connaître l'Orient ; son mariage avec une Russe et un voyage en Égypte avec le savant Mariette le firent pénétrer dans des milieux aussi variés qu'intéressants.

Son *Roman Russe* marque une date dans l'histoire de la critique littéraire. Le style en est soigné, imagé, mais surtout d'une rare élégance ; les pensées sont élevées, remplies de vues très hautes sur la philosophie et la morale.

L'Ukraine.

L'Ukraine — *la frontière* — est un objet de dispute entre les influences de l'extrême Nord et de l'extrême Midi. Durant quelques mois, le soleil s'empare d'elle en maître, il y accomplit ses miracles constants. C'est l'Orient, des jours lumineux sur des plaines enchantées de fleurs et de verdure, des nuits douces dans un ciel enchanté d'étoiles. Le sol fertile porte d'incomparables moissons ; la vie est facile, partant joyeuse, dans cet éveil universel de la sève et du sang. Le grand magicien fond la tristesse avec la neige, il élabore des esprits plus ardents et plus subtils, il tire de l âme tout ce qu'elle contient de gaieté, chaleur qui monte aux lèvres en rires bruyants.

Pays de soleil, mais aussi pays de grandes plaines. L'inquiétude des horizons sans fin diminue le plaisir que les yeux trouvent autour d'eux ; on n'est pas joyeux longtemps en face de l'illimité. L'habitude du

regard fait celle de la pensée, ce vide lointain l'attire ;
elle se poursuit dans l'espace sans parvenir à se perdre ;
c'est le vol d'oiseau parti dans la clarté, qu'on accompagne machinalement comme il décroît dans l'ombre,
qu'on cherche encore évanoui dans l'éther. De là,
pour l'homme de la steppe, l'inclination au rêve, la
retombée sur lui-même, l'essor en dedans de l'imagination. Il y a dans le Petit-Russien du Provençal et
du Breton. L'hiver le refait Russe. Cette saison revient
sur le Dniéper presque aussi rigoureuse que sur la
Néva ; rien n'arrête les vents et les glaces du Nord qui
ressaisissent ce pays ; la mort contrarie brusquement
l'œuvre du soleil ; la terre et l'homme s'engourdissent.
De même qu'elle fut conquise et asservie par les
armées de Moscou, l'Ukraine est reconquise chaque
année par le climat de Moscou : il égalise la dure
condition de toutes les provinces. Sur ce champ de
luttes, l'histoire physique semble avoir tracé le plan
de l'histoire politique ; et les vicissitudes de cette dernière n'ont pas moins contribué que celles du climat
à former une physionomie originale à la Petite-
Russie.

Elle a subi le Turc, et d'un long contact avec lui
elle a gardé bien des traits orientaux. Puis la Pologne
l'entraîna dans son orbite agitée ; cette Italie du Nord
a laissé à son ancienne vassale quelque chose de ses
mœurs magnifiques et turbulentes. Enfin, les ligues
cosaques lui ont fait une âme républicaine ; de cette
époque datent les traditions les plus chères au Petit-
Russien, le fonds de liberté et de hardiesse qui décèle
son origine. On sait ce qu'étaient les Cosaques Zapo-
rogues : un ordre de chevalerie chrétienne, recrutée
parmi des brigands et des serfs fugitifs, toujours en

guerre contre tous, sans autres lois que celles du sabre. Dans les familles qui descendent directement de cette souche, on retrouve les révoltes héréditaires, les instincts errants, le goût de l'aventure et du merveilleux.

Le Roman Russe.

Questions.

I. ANALYSE DU MORCEAU. — 1. Quelle est la nature de ce morceau? — 2. Quels sont dans le texte : A) le mot annonçant et renfermant en lui-même l'idée principale du tableau; B) les deux phrases exprimant nettement les divisions et subdivisions? — 3. Sous quelles figures est représenté le soleil § 1er? Par quels traits ces figures sont-elles accentuées? — 4. Quelle impression ressort du § 2? Par quels mots cette impression est-elle renforcée? — 5. Analysez deux transitions dans ce paragraphe. — 6. Par quels mots sont caractérisées les dominations successives § 3 ? — Que signifie l'expression *Italie du Nord?* — 7. Détachez du texte deux pensées profondes, enclavées à la manière de réflexions ou de sentences. — 8. Dégagez nettement de ce texte le caractère Petit-Russien et les influences auxquelles sont dûs ses différents traits.

II. STYLE. EXPRESSIONS. — 1. Montrez comment chaque idée principale est relevée d'une comparaison. — 2. a) Relevez les antithèses. — b) Les phrases renfermant deux membres parallèles. — c) Un exemple unique de phrase à trois membres parallèles. — 3. Notez des suppressions d'auxiliaires : A) pure et simple; B) au moyen de l'apposition. — 4. Relevez les répétitions. D'où proviennent-elles?

III. GRAMMAIRE. — 1. Quels sont les mots de la même famille que *lumineux, enchanté?* — 2. Quelles sont les particules négatives employées en composition dans ce texte. — 3. Nature et fonction de chacun des mots suivants : *des nuits douces dans un ciel enchanté d'étoiles.*

LAVEDAN (né en 1859)

Après avoir travaillé pour le théâtre en des pièces trop légères, Lavedan s'est donné un rôle d'observateur de son temps. Ce sont ses réflexions sur les sujets les plus variés qu'il fait paraître dans l'*Illustration*; ses articles, réunis et édités ensuite, forment chaque année un ouvrage intitulé *Bon an, mal an*. Sa phrase est souple et enveloppante, son imagination colorée, sa raillerie fine et légère. Élevé chrétiennement, Lavedan eut le malheur d'abandonner la foi de son enfance et d'écrire bien des pages regrettables. Cependant il était depuis quelques années déjà en voie de conversion, lorsque la guerre de 1914 acheva de l'éclairer. Dans une page admirable de sincérité et de regret, il annonça son retour à la pratique religieuse, et adressa en même temps à ses contemporains un émouvant appel à la foi.

La nouvelle verdure.

La campagne ne se presse pas, parce que rien ne la presse. Elle procède avec recueillement et réflexion, elle soigne sa palette et prépare petit à petit ses effets. Les verts timorés qu'elle broie d'abord sont d'une déconcertante modestie. C'est moins qu'un feuillage, plus qu'une vapeur, une sorte de buée mollement verdâtre qui flotte à travers les bois et semble l'âme éparse de la rivière. Ses peupliers, trop clairs, légers et frisquets, se retiennent; l'acacia ne se prononce pas; les pommiers hésitent à sortir de l'écrin leur parure de mariées...

Puis ce soupçon de frimas végétal s'accentue, se précise; la feuille sort, éclate hardiment avec une impétueuse et joviale crudité. Tous les verts têtus et différemment assortis de mai, purs et durs à la fois, innocents et loyaux, crient et rient à la lumière et sous le fouet des giboulées... Ils se permettent d'incroyables arrogances de ton et des audaces de langue verte, qu'heureusement ils ne pourront soutenir que quelques semaines ; et c'est grand plaisir de les voir enfin déchaînés se battre entre eux, depuis le vert naïf de l'herbe tendre, le vert taquin et pointillé de la haie, jusqu'au vert immuable et philosophe du sapin qui se moque de la neige. Le marronnier, en peinture d'aquarelle, agite à la brise ses feuilles retombantes en forme de chapeau chinois, remettant à plus tard sa splendide palme en forme d'étoile et ses plumets de grenadier.

Le vert est la reine de Saba des couleurs. Ce n'est, en effet, ni le rouge du sang, des flammes et de la guerre, ni le jaune de l'or et des blés, que nous exalterons, si merveilleux soient-ils : c'est le vert... Le vert captive les yeux, les rafraîchit, tamise l'infini du ciel et verse inépuisable à l'homme l'Espérance, dont sa couleur est le symbole. »

Et tous les verts sont délicieux : celui d'une grenouille, d'une sauterelle et d'un scarabée ; le vert d'une gargoulette du midi, de la jupe d'une fille du Tyrol ou d'un caparaçon marocain, celui des faïences persanes, celui d'un turban de fakir, et cent autres... mille autres.

Mais celui qui, pourtant, les passe peut-être tous, c'est, en mai, le vert d'un clos normand, où danse un veau roux, un peu frisé.

Questions.

I. ANALYSE DU MORCEAU. — Morceau de genre, à propos du printemps qui commence. — 1. Quelle idée l'auteur veut-il mettre en relief dans chaque paragraphe ? — 2. Montrez avec quelle exactitude : il a noté A) les aspects de la nature en général ; B) l'aspect de chaque arbre en particulier. — 3. Indi-

quez les nombreux objets que Lavedan a personnifiés, les actes
et les sentiments qu'il leur prête.

II. STYLE. EXPRESSIONS. — 1. Notez les comparaisons; sont-
elles exactes et neuves? — 2. Les épithètes sont-elles bien choi-
sies? — 3. Que pensez-vous de la phrase finale? — 4. Quelles
sont les qualités les plus marquantes de ce style? — 5. Expli-
quez le sens des mots : *caparaçon, fakir.*

III. GRAMMAIRE. — 1. Indiquez les mots de la même famille
que : *couleur, or.* — 2. Analysez les verbes de la phrase :
Ils se permettent... neige.

COURS DE STYLE

I

PRÉCEPTES LITTÉRAIRES

LES FIGURES FONDAMENTALES

On appelle *figures de style* des manières de s'exprimer qui sortent des règles ordinaires et qui ont pour but de donner plus de grâce ou plus de vigueur à la pensée.

Tantôt un mot est employé au sens figuré, c'est-à-dire avec une signification dérivée de celle qui lui appartient en propre.

C'est doux et beau comme un lac de Suisse, surtout si l'on passe là quand le couchant allume ses *forges* mystérieuses.

(F. Coppée.)

Le mot *forge* est pris au sens figuré et constitue une figure.

Tantôt la phrase n'est pas construite d'après les lois ordinaires ; ce qui arrive, par exemple, dans l'apostrophe ou l'interrogation.

L'étude de l'ensemble des figures appartient à la 3e classe. Nous n'étudierons ici que les trois principales, celles qui se retrouvent, pour ainsi dire, dans toute page littéraire.

La Comparaison.

La comparaison rapproche deux objets qui offrent entre eux quelque ressemblance, afin de faire ressortir l'un par l'autre.

Son but. Elle donne au sujet plus *de relief ou de grâce*. C'est ainsi que la comparaison suivante relève une description qui, sans elle, eût été terne et plate :

Au-dessus de la rivière aux eaux salies par les usines et les égouts, s'enlevaient les toits aux longues pentes et aux longues lucarnes, le flot tombant des tuiles de tous les rouges, violettes par endroits, presque jaunes à côté, orangées sous certains reflets. On aurait dit *un merveilleux tapis de Perse, aux soies fanées et souples* autour de la cathédrale. (R. BAZIN.)

Elle nous donne *une certaine notion de choses que nous ne voyons pas*.

Alors commence pour Maxence une vraie vie de solitude et de silence. Là, dans ce carré de trente mètres, n'ayant plus même le bourdonnement des départs et des arrivées, il apprit réellement ce qu'est la solitude, enfouie au sein même de la silencieuse nature. Car *la règle de l'Afrique est le silence. Comme le moine, dans le cloître, se tait — ainsi le désert, en coule blanche, se tait.* (PSICHARI.)

En nous représentant l'Afrique comme un vaste monastère et le désert comme un moine en coule blanche, l'auteur évoque par des choses connues la solitude et le silence du Sahara et nous les rend sensibles.

Ses lois. Pour atteindre son but, il faut :

1.º Que la comparaison soit *claire*.

Quand A. Daudet nous dépeint un personnage *noir et sec comme un caroube*, sa comparaison ne porte pas, parce que le mot caroube n'éveille pas en nous d'idée précise.

2° Qu'elle soit *appelée par le sujet,* qu'il y ait entre eux une certaine harmonie.

C'est ainsi que H. Bordeaux nous parle « du creux des vallons où de blancs villages se dissimulent à demi, *comme des troupeaux dans l'herbe* ».

« Du village descendant vers une eau courante *comme un bétail cherchant l'abreuvoir.* »

Ces mots : villages, troupeaux, bétail, abreuvoir... se suggèrent les uns les autres.

3° Elle doit être *neuve,* autant que possible.

On manquerait à cette règle en parlant de cheveux noirs, comme de l'ébène, des teintes de pourpre et d'or du soleil couchant, d'un avion semblable à un grand oiseau, etc...

Au contraire, la comparaison suivante est originale :

Indéfiniment se déroulent, à droite et à gauche, les deux parallèles chaînes de calcaire dénudé qui emprisonnent si étroitement l'Égypte des moissons : à l'ouest, celle des déserts lybiques, où chaque matin les premiers rayons viennent se poser pour la teindre en un rose de corail toujours aussi frais ; à l'est, celle des déserts de l'Arabie, qui ne manque jamais le soir de retenir toute la lumière du couchant pour *ressembler à une triste ceinture de braise rouge.* (P. Loti.)

Ses proportions. La comparaison se ramène quelquefois à un *simple trait :* tels sont les exemples cités précédemment.

D'autre fois, elle est *largement développée,* telle la suivante :

J'ai été frappé, comme le serait d'ailleurs l'observateur le plus superficiel, par le *caractère monastique* des coiffures féminines dans toute cette partie du Morbihan. Ce ne sont que *cornettes* de religieuses ; et les visages, le plus souvent graves et recueillis, des campagnardes ajoutent encore à l'illusion. C'est au point que toutes les auberges me font l'effet d'un *couvent*, toutes les tables d'hôtes d'un *réfectoire* ; car j'y suis servi par des carmélites ou par des oblates. Je dois faire un effort pour ne pas les appeler *ma mère* ou *ma sœur*, selon qu'elles sont jeunes ou vieilles. Je suis scandalisé que le commis-voyageur, en train de « faire la Bretagne », qui s'assied en face de moi, ne se signe pas pieusement et ne dise pas le *Bénédicité* avant de manger sa soupe ; et, ce soir même, la servante de l'hôtel, qui ressemble à un portrait d'*abbésse* peint par Philippe de Champaigne, m'a proposé du ragoût de mouton avec un petit murmure si discret que j'ai cru qu'elle marmottait un *orémus* et que j'étais tenté de lui répondre : *Amen !*

La Métaphore.

La métaphore est une comparaison abrégée, ou plus encore le résultat d'une comparaison.

Si F. Coppée avait dit :

... Quand le couchant allume ses feux *semblables à ceux d'une forge* mystérieuse...

il aurait fait une comparaison.

En disant :

... Quand le couchant *allume ses forges* mystérieuses...

il emploie une métaphore. La comparaison s'est faite dans son esprit. Elle se reproduit ensuite dans le nôtre. Il est donc nécessaire qu'elle soit juste, et que le rapport ne soit pas trop éloigné, sous peine de rendre la vision difficile et confuse au lieu de lui donner du relief.

Les hautes futaies de la forêt de Compiègne montrent encore à nu leurs troncs noirs et leurs branches noueuses tordues sous le givre et la pluie ; mais les premiers bourgeons se gonflent de sève, et si la forêt n'a pas encore perdu *sa parure rousse*, elle la laisse glisser de ses épaules comme une fourrure qui se détache d'elle-même quand la température tiédit.

(G. Hanotaux.)

La métaphore, n'étant qu'une comparaison abrégée, est soumise aux mêmes lois que la comparaison.

L'Antithèse.

L'antithèse oppose deux idées contraires, afin de les faire ressortir l'une par l'autre.

La tristesse de l'abandon s'ajoute à celle de l'automne, qui de la dépouille des hêtres et des acacias jonche l'enclos, et qui incline davantage vers la terre les branches mouillées des saules *toujours verts et pourtant sans jeunesse.* (H. Bordeaux.)

Les monuments de Marceau à Coblentz, de Hoche à Weissenthurm au pied du Frauenberg, de Kléber à Strasbourg, ce sont nos châteaux du Rhin. Ils ne sont pas moins romantiques que les vieilles ruines cernées de forêts, au-dessus du fleuve. Là-bas, où l'on respire des légendes, ils en suscitent d'héroïques, *légères d'audace et lourdes d'honneur.* (H.-Bordeaux.)

Les antithèses doivent être employées sobrement ; il faut qu'elles découlent naturellement du sujet : sinon ce ne sont que des jeux d'esprit et, suivant l'expression de Pascal, « de fausses fenêtres pour la symétrie ».

Parfois l'antithèse est encore plus dans la pensée que dans les mots.

La France a toujours été la terre des réveils et des recommencements. Ses ennemis la croient *mourante ;* ils accourent haineux et joyeux ; elle se dresse au bord de sa couche et dit, en saisissant l'épée : « Me voilà ! *Je suis la jeunesse, l'espérance,* le droit invincible... » Nous vivons un de ces moments sublimes, à la française... (M. Barrès.)

II

EXERCICES LITTÉRAIRES

LA DESCRIPTION

C'est *la représentation* d'une scène de la nature, ou du décor dans lequel se meut un personnage.

On peut la comparer à un tableau, puisqu'elle s'applique en général à rendre les formes, les couleurs, la lumière, les reliefs...; mais elle n'est pas limitée à cet ordre de sensations : ainsi R. Bazin a décrit le concert des cloches d'Alsace.

Cependant, comme elle s'attache ordinairement à représenter des choses vues, on peut dire que deux conditions lui sont essentielles :

1ʳᵉ Condition d'une bonne description: *Bien voir*, et la description sera *vraie*.

Pour cela : regarder attentivement la nature;

savoir nettement ce qu'on veut dire, de quels objets on veut parler;

savoir également ce qu'on veut faire voir en chacun d'eux.

2ᵉ Condition : *Voir même les petits détails*, les mettre en lumière, et la description sera *précise*.

On aura l'impression d'une chose « vue ».

3ᵉ Condition : *Déterminer la succession des objets* que l'on veut décrire; et la description sera *ordonnée*.

Aller : soit du général au particulier ;
   soit du premier plan à l'horizon ;
   soit des derniers plans au premier.
   Décrire les aspects successifs suivant les
      heures,
   ou l'objet principal, puis ceux qui l'en-
      tourent, etc.

4ᵉ Condition : *Choisir avec soin* les tournures de phrase, les expressions, les mots ; et l'on fera une *jolie* description.

Nuit de février en Alsace.

La lune se levait au-dessus des brumes du Rhin. Un homme qui descendait en ce moment par un sentier des Vosges, grand chasseur, grand promeneur, à qui rien n'échappait, venait de l'apercevoir dans l'échancrure des futaies. Il était aussitôt rentré dans l'ombre des sapinières. Mais ce simple coup d'œil jeté au passage d'une clairière, sur la nuit qui devenait lumineuse, avait suffi pour lui rappeler la beauté de cette nature où il vivait. L'homme tressaillit de plaisir. Le temps était froid et calme. Un peu de brume montait aussi des ravins. Elle ne portait point encore le parfum des jonquilles et des fraisiers sauvages; mais l'autre seulement qui n'a pas de nom et n'a pas de saison, le parfum des résines, des feuilles mortes, des gazons reverdis, des écorces soulevées sous la peau neuve des arbres, et l'haleine de cette fleur éternelle qu'est la mousse des bois. Le voyageur respira profondément cette senteur qu'il aimait; il la but à grands traits la bouche ouverte, pendant plus de dix pas, et, si habitué qu'il fût à cette fête nocturne de la forêt, lueurs du ciel, parfums de la terre, frémissements de la vie silencieuse, il dit à mi-voix : « Bravo, l'hiver!... Bravo, les Vosges!... Ils n'ont pas pu vous gâter!... » Et il mit sa canne sous son bras, afin de faire moins de bruit encore sur le sable et sur les aiguilles de sapin du sentier en lacet ; puis, détournant la tête : « Trotte avec attention, Fidèle, mon bon ami, c'est trop beau!... »

(R. Bazin, les Oberlé.)

Remarquer :

Ce que l'auteur veut « faire voir », ou rendre par sa description :

La lune qui se lève, l'homme qui descend.

La nuit qui s'éclaire, la nature très belle.

Le temps froid, la brume.

Le parfum de la brume et les sources de ce parfum : résine, gazon, écorces, feuilles mortes, mousse...

La joie du voyageur.

L'expression de cette joie : quand il se parle à lui-même ; quand il parle à Fidèle.

La manière dont il a relevé les détails.

La lune se levait au-dessus des brumes du Rhin,... beaucoup plus précis que *La lune se levait...* ou *La lune se levait au-dessus du Rhin.* — C'est : au-dessus [1] — des brumes [2] — du Rhin [3]... D'autant meilleur que c'est plus vrai ; car il ne faudrait pas négliger la vérité pour l'effet.

Un homme — [1] *qui descendait* — *en ce moment* [2] — *par un sentier des Vosges,* [3] — *grand chasseur,* [4] —

grand promeneur — à qui rien n'échappait, — venait de l'apercevoir — dans l'échancrure — des futaies.

Un peu de brume — montait aussi — des ravins...

Des écorces — soulevées — sous la peau — neuve des arbres.

Le voyageur respira — profondément — cette senteur — qu'il aimait, — il la but à grands traits — pendant plus de dix pas.

Et il mit sa canne — sous son bras, — afin de faire moins de bruit encore — sur le sable et sur les aiguilles de pin — du sentier — en lacet,... puis, détournant la tête, etc...

Autant de détails qui ajoutent au tableau et veulent dire quelque chose : rien d'inutile.

L'ordre qu'il a établi dans la succession d'objets :

Depuis *la nuit qui devenait lumineuse*..., l'auteur va du général au particulier : nuit... nature... froid... brume... espèces de brumes... sources de parfum...

Au début : la nature en face de l'homme.

A la fin : l'écho produit par la nature dans l'homme.

Les expressions et tournures de phrase dont il s'est servi :

Apercevoir dans l'échancrure des forêts...
Rentré dans l'ombre des sapinières.
La nuit qui devenait lumineuse.

L'apposition *grand chasseur, grand promeneur, à qui rien n'échappait...*

Qui n'a pas de nom et n'a pas de saison.

Et, si habitué qu'il fût à cette fête nocturne de la forêt, lueurs du ciel, parfums de la terre, frémissements de la vie silencieuse, il dit à mi-voix : « Bravo, l'hiver ! bravo, les Vosges ! »

Expressions résumant ce qui vient d'être présenté et terminées par un discours direct ; forme très littéraire. De même l'incidente qui commence : *Et, si habitué...*

futaies, — sapinières, — clairières, — ravins, — jonquilles, — fraisiers sauvages, — résines, — aiguilles de sapin — sentier en lacet... fleur éternelle qu'est la mousse des bois...

Le dernier mot : « *C'est trop beau !...* »

Devoir préparé.

Un étang.

Ce que je vois : l'ensemble, qui me frappe tout d'abord et me laisse quelle impression?... Calme, silence, mystère.

Le cadre : peut-être d'un côté : prairies ; — de l'autre : bois ou rochers.

Tout au bord : arbres,... arbrisseaux... Lesquels?

Petites plantes,... petites fleurs.

L'eau de l'étang,... aspect,... couleur...

Dans l'étang : îles? grandes? petites? plantées? de quoi? lianes? fougères? habitées?

Barque?...

Plantes dans l'étang même : nénuphars, — larges feuilles, — fleurs roses, — tout au bord : joncs, — renoncules blanches, — peut-être canards, — poules d'eau, — cygnes.

7 — Manuel de 4ᵉ Classe.

Détails à mettre en lumière :

Sur les prairies ?... verdoyantes ?... riches ?... leur forme ?... leur direction ?...

Sur les bois ?... Font-ils contraste avec les prairies ?... Où y a-t-il plus de lumière ?... plus de profondeur ?... Ces bois sont-ils épais ?... touffus ?... Et les rochers ?... quel aspect ?... forme ?...

Sur les arbres ?... Leurs noms ?... qualités qui leur conviennent ?... leur position par rapport à l'étang ?... Sont-ils clairsemés ?... serrés ?... baissant leurs branches ?... vigoureux ?... couleur ?... etc...

Sur les petites plantes ? sont-elles en dehors de l'eau ?... ou plongeant dans l'eau ? en feuilles ?... en fleurs ?... odorantes ou non ?... rares ?... nombreuses ?...

Sur l'eau ?... verte ?... noire ?... claire ?... vaseuse ?... stagnante ?... légèrement ridée par la brise ?... etc...

Sur la barque ?... sa forme ?... usage ?... souvenirs ?... rêves ?...

Sur les oiseaux ? font-ils contraste avec l'eau de l'étang ?... ou se mêlent-ils avec elle ?... tous s'y promènent-ils de la même manière ?... quelques us et coutumes de chacun ?... — sous un rayon de soleil : effet de leur plumage,... aspect de chacun : rapide ?... pacifique ?... roi dans son domaine ?... gracieux ?...

Choix du vocabulaire : rives, rivage, pentes douces, charme mystérieux et grave, — fleurs printanières, — glisser doucement, — blancheur de neige, — bois touffu, — sombres profondeurs, — soleil matinal, — chanson monotone, — frémissement des feuilles, — clapotement de l'eau, — plonger très bas ses branches dans l'eau sombre, — bruit argentin de l'eau, — suave odeur, — roseaux, — touffes d'osier, — feuilles d'un vert lisse, — jaunâtre, — rougeâtre, — rameaux aux reflets argentés qui se mirent dans l'eau claire, — gouttelettes scintillant au soleil sur les feuilles des nénuphars, etc., etc...

Devoir non préparé.

Le premier matin de printemps.

Les Cerisiers en fleurs.

Les vieux cerisiers avaient fleuri tous ensemble. Autour des rameaux charnus, gonflés et jaspés de rouge par la sève, des milliers de corolles neigeuses floconnaient et tremblaient sur leur queue grêle, toutes si rapprochées qu'on ne voyait plus la branche en maint endroit. Chaque arbre jetait en tous sens ses fuseaux fleuris. D'un bord à l'autre de l'avenue, tant les cerisiers étaient vieux, les pointes des rameaux en fleurs se touchaient et se mêlaient. Un peuple d'abeilles les entourait d'ailes battantes. Une odeur subtile de miel flottait et s'en allait au vent de la plaine sur les guérets, sur les terres à peine vêtues. Il n'y avait point d'arbres dans la grande vallée ouverte qui pussent lutter de splendeur avec ce chemin du Paradis.

R. Bazin.

Remarquer : 1° Les objets regardés.

              2° Les observations faites.

              3° Le choix des verbes et des adjectifs

              4° **La phrase.**

La 1re toute simple et régulière.

La 2e commencée par le complément de circonstance, finie par une proposition en apposition qui tombe bien.

La 3e : courte, simple.

La 4e : commencée par deux compléments de circonstance : un de lieu, l'autre de cause ; terminée par une proposition toute simple : « les pointes... se touchaient... »

La 6e : toute droite ; mais à la fin, complément de lieu répété : « sur les guérets... sur les terres à peine vêtues... »

La 7e : phrase générale, forme impersonnelle : « Il n'y avait point... »

Devoirs.

1. Les Rosiers de mon jardin.

1. Plan et objets regardés.
2. Observations faites.
3. Ordre.

> Si le sujet inspire, écrire d'abord tout ce que dicte l'inspiration, et retravailler seulement ensuite.

4. *Choix du vocabulaire :*

Teintes chaudes   — bourgeonner.
       éclatantes   — s'épanouir.
Corolles embaumées — s'effeuiller.
Ailes diaprées   — embaumer.
Boutons entr'ouverts — miroiter.
Calice empourpré   — égayer.
Folioles dentées   — illuminer.
  S'envelopper d'ombre et de mystère.
  Milice fleurie de rosiers qui campe le long des allées.
  Prismes étincelants, — gouttelettes de rosée.
  Or délicat, — blancheur nacrée...
  Branches fleuries, — onduler gracieusement, — effleurer...
se faner lentement,... — se dresser fièrement, — égrener ses pétales, — charmante roseraie...
  Spectacle superbe,... enchanteur,... barrière fleurie,... moisson de roses...
  Fouillis de fleurs, de branches, de feuilles... — épines protectrices,... pousses fortes,... — menues branches...
  Gloire de Dijon,... Bengale,... France,... Pompon...
  Grimpants,... cuivrés,... semi-doubles,... soyeux...

2. Rose blanche et rose rouge.

Correction de son devoir.

1° *Se relire* en *s'écoutant* attentivement.

2° Se demander : *ai-je mis les idées que je voulais mettre ?*

3° — ce que j'ai mis *est-il vrai ?*

4° — ce que j'ai mis *est-il clair ?...* comprend-on ?

5° — ce que j'ai mis *est-il joli* ou *monotone ?*

Si ce n'est pas clair, ou si c'est monotone, la faute en est : *soit à la pensée insuffisamment exprimée ;* alors il faut ajouter une explication.

Soit *à la construction de la phrase ;* alors : l'examiner.

6° Se demander : *mes phrases* ne sont-elles pas toutes sur le même modèle ? — même forme ? — même longueur ? — même valeur ? — *Alors :*

— *couper* celle-ci en deux, — en trois phrases ;

— *changer l'ordre grammatical :* commencer ici par le complément,... là par le sujet. — *employer* l'interrogation, — *ou* l'exclamation, — *ou* l'apostrophe, ce qui donnera la vie.

7° *L'ensemble paraît-il lourd ? enchevêtré ?* Chercher les conjonctions : « car, comme, et, lorsque, etc., » qui peuvent être *supprimées,* — puis les verbes que l'on peut enlever, changeant la proposition en apposition, en simple complément ; — les idées ou les mots répétés inutilement : les enlever de même.

8° *Est-ce terne ?... sans couleur ?...* Regarder si les *adjectifs* sont joliment choisis, — s'il n'y a pas de *noms* plus littéraires que ceux qui ont été employés ; — ajouter une *périphrase* pour remplacer une répétition, — une petite *comparaison* pour égayer un peu.

Autres modèles.

Comparez ces trois descriptions de villes.

De F. Coppée : **Une ville du Midi.**

... Il s'endort d'un profond sommeil dans une voiture de la ligne du Midi. A peine est-il troublé deux ou trois fois pendant la nuit par des voix de cuivre, des creux du Midi, qui crient : « Toulouge » ou « Montoban ». C'est seulement le lever du soleil qui le réveille, une aurore splendide, une gerbe de diamants qui éclate et jaillit dans l'azur. Cette fois, il y est, dans le Midi, et pour de bon ; il peut baisser la glace, aspirer l'air chaud, regarder, avec l'étonnement de l'homme du Nord, le feuillage en demi-deuil des oliviers et les routes sèches où courent des trombes de poussière blonde. Enfin le conducteur du train annonce, en ouvrant les portières : « Perpignien ! Perpignien ! » On est arrivé.

Le voyageur jette un regard *aux créneaux roussis* du Castillet, qui datent de Charles-Quint, et aux *platanes géants* de la promenade, penchés pour toujours, avec une inclinaison de cinquante degrés, par l'effort prolongé du *mistral*... Au bout de la rue, brusquement, il débouche sur une *petite place pleine de bruit et de soleil*. Là, devant le portail d'une église, sculpté et vermiculé du haut en bas comme une écorce de melon, se tient un *joli marché qui embaume le citron et la rose. Un coin d'Espagne*, en vérité, *où vibre le sonore patois catalan*. L'artiste parisien qui voyage pour la première fois de sa vie reste ébloui devant ce spectacle pittoresque et nouveau. Ah ! *les beaux écroulements d'oranges, de tomates et de poivrons* !... Et ce *montagnard à ceinture rouge, qui fume sa cigarette, accoudé sur sa mule au ventre rasé et toute harnachée de pompons et de sonnailles* est beau comme un contrebandier des temps romantiques. A la bonne heure ! En voilà de la *lumière*, de la *couleur* et de la *joie* !...

De F. Coppée : **Villes de Bretagne.**

... Vannes et Auray ne seraient que de grands villages, sans leurs vieilles maisons ; mais ces deux jolies villes en possèdent un grand nombre, et des plus pittoresques, les unes laissant voir *dans le plâtre leurs charpentes en croix*, les autres *cuirassées d'ardoises*, quelques-unes à *tourelles d'angle*, d'autres *ornées de figures grotesques en pierre sculptée ou en bois peint*, toutes avec le *haut pignon*, la *boutique à auvent* et les *deux ou trois étages surplombant les uns sur les autres*. Dans ce genre, la place Henri IV, à Vannes, est particulièrement curieuse et intéressante. Trois ou quatre ruelles tortueuses y aboutissent, et le *fin clocher à jour* de la cathédrale, *gris dans le ciel bleu*, semble jeter un regard indiscret au milieu de cette réunion de *toits pointus*. On est transporté ici en pleine France. C'est le vrai décor d'une comédie de Molière...

D'ailleurs, la Bretagne doit être la joie des antiquaires. Pas de bourg, pas de hameau qui n'ait son antique église. Très médiocre archéologue, je laisserai dans le dictionnaire Viollet-le-Duc les trois ordres du gothique, et je ne m'embrouillerai pas dans le rayonnant et le flamboyant. Mais je note au passage l'aimable rencontre de tous ces *grêles clochers de campagne*, bons vieux nids d'angélus et d'hirondelles, qui laissent voir l'azur à travers *leurs dentelles de pierre* et montent droits dans le ciel, comme pour indiquer son chemin à la prière...

De G. Hanotaux : **Une ville de Belgique.**
Extrait de *l'Histoire de la Guerre de* 1914.

... L'Allemagne convoite Liége ; mais ce n'est pas seulement pour obtenir, avec la domination sur le vieux pays wallon, le dernier mot dans des querelles séculaires. Liége est une riche proie. La *ville épiscopale* est devenue une magnifique *cité industrielle* : c'est la *ville du charbon*, c'est la *ville du métal* et c'est la *ville des armes*.

Le monde entier connaît ces fameux établissements de Cockerill établis à Seraing, les aciéries, les charbonnages d'Ougrée, la fabrique nationale d'armes de guerre de Herstal, les cristalleries du val Saint-Lambert. La première vue sur Liége s'étend sur un *immense panorama de cheminées d'usines,* un ciel opaque, noyé de fumées... Il faut pénétrer jusqu'au cœur de la vieille cité pour trouver les grands boulevards, les beaux quais, les hôtels de bonne allure, les maisons pittoresques relatant le luxe antique de la vieille ville épiscopale. Encore est-on poursuivi par la *cadence du marteau* frappant le fer ; car les armuriers travaillent au logis, et c'est au cœur des maisons alignées dans les faubourgs paisibles que s'achèvent ces ciselures exquises qui gardent, en plein centre industriel moderne, les finesses achevées transmises par la tradition de la Renaissance et du Moyen Age.

... *Cette masse puissante* est couchée et allongée comme un lion, *les pattes sur les trois rivières, la tête regardant l'Allemagne* vers Eupen ou Aix-la-Chapelle. Sur la rive droite de la Meuse, plus près de la frontière allemande et exposés à une première attaque, sont les trois grands forts de Boncelles, Fléron, Barchon, et, intercalés, les forts de dimension moindre, d'Embourg, Chaudfontaine, Evegnée ; sur la rive gauche, protégés par la rivière, sont les grands forts de Pontisse, Loncin, Flémalle-la Grande, alternant avec les forts plus petits de Liers, Lantin, Hollogne. Tous les forts sont bétonnés, cuirassés ; l'armement est abrité soit par des coupoles, soit par des casemates cuirassées : aucune pièce n'est exposée à ciel ouvert aux coups de l'artillerie ennemie...

LE PORTRAIT

Quand la description s'applique à un être animé, elle devient le portrait.

Quelques remarques sur les divers portraits.

1. Qu'est-ce qui est observé dans tous?

Les détails { du visage,
de la démarche,
de l'attitude,
du costume,
des habitudes.

2. Qu'est qui est souvent cité? *Un trait, une parole* à l'appui, *un exemple.*

3. Quel genre de *style* est surtout choisi? *Simple, faisant image, rapide.*

4. Et quels moyens pratiques?

L'énumération avec noms et adjectifs très choisis.

La suppression des auxiliaires : « Il a..., il est..., etc... »

Une grande variété dans la phrase.

Nota. Remarquer, dans les exemples suivants, la forme des phrases en italique, leur variété. Les numéros indiquent une application des remarques : 1. 2. 3. 4.

De H. Bordeaux : **Portraits d'enfants.** Préface de la *Croisade des enfants.*

> ... *C'est une petite fille,* un tout petit bout de petite fille de rien du tout, pas plus grande que çà,... et encore !... *Vous la connaissez. Vous ne la connaissez pas?... Que je vous plains* de ne pas connaître Paulette !... *Je vous la présenterai,* ou plutôt je vous présenterai à elle, *parce que les grandes personnes,* aujourd'hui on en trouve,

tant qu'on en veut, tandis que les enfants, chacun sait qu'il n'y en a plus...

... Il faut que je vous dessine en quelques traits son portrait.

1. 4.   *Dix ans,* une longue chevelure annelée châtain foncé
1. 4.   avec des reflets dorés, de grands yeux bruns à la fois
1. 4.   câlins et profonds, où court sans cesse un point d'or
1. 4.   mystérieux qui ne se fixe jamais, un petit corps souple
1. 4.   et mince, et des mouvements rapides, continuels, tou-
1. 4.   jours gracieux, pas moyen de la tenir tranquille, et quand
1. 4.   elle marche, on dirait qu'elle danse.

   Nous nous sommes beaucoup promenés ensemble.
1.   *C'est un petit compagnon qui ne redoute rien et qui*
1.   *même a la coquetterie des passages les plus difficiles.*
2.   Il n'en manque pas dans nos montagnes. *Quand je l'ai*
   hissée non sans peine sur un rocher solide après un cou-
   loir glissant, *c'est pour m'entendre dire :* « Veux-tu
   que je t'aide?...

2.   » Une fois, toujours à la campagne, elle courait en
   avant de moi, *ses boucles déjà longues rythmaient sa*
   course. Elle s'arrêtait pour cueillir une fleur, de l'herbe,
   de la terre même. *On eût dit* qu'elle voulait, à cinq ans,
   s'emparer de l'univers entier.

2.   *Quand elle est revenue* vers moi, elle m'a déclaré :
   « Papa, j'aime le monde! — Tu aimes le monde? —
   Oui, j'aime tout. » Elle aime tout : c'est bien cela.
   Elle se précipite dans la vie comme dans notre jardin,
   qu'elle veut respirer tout entier. *Cette avidité,* délicieuse
   à surprendre quelquefois, me fait peur. *Comment se*
   contentera-t-elle d'un sort ordinaire? ... *Je lui voudrais*
   un sort tout doré; mais il ne la comblerait pas davantage!

Remarquer : Le rôle heureux des adjectifs bien
              choisis, bien placés, quelquefois
              doublés, triplés,... placés comme
              autour d'un nom.

              Le passage du concret à l'abstrait :
              Elle se précipite dans la vie...

2.

La seconde, qui s'appelle Marthe, comme la sainte trop décriée de l'Évangile, ne doit pas avoir beaucoup plus de cinq ans. Il n'y a pas si longtemps qu'elle s'agitait dans la maison, en répétant comme un cri de triomphe :

« J'ai mon lustre !... j'ai mon lustre !... »

On lui avait appris que cinq ans, ça faisait un lustre. Elle était ravie d'avoir un lustre. Mais bientôt rassasiée, elle en exigea un autre immédiatement. « Quand est-ce que j'en aurai deux ?... Et quand est-ce que j'en aurai trois ?... » *Nous nous affligeons des jours qui passent, elle réclamait cinq ans d'un seul coup. Tant d'ambition lui passera.*

La voyez-vous d'ici ?... Blonde, menue et effilée, un nez qui se retrousse un peu, un air absorbé, et des yeux si étonnés qu'ils créent le monde à chaque regard. Elle croit absolument tout ce qu'on lui raconte. Il ne faut pas la plaisanter parce qu'elle pleure. *Elle est si heureuse de vivre, qu'elle a sans cesse de grands désespoirs dont elle ne veut pas être consolée.*

... Sa sœur aînée, qui a de l'imagination,... voudrait l'éblouir par le récit des rêves flatteurs où elle tient rang de princesse... Mais d'un mot elle l'a clouée :

« Moi, quand je rêve, je mange !... »

Son assiette n'est jamais assez remplie. Quand la portion qu'on lui sert fait un grand tas, elle rit un moment toute seule avant de l'attaquer. C'est un adversaire digne d'elle...

3.

« Quant à la troisième, elle est *moins haute que l'herbe des prés quand c'est le temps de la fauchaison... Pour elle, on compte par mois, et on n'arrive pas jusqu'à vingt.* Elle a des yeux couleur d'azur, des cheveux dorés,

1. 4.   des joues rouges et un rire énorme. Elle agite ses bras
   4.   courts comme des ailes insuffisantes.
1. 2.   ... Elle a un cri de guerre qu'elle pousse dès son
        réveil : « Apeau... ». — Vous ne comprenez pas?... Il
        faut donc que je vous en donne la traduction. Apeau,
        c'est tout simplement son chapeau qu'elle réclame. Et
2.   cela signifie par surcroît : « Je veux sortir. Je veux sortir
        immédiatement. Je ne tiens ni à être habillée, ni sur-
        tout à être lavée. Tandis que j'ai une envie folle *de des-*
        cendre au jardin. Au jardin il y a des fleurs, de
        l'herbe, de la terre, une belle pelouse où je puis tomber
        sans me faire mal. *Allons, allons, dépêchons-nous,*
        vite dehors !... »

De R. Bazin : **Fidèle, le chien de M. Ulrich.**

1. 4.   *A trois pas derrière trottait un épagneul* haut sur
1.   pattes, efflanqué, fin de museau comme un lévrier, qui
        paraissait tout gris, mais qui était en plein jour feu et
        café au lait, avec des franges de poils souples qui dessi-
        naient la ligne de ses pattes, de son corps et de sa
        queue.

De R. Bazin : **Désiré, le petit chantre.**

1.   *... Le fils unique, un petit qui* avait une sœur
1.   aînée et six sœurs cadettes, et qu'on gâtait précisé-
        ment parce qu'on ne gâtait pas les autres, et pour une
        autre raison encore : il avait de la voix...
1.   *Ce qui distinguait sa voix des autres voix* de la
        maîtrise, c'était, outre la simplicité parfaite, la sûreté
1.   dans l'attaque, le naturel de la diction, l'intime compré-
        hension de la pensée grave, angoissée, sereine ou joyeuse
        de l'auteur. *Il avait le don* de deviner à la simple lecture
        le ton qu'il fallait donner aux syllabes latines qu'on lui
1.   traduisait une fois. *Et, dès qu'il avait* compris, sa
        méthode ne variait plus, les notes se gravaient à jamais
1.   dans sa mémoire, aucune émotion *ne faisait hésiter ou*
        trembler sa petite voix claire. Dans les solennités reli-

gieuses, quand la foule envahissait la cathédrale, on pouvait le voir au pupitre, debout, très droit, levant un peu sa tête rousselée et pâlotte. *La lumière des hautes fenêtres dorait le bord de ses cheveux ras. Il attendait,* seul au milieu du chœur, regardant vaguement les fidèles, ou les lignes du missel, ou le maître de chapelle qui commençait par derrière à battre la mesure. *Puis le moment venu, ses lèvres s'ouvraient,* formant un grand arc rouge entre ses joues blanches. Il ne regardait plus l'assemblée, ni le livre, ni le maître de chapelle, *rien qu'un point vague quelque part au milieu des voûtes, bien haut, bien loin, connu de lui seul. Il chantait...*

De R. Bazin : **Perrette.**

Elle était rude, bonne Perrette, et maigre et sèche comme un clou. Elle portait la coiffe à deux ailes tuyautées des paysannes de la Loire. *Cela ne rendait pas plus joli* son visage anguleux, son nez pointu, ses lèvres qu'ombrageait une assez belle moustache... *Mais qu'importait ?...* Bonne Perrette n'avait jamais été coquette que pour nous. *Nous ne la trouvions pas laide, parce qu'elle nous aimait. Nous la trouvions seulement vieille, et nous supposions même qu'elle l'avait toujours été,* car bonne Perrette ne changeait pas. *Si loin que remontent mes souvenirs,* je la revois au même âge ou du moins avec les mêmes cheveux gris, mêmes yeux noirs, un peu ridés aux angles, qui ne pensaient qu'à nous, et ne pouvaient, je crois, penser à autre chose... *Personne ne savait mieux* ranger une armoire, plier un vêtement d'enfant sur une chaise, surveiller une partie de loup caché. *Sa propreté était minutieuse.* Une tache lui faisait horreur, bien plus qu'à nous, hélas !...

7*

LA NARRATION

C'est le *récit* d'un événement avec les circonstances qui l'ont précédé, accompagné ou suivi.

La narration doit former un tout, et les détails se grouper autour d'un fait dominant, d'un personnage principal ou même d'une idée que l'on veut mettre en relief.

1re Condition d'une bonne narration :
Savoir clairement ce qu'on veut dire, — *l'ordre* dans lequel on veut le dire. — Écrire au besoin le fond de la narration dans ses parties essentielles, afin d'éviter l'obscurité, la confusion, le désordre.

2e Condition :

Se rappeler les trois parties
{ Exposition.
{ Nœud.
{ Dénouement.

3e Condition : *Vérité ou vraisemblance.*
Pas de longueurs, de redites.
Intérêt et vie.
Observation et réflexion.
Soin de la forme.

On distingue quelquefois :
la *narration familière :* c'est celle qui nous occupe ici ;
la *narration historique*[1], qui doit avoir les mêmes

---

[1] Ex. : *Le siège d'Ancône* dans *La foi et ses victoires,* de Mgr Baunard, ou *La prise de Sébastopol,* dans l'Histoire du Second Empire, de P. de la Gorce. Voir aussi les Morceaux choisis.

qualités et de plus être puisée à des sources sûres ;
la *narration oratoire*[1], qui raconte un fait en vue
d'une idée à soutenir et d'une émotion à produire.
Toutes obéissent aux mêmes lois.

L'EXPOSITION

Son but : Préparer les esprits, — amener à faire
connaissance.

Son moyen : Mettre en contact aussi complet et
intime que possible avec *le lieu* de la scène, — *l'époque*,
— *les personnages* qui agissent, — *le héros* surtout.

Ses qualités : *Clarté, rapidité, précision, simplicité*, promettant moins qu'elle ne tiendra, — permettant ainsi d'aller croissant.

Clarté, car on ne s'intéresse qu'à ce qu'on peut
comprendre.

Rapidité, car c'est un départ et le but attire.

Précision, il ne faut pas fatiguer à la première
page.

Simplicité, qui laisse toute l'émotion, l'intérêt palpitant au nœud et au dénouement.

Il ne faut *pas* ordinairement *faire soupçonner le
dénouement*, cependant cela dépend du sujet.

Le point essentiel, c'est de *dire assez* pour éveiller
l'attention, la curiosité, l'intérêt, — et cependant de
laisser dans l'ombre assez pour faire désirer le nœud et
le dénouement.

L'exposition *fait le chemin*,... c'est un beau rôle en
littérature comme dans la vie.

[1] *Une question de Napoléon*, dans les Conférences de Lacordaire (1846,
1ᵉ Conf.).

De René Bazin : **La veuve du loup.**

« Petite Élise, qu'y a-t-il dans le lac d'Agubeil ?

— Des fleurs de roseau que personnne n'ose cueillir et des poissons que personne n'ose pêcher.

— Qu'y a-t-il encore ?

— Un martin-pêcheur, des demoiselles à ailes vertes, des grenouilles qui coassent, des poules d'eau qui plongent, dès salamandres qui chantent le soleil mort, des corbeaux qui volent et ne s'arrêtent pas.

— Est-ce tout ?

— Non, il y a l'ombre de la veuve du loup qui va, qui vient, et ne s'éloigne guère.

— N'y passe donc jamais, petite Élise, car il t'arriverait malheur au bord de l'étang d'Agubeil.

L'enfant promettait, et le père, qui était de son métier colporteur, avait bien soin de se détourner de sa route et d'éviter les abords de cet endroit sauvage où un péril trop réel le guettait lui et sa race.

C'était un très vieil étang formé par l'écoulement des eaux d'une vallée étroite, tournante, sans habitation...

La colline sur laquelle s'avançait la vallée était d'ardoise abrupte, crevassée, pleine de failles profondes où les serpents avaient leurs nids et où s'avançaient les racines des genêts. Nul autre arbuste que celui-là n'avait pu s'implanter sur cette butte de rocher. Mais il y atteignait une taille magnifique; il y régnait, il y jetait pendant cinq mois de l'année la gaieté de ses fleurs jaunes parmi les frondaisons vertes des bois de chêne qui aboutissaient à l'étang. Il y avait souvent des pétales fanés qui tombaient sur l'eau et que le vent poussait au bord comme des voiles, si bien que les paysans disaient :

« Quand même tous les genêts de la terre disparaîtraient, on en trouverait encore de la graine dans Agubeil. »

Ils n'aimaient pas cependant à s'approcher... Nul ne se souciait de demeurer dans le voisinage de la veuve du loup, dont c'était le domaine. (Suit son portrait,... son histoire.)

D'H. Bordeaux : **Guynemer.** Exposition de tout un livre.

(Débuter par une comparaison qui fait connaître le personnage est une jolie manière d'exposition, pourvu que ce soit juste, bien choisi.)

Il est des plantes comme l'aloès qui ne peuvent porter qu'une fleur et quelquefois au bout de cent années. Elles rassemblent alors toute leur sève qui a si longtemps attendu. Il leur part du cœur une longue tige droite, semblable à un arbre, et dont les branches régulières ont l'apparence de fer forgé. Au sommet de cette tige s'épanouit une fleur merveilleuse qui est humide et répand des pleurs sur les feuilles, comme pour les inviter à la douleur à cause de la menace qui pèse sur elle. Quand la fleur s'est flétrie, le miracle ne se renouvelle pas.

Un Guynemer, c'est la fleur d'une vieille famille française. Il pouvait, comme tant d'autres héros, comme tant de paysans de la grande guerre qui furent le froment de la nation, prouver à lui seul sa noblesse. Mais la fée qui fut déléguée à sa naissance déposa dans son berceau quelques feuillets dorés de la plus belle histoire du monde : Roland, les Croisades, la Bretagne et Duguesclin, l'Empire, l'Alsace. Songez donc, l'histoire de France !...

Devoir.

1. *Jehanne d'Arc et ses voix* et *Adieux à Domrémy.*

Sur le modèle de Guynemer,
ou de la Veuve du loup.

Ne travailler que l'exposition, c'est-à-dire jusqu'au moment où Jehanne s'apprête à répondre : « J'irai... »

LE NŒUD

C'est le point où les intérêts des personnages commencent à être compromis, à se heurter ou à se compliquer de telle sorte, qu'on se demande avec plus ou moins d'inquiétude ce qui va arriver.

Qualités : *Maintenir entre la crainte et l'espérance*, — prolonger assez l'incertitude pour rendre le dénouement palpitant.

Qu'est-ce qui fera l'intérêt ? Tout ce qui permettra de réaliser davantage les faits. Plus on a vu de près un événement, plus on est ému ; tous les détails vous ont frappé. C'est ce qu'on s'efforce d'imiter dans le récit.

Dans le nœud, aucun détail pouvant avoir une action *ne doit être négligé.* Si l'on dit, par exemple : « Telle ville est prise et brûlée, » on peut avoir le mérite de la brièveté, on n'a pas celui d'émouvoir.

Toutefois, attention aux longueurs qui fatiguent et ennuient.

Manifester les sentiments des personnages, *les réflexions* qu'ils se font ou qui ressortent pour nous instantanément de tel acte, *les intentions* qui les poussent.

Y mêler de petites *descriptions, comparaisons, figures, portraits,* en raccourci.

Insister sur *les difficultés, les obstacles, la lutte des raisons opposées.*

Par exemple : honte et remords arrêtant la marche du crime, — faiblesse et respect humain s'opposant aux résolutions généreuses.

Ajouter la *couleur* par des *images* fortes ou gracieuses, mais vraies.

Y mettre du *mouvement,* de la *sensibilité,* parfois de l'enthousiasme, de la pitié, de l'indignation.

Le style, suivant le sujet, est sérieux ou léger, noble ou tout simple.

D'Henry Bordeaux : **La Croisade des enfants.**
Ch. VI, Le départ.

(*Dans l'exposition, Philibert a décidé qu'on partirait aujourd'hui pour Rome, et qu'on se rejoindrait au pont du Diable.* — Description du pont du Diable sur l'Arc, — du paysage, — puis :)

Au pont du Diable, dans l'ombre du fort, Annette et Philibert sont arrivés les premiers. De la forêt Marie-Christine, la distance est très réduite. Ce sont eux les moins éloignés. C'est pourquoi ils arrivent en avance.

Quand Annette n'a vu personne, elle a douté de la croisade.

« Ils ne viendront pas, Philibert.

— Ils viendront, ils viendront. »

Annette est ronde, rose, sérieuse. Elle aime beaucoup à manger. Par précaution et par prudence, elle a pris au four une couronne de pain tout entière que son frère a portée sur le dos au bout d'un bâton. Elle n'était point si pressée de recevoir le bon Dieu et de délivrer le Pape. Mais elle croit en Philibert. Quand elle pose sur lui ses yeux qui sont de la couleur des gentianes, elle ne garde rien de son cœur.

Ils se sont assis tous les deux sur la pierre carrée où s'incrustent les barres du pont, et ils attendent leurs camarades.

Ils attendent depuis longtemps, et Annette tout doucement a murmuré de nouveau :

« Ils ne viendront pas, Philibert. »

Il la regarde avec tristesse : a-t-elle donc si peu de foi ?...

Tout l'intérêt est porté sur cette question : les futurs croisés viendront-ils ? et partirons-nous ? ou n'osera-t-on venir ?... Il faut donc faire sentir au lecteur une attente inquiète ou plutôt l'inquiétude de l'attente.

C'est ce qui est réalisé : par le dialogue : « Ils viendront... »

— *par le portrait d'Annette,* qu'on a tout le temps de regarder, puisqu'on attend avec elle.

— *par le geste des deux enfants :* ils se sont assis tous les deux.

— *par la pierre carrée, les barres* du pont incrustées, qui mettent dans l'esprit des images immobiles comme l'attente.

— *par l'affirmation :* « ils attendent... »

« ils attendent depuis longtemps. »

— *par la phrase d'Annette* qui revient doucement murmurée : « Ils ne viendront pas. »

— *par le regard de Philibert,* — le regard triste.

— *par la question* qu'il se pose : « A-t-elle donc...? »

On ne sait plus, en effet, s'ils viendront ou s'ils ne viendront pas ; on a de l'espérance, on a de la crainte ; on dirait presque volontiers : « Pourvu qu'ils viennent ! »

Ce qui prouve : que le nœud est bien mené ;

— que, pour bien savoir conduire cette partie, on doit savoir quelle impression on veut produire, quelle incertitude on veut amener,

— et qu'on doit y faire tout converger : paroles, descriptions, etc.

LE DÉNOUEMENT

Nature. C'est *le point final,* celui où aboutit le nœud. C'est la déclaration du résultat de l'action.

Loi. *Une seule : il doit satisfaire le lecteur.*

C'est l'achèvement.

Il doit évidemment être préparé par ce qui précède ; mais il peut :

1° *Être amené comme insensiblement*, peu à peu, sans que l'on voie très bien où finit le nœud.

2° *Être amené soudainement* et être tout à fait indépendant du nœud, comme si c'était un nouveau chapitre.

3° *Être d'un style simple*, sans beaucoup se distinguer du reste.

4° *Être formé d'une simple phrase* disant brièvement le résultat.

5° *Être fait d'un conseil, d'une sorte de sentence* qui contient implicitement le dénouement : « A brebis tondue, Dieu mesure le vent : cette fois, le proverbe ne ment pas. »

6° *Répondre à toutes les questions* que se pose le lecteur, ou en laisser plusieurs dans l'ombre.

7° *Être long ou court.* Se rappeler cependant qu'une fois le résultat connu, le reste n'intéresse guère.

D'Henry Bordeaux : **La Croisade des enfants.**

(Annette et Philibert retrouvés à Rome par leurs parents.)

« Annette, Annette, ta mère est là. Ne vois-tu donc pas cette femme qui n'ose pas s'approcher, mais qui tend vers toi ses deux bras ?

— Maman, maman, » dit la petite aux yeux bleus couleur de gentiane.

Elle n'est point étonnée et demande simplement :

« N'est-ce pas Noël aujourd'hui ?

— Noël est en hiver, Annette.

— Je t'assure que c'est Noël, puisque j'ai le petit Jésus. »

Voici la troupe des garçons :

« Philibert ! » crient en même temps Pernette et Anthelme émus.

Et Philibert souriant vient à eux sans se presser.

« Tu nous avais abandonnés, lui reproche sa maman.

— Il n'y avait que la montagne à traverser pour venir. »

Quant au seigneur de Pierrelongue, il triomphe encore une fois :

« Je suis arrivé avant toi, » dit-il à Philibert.

Le cortège des pèlerins s'éloigne déjà sur la place Saint-Pierre, où les fontaines font leur musique nuit et jour.

Et les deux enfants regardent la petite armée de leurs compagnons qui s'en va. Ils en ont le cœur serré.

C'était la nouvelle Croisade, et c'étaient les temps héroïques. Mais le Pape n'a-t-il pas dit : *Ardents au devoir quotidien.*

« Tout de même, dit l'oncle Thomas, ils étaient partis quarante et ils sont arrivés quatre cents ! »

Les descentes n'ont pas d'histoire, les retours sont mélancoliques. L'élan appartient au départ et la gloire à l'ascension. Ils sont revenus en Maurienne, car il faut toujours revenir ; toujours, non, mais presque toujours. Ils sont revenus en Maurienne, sauf toutefois l'oncle Thomas, qui ne voulut pas quitter Rome...

. . . .

Et quand les jours eurent passé, et peu de jours ont suffi, comme ils suffisent d'habitude aux grands événements, on a jeté de l'oubli sur la croisade des enfants. Annette et Philibert, fidèles, gardent leur pieux souvenir. Si la petite fille est tentée de mentir ou désobéir, vite elle touche la joue que le Pape a caressée. Et Philibert voit encore ce long regard posé sur lui. Et de la sainte parole, ils appliquent le précepte le plus pénible assurément, et le moins souvent pratiqué : *Ardents au devoir quotidien.*

De René Bazin : Le Quatrième Pauvre.

(La Misère a emmené à la pêche le métayer de la Renardière ...) Bientôt ils poussèrent un cri : dans le filet ce n'était plus qu'une masse grouillante de mulets qui sautaient, battaient l'eau de leur queue, se précipitaient contre l'obstacle, se mêlaient, s'épouvantaient...

« Cours à la maison, Julienne. Attelle le cheval, amène la charrette ; il y en a un tombereau plein. Ah ! la belle journée !... »

Le métayer et son fils, pour ne rien laisser perdre, se précipitaient de droite et de gauche et saisissaient les poissons qui tentaient de s'échapper en suivant la pente mouillée.

Quand ils se relevèrent radieux, pour chercher « la Misère », ils ne virent personne. *Les œillets de sable s'ouvraient au jour et regardaient seuls.*

Depuis lors, *la grange* de la Renardière est restée ouverte. La clef n'a été ni rapportée ni remplacée.

Jamais le *métayer* ne compte plus *les mendiants* que sa femme y reçoit, et ils sont nombreux dans les mois d'hiver et dans ce pays écarté.

Pour elle, quand elle raconte cette histoire à ses enfants ou à ceux des autres, elle ajoute sans y manquer jamais :

« Mes petits, recevez les pauvres et ne vous effrayez pas s'ils sont beaucoup, *ce n'est pas à nous de choisir. Le premier peut être mauvais, et le second et le troisième. C'est souvent le quatrième pauvre qui est le bon.* »

Remarquer : que l'auteur n'explique pas qui est « La Misère » ; mais on le devine.

La jolie phrase accentuant la disparition du mendiant : « Les œillets... »

Le dénouement qui parle de chacun, et où chaque phrase commence différemment.

La belle pensée qui termine ; et la phrase tombant si bien, comme la leçon qu'elle contient.

Devoir.

Deux dénouements différents pour *Jehanne d'Arc.*

AGENCEMENT ET PROPORTION
DES TROIS PARTIES

Loi : Il faut de l'équilibre entre les trois parties.

Faut-il qu'elles aient *la même longueur ?*

Ce n'est pas nécessaire, parce qu'il n'y a pas que la longueur pour faire poids et valeur.

Si donc *rien* n'est *saillant* dans l'exposition, le nœud, le dénouement, il faut *à peu près la même valeur* de longueur.

Si au contraire on suppose :

1° *Une exposition très courte, mais pleine de cachet ;*

2° *Le nœud, riche de détails, assez long, bien mené ;*

3° *Le dénouement fera équilibre, s'il est vigoureux, à effet, court ;* une phrase quelquefois suffit, ou même quelques mots.

Le tout est dans l'impression résultante.

Mais une phrase de même taille sans même valeur de-pensée ne pourrait faire équilibre à une jolie exposition et à un nœud émouvant ; il ferait dire de la narration : « C'est tout cela ?... Ce n'est pas intéressant. »

Les Oberlé. Chap. : « Dans la forêt des Minières. »

Exposition : personnes, lieu, actions, paroles, paysage.

Les deux compagnons descendirent en tournant jusqu'à la lisière des prés des Minières et remontèrent un des contreforts des Vosges, mais sans quitter le couvert.

Lorsque M. Ulrich fut arrivé au sommet, il s'arrêta, huma le vent qui venait d'en face, plus librement parce que les arbres étaient plus jeunes, et, malgré le danger qu'il y avait à parler, murmura :

« Sens-tu les chaumes de France ?... »

Il y avait une plaine en avant, mais invisible. On ne pouvait qu'entrevoir des fumées immobiles qui étaient les bois descendant et d'autres fumées rapides au-dessus qui étaient les nuages.

M. Ulrich se mit à descendre avec plus de précaution encore, l'oreille attentive. Un hibou s'envola. Il y eut trente pas à faire dans de mauvais buissons qui s'accrochaient aux vêtements. Et tout à coup, en avant, une voix cria dans la futaie : « Halt ! » M. Ulrich se baissa, mit la main sur l'épaule de Jean et rapidement :

Nœud.

« Ne bouge pas ! Moi, je vais les attirer du côté des Minières. Dès qu'ils seront après moi, tu te lèveras et tu franchiras le chemin, puis le petit taillis. Cours droit devant toi. Adieu ! »

Il se releva, fit quelques pas avec précaution, *puis à travers la futaie partit au trot.*

La voix, qui s'était rapprochée, cria de nouveau et deux fois de suite : « Halt ! Halt ! »

Un coup de feu raya l'ombre. Quand le bruit eut cessé de sonner sous les branches, on entendit la voix de M. Ulrich déjà loin qui répondait :

« Raté !... »

En même temps, Jean Oberlé s'élança du côté de la frontière. *Tête baissée, sans rien voir, les coudes levés, la poitrine fouettée par les branches, il courait de toutes ses forces.* Il dut passer à peu de distance d'un homme embusqué. Les feuilles s'agitèrent. Un appel de sifflet *retentit.* Jean *précipita* sa course. Il *déboucha* inopinément sur la route. Aussitôt un second coup de carabine *éclata.* Jean *roula* au bord du taillis. Des clameurs en même temps s'élevèrent :

« Le voilà ! le voilà ! Venez !... »

Jean *se releva* aussitôt. Il crut avoir buté contre une ornière. *Il sauta* dans le taillis. Mais ses jambes étaient faibles. *Il sentait grandir* l'angoisse d'une défaillance inévitable. Les cris de ceux qui le poursuivaient lui sonnaient dans le dos. Les arbres tournaient. Enfin il eut une sensation de lumière, de vent froid, d'espace libre, et il ne vit plus rien...

Dénouement : remarquer le commencement : Tard dans la nuit...

Tard dans la nuit, il s'éveille de son évanouissement. La forêt est secouée par l'orage. Il est dans une chambre de ferme abandonnée, sans meubles, éclairée par une petite lanterne. On l'a couché sur des branches vertes. Un homme se penche au-dessus de lui. Jean le regarde. Il reconnaît un douanier français. La première impression d'effroi se dissipe. La figure est avenante.

« A-t-on tiré d'autres coups? demande-t-il.

L'homme répond : « Non, pas d'autre.

— Tant mieux! l'oncle Ulrich est sauvé... Il m'avait accompagné jusqu'à la frontière... Vous voyez, j'étais au régiment... Je viens pour être soldat chez nous. »

Il voit que sa tunique a été enlevée, qu'il y a du sang sur sa chemise... Il respire mal.

« Qu'est-ce que j'ai ? »

Le douanier, *un homme à grosses moustaches roulées, qui pleurerait s'il n'avait pas honte*, répond :

« L'épaule traversée, mon ami. Ça guérira... Heureusement que nous faisions notre ronde par ici quand vous êtes tombé dans le pré. Mon camarade est allé en bas chercher le médecin. Au petit jour, ils seront montés... Ne vous faites pas de chagrin. Qui êtes-vous?... »

Dans le demi-rêve, Jean Oberlé répond :

« *L'Alsace!...* »

A peine s'il peut parler. La pluie d'orage s'est mise à tomber. Elle *martelle* les toits, les planches des portes, les feuillages, les roches, toute la forêt qui enveloppe la maison. Les cimes se tordent et roulent comme des chevelures d'algues dans les eaux de la mer. Un murmure immense où des millions de voix sont unies monte le long des Vosges et s'élève dans la nuit. Le blessé écoute. Qu'a-t-il compris?... Il est faible. Il sourit :

« *C'est la France qui chante!* » murmure-t-il.

Et il retombe, les yeux clos, en attendant l'aube.

A remarquer : les phrases en italique : composition et image : *puis à travers la futaie... Un coup de feu...*

Puis l'énumération concise des détails :

tantôt par les compléments : *Tête baissée...*

tantôt par les verbes : *retentit,... précipita...*

Le changement de sujets : *Il sentait grandir...*
  Les cris... Les arbres...
Le portrait rapide du douanier,
La belle pensée, rendue par un seul mot : *L'Alsace !*
Une seconde belle pensée, pendant de la première
  et formant la finale : *C'est la France...*
La succession des questions et des réflexions qui pré-
  pare l'effet de cette dernière réponse.
Le vocabulaire : noms, adjectifs, verbes, expressions,
  images, comparaisons,... tout le long du mor-
  ceau.

Pratique. Quand la narration est presque finie,
    examiner :

1. Le nœud par rapport à l'exposition.

2. Le dénouement par rapport au nœud et à l'exposition.

3. Sont-ils bien de la même famille ?

4. Ont-ils du lien entre eux ? Suit-on bien l'idée
principale ?

5. Que valent les transitions ?

6. En additionnant la longueur et le relief, y a-il
équilibre entre les trois parties ?

Quant à la forme :

7. Y a-t-il digressions ou répétitions inutiles ?

8. Le même genre est-il conservé d'un bout à l'autre ?
Plus il y a d'unité, mieux cela vaut.

9. Les choses se présentent-elles en ordre ?

10. Que vaut le vocabulaire ?

MODÈLE DE NARRATION ENTIÈRE
OU L'ON PEUT TOUT RÉCAPITULER

La Réponse du vent.

C'est une longue narration dans laquelle on peut tout retrouver comme modèle : description, portrait, narration, lettre.

Exposition.

(Description.) **1.** Au bord de la mer, les bois de pins du domaine descendaient jusqu'à un promontoire, où ils se raréfiaient et s'espaçaient parmi les bruyères, et finissaient en un bouquet de vieux arbres, aigrette verte et superbe dressée dans la lumière. De là on voyait les vagues toutes petites et, même aux jours de tempête, elles avaient l'air de moutons blancs. Les goélands passaient au-dessus ; les palombes, quand elles arrivaient du large, se posaient dans les branches ; les côtes se repliaient en arrière, et il suffisait de regarder devant soi pour se croire dans une île.

2. Le pays était chaud, car c'était l'extrême midi par-où finit la France. Mais le vent soufflait en toute saison, et d'où qu'il vînt, de la terre ou de la mer, rencontrant des rochers, des bruyères ou des pins, il chantait avec eux qui connaissaient sa main.

(Suite de l'exposition.) **1.** Un enfant l'écoutait, et voici ce que disait le vent dans les arbres : « Je suis le vent qui n'a pas de route, et je vais par le monde. Toutes les feuilles tremblent quand je passe, toutes les ailes s'appuient sur moi ; j'emmène ensemble les voiles blanches et les flots bleus qui les portent. La terre est petite, j'en ai fait le tour ; mais elle est belle et je retourne sans lassitude où je suis allé... Si tu venais, enfant, nous partirions joyeusement. Je te montrerais l'espace, pour lequel tu es né comme moi. »

2. Le petit ne comprenait pas tout, parce que le langage du vent est quelquefois plus profond que les âmes qui l'écoutent ; mais il dit à sa mère : « Je voudrais partir. — Pour quel pays ? — Pour tous les pays. — Qui te l'a conseillé ? — Le vent qui agite les pins. »

3. La mère ne dit rien ; mais dans son inquiétude... elle crut qu'elle pourrait lutter avec le vent qui parle ; elle donna l'ordre de couper le bouquet de pins...

4. L'enfant revint sur la falaise. Le vent continua de chanter plus doucement, il est vrai, dans les bruyères qui poussaient à foison et qui étaient de trois espèces : la mauve, à fleurs serrées comme le réséda, la rose, dont le calice est allongé, la blanche des marais,... élégante, élancée, et qui domine l'ajonc même de ses gerbes aiguës.

5. Le vent dans les bruyères blanches disait : « Que sont les floraisons de la terre auprès de celles des eaux ?... Petit, il est bon de naviguer sur la mer changeante ; il y en a qui ne se sont pas consolés de l'avoir quittée. »

6. L'enfant dit : « Je veux être marin. — Qui te l'a conseillé ? — La bruyère blanche. »

7. La mère, qui ne vivait que pour son enfant et par lui, s'alarma : elle fit couper les bruyères blanches et, de peur que le vent ne parlât encore en glissant sur la roche nue, elle emmena son fils très loin dans un château d'où l'on n'apercevait que les plis des bois, des moissons et des routes : le père autrefois avait été marin et il était mort d'une surprise du vent, beau parleur dans les pins et les bruyères, mais tueur d'hommes aussi et traître et sans pitié.

Quand elle eut séparé son enfant d'avec le vent de mer, elle se rassura et pensa : « Il est si jeune, il oubliera... »

(Description de la rivière et portrait des cygnes.) Mais nous ne savons jamais par quel fil mystérieux la pensée est ramenée vers le visage des choses qui l'ont tentée, ni quels appels du passé elles trouvent dans le présent. Le petit avait obtenu la permission de rapporter, du premier domaine dans le second, un couple de cygnes qu'on avait lâchés dans une rivière lente, élargie de main d'homme, que des rideaux de peupliers protégeaient tout l'été et couvraient de feuilles jaunes pendant deux mois de l'automne. Chaque matin et chaque soir, il leur portait leur nourriture et il n'aimait rien tant que de les voir nager le col droit, les ailes soufflées et rapprochées en berceau de neige. A quoi songeait-il ?

Nœud.

Un jour il demanda : « Pourquoi ne s'envolent-ils pas ? — Parce que le fouet de l'aile a été coupé. — Et s'ils ont des enfants de cygne ? — On coupera aussi l'aile aux enfants. — Oh ! je vous en prie, qu'il y en ait au moins un auquel on ne coupe pas les plumes. »

(Nouveau portrait des cygnes). Le printemps suivant, il y eut quatre petits cygnes poilus qui avaient l'air d'une grosse graine de pissenlit posée sur l'eau. Autour du père et de la mère, ils nageaient parmi les nénuphars, et de loin, le soir, quand ils s'enfonçaient et

se perdaient entre les gerbes des roseaux qui hérissaient les berges,
on eût dit deux grands lis épanouis et quatre boutons gris perdus
dans le vert des feuilles. Leurs promenades étaient courtes. Le
plus jeune surtout, sorti de l'œuf quatre jours après les autres, ne
ramait pas longtemps et, si faible que fût le courant, ne pouvait le
remonter; alors un des parents s'arrêtait, tendait sa large patte
palmée et la laissait flotter en arrière; le petit y grimpait et, un
peu soulevé par le mouvement du grand oiseau, s'aidant des ailes,
des pattes, du bec, il se hissait entre les plumes, dans le berceau
vivant et chaud qui l'emportait doucement, sans secousse, jusqu'à
la cabane établie au bord de la rivière.

(Suite du nœud.) **1.** L'enfant appelait et disait : « Mère, venez
voir. » Elle venait en deuil, triste et souriante, n'oubliant jamais
de regarder l'enfant deux fois plus longtemps que ce qu'il montrait
du doigt... « Donne-moi la main, André, viens-t'en, viens-t'en ».
Elle écartait l'enfant et, jalouse de la rivière comme elle l'avait été
de la mer immense..., elle s'en allait avec lui par les sentiers des
bois... Peu à peu, elle dut convenir que la santé de l'enfant s'alté-
rait... Elle le soignait et ne voulait pas comprendre.

2. Un soir de printemps, à l'heure où l'on ne regarde plus que
d'un seul côté, vers la lumière qui tombe, elle vit le dernier-né
de la couvée des cygnes, celui dont on n'avait pas coupé le fouet
de l'aile, s'élever tout d'un coup en criant et, le cou tendu, avec
un bruit de rafale, essayant ses jeunes plumes, faire deux fois le
tour des peupliers. André le vit aussi.

3. « Il va revenir, dit-elle; mais demain, il partirait...

— Où irait-il? demande le petit.

— Sans doute, où le père et la mère ont été élevés. »

4. L'enfant suivit des yeux avec une émotion silencieuse l'oiseau,
qui, épuisé, rasait la cime des foins comme une grande faux
blanche...

5. Ils rentrèrent; mais le lendemain, avant que personne au
château fût levé, l'enfant courut à la cabane, s'agenouilla dans
l'herbe toute mouillée de la rosée de la nuit et entr'ouvrit la porte
que fermait une cheville de bois. Quatre têtes encore duvetées
passèrent dans l'ouverture, et au-dessus, un peu en arrière, les
becs noirs du père et de la mère sifflaient, tout prêts à mordre.

« Viens, toi, le plus jeune, » dit l'enfant.

6. Il connaissait les quatre frères, et sans se tromper, il attira
par le col le plus jeune, qui n'avait pas eu l'aile coupée. Il le serra
contre lui, tandis que les grandes ailes blanches battaient l'air, et,
sous les plumes, avec beaucoup de mal et de temps, il parvint
à fixer un papier plié, long et mince, assujetti par un brin de fil.
Quand la lettre fut solidement attachée au corps de l'oiseau, il
écarta les bras : « Tu me rapporteras la réponse, dit-il; envole-toi. »

Le cygne marcha quelques pas en roulant, se secoua, s'étira et, regardant le ciel battit l'air de ses deux ailes étendues... Il monta au-dessus des arbres... il plana cherchant sa route,... il piqua au sud, diminua jusqu'à n'être qu'un petit trait blanc dans l'azur, et disparut... « Il s'est enfui par là, dit l'enfant; et par là, c'est la mer. J'en suis bien sûr à présent. »

(*Lettre*.) Il avait écrit et confié au cygne cette lettre au vent de mer : « Vent de mer qui m'as parlé, je t'envoie le quatrième de mes cygnes... Je ne t'entends plus jamais. Je veux que tu saches où je suis, afin que tu viennes et que je t'entende de nouveau, et que ma mère t'entende aussi. Dis-lui que je veux être marin sur la mer, que je mourrai si elle me refuse ; mais si elle t'écoute, vent de mer, rapporte-moi mon cygne, et je comprendrai par là qu'elle veut bien. »

(*Suite du nœud*.) 1. « Il se passa une semaine après laquelle l'enfant fut pris de fièvre. Le temps était devenu mauvais, et les nuages glissaient confusément, gris sur gris, emmêlés, les uns lâchant leur pluie, et d'autres se déchirant tout à coup pour laisser descendre un rayon de soleil chaud. Dans le parc, entre les averses, la mère entraînait l'enfant... « Laissez-moi écouter, disait le petit, et écoutez vous-même. » Elle secouait la tête désespérée, et elle n'écoutait que son chagrin qui pleurait au-dedans d'elle.

2. Les herbes ployaient ; des feuilles, arrachées par la rafale, couraient au ras du sol. A mesure que l'après-midi avançait, la tempête augmentait et tous les bruits accoutumés se perdaient et mouraient dans le grondement des chênes, que le vent ébranlait jusque dans leurs racines. Les branches mortes craquaient, les troncs fendus des souches sifflaient...

3. « Écoutez, disait l'enfant dont les yeux brillaient, c'est lui. — Qui, mon André ? — Le vent de là-bas, il a reçu ma lettre ; il vient, peut-être qu'il va répondre. »

4. Et il se penchait pour voir, entre les feuillées ou dans l'ouverture des avenues, du côté du sud, les ailes en croissant qu'il attendait toujours...

5. Le soir, la mère le coucha, et le petit fut pris d'une fièvre ardente. Comme elle le veillait, un domestique entra : « Madame, c'est M. le comte de Réal, le voisin de campagne de madame, qui demande à être reçu. — A cette heure-ci ? — Il paraît que la chose est pressée, madame. »

6. Un homme en vêtement de voyage monta, pénétra dans la chambre sur la pointe du pied et, inclinant sa grande barbe : « Comment va-t-il ? — Très abattu, plus souffrant que jamais. — Pardonnez-moi, dit le voisin, qui tendit un paquet enveloppé de journaux. J'ai tué ceci sur mon étang. Regardez sous l'aile de

l'oiseau, vous comprendrez peut-être mieux. » Il se retira aussitôt.
La mère développa le paquet et trouva le corps du cygne qu'elle
reconnut. Vite, elle allongea les bras, tenant les ailes par leurs
extrémités, et au-dessus du corps abandonné, les ailes s'étendirent.
La lettre tomba, toute mouillée, lisible encore. « Lisez, mère, car
le petit dort ; lisez promptement, car il a la fièvre ; songez, car les
remèdes qui guérissent les autres n'ont rien fait pour votre enfant. »
L'enfant dormit, et la mère veilla toute la nuit.

7. Au premier rayon du jour, André ouvrit les yeux et poussa
un cri :

« Ah ! dit-il, voilà mon cygne, et il est mort ! »

L'oiseau était couché sur le tapis près de la fenêtre, Mais la mère
déjà avait enveloppé l'enfant dans ses bras, et elle disait :

« Ne t'agite pas, ne crains rien. Il est mort de fatigue en arrivant,
parce que la mer est loin.

— Non, non, le vent me l'a renvoyé mort parce que la réponse
est mauvaise. »

Elle s'écarta du lit, sourit à l'enfant de toute la force de son amour
qui s'immolait pour lui et murmura :

« Tu te trompes, mon André, le vent a écrit la réponse.

— Mère, le vent n'écrit pas.

— Qu'en sais-tu, mon petit ? »

Dénouement.

Elle alla prendre l'oiseau blanc, l'étendit sur la couverture de
soie ; et sous l'aile gauche, à la place de la lettre, l'enfant aperçut
une feuille de chêne percée de menus trous comme à coups
d'épingle.

Il saisit la feuille, la présenta au jour, et tout le sang de son corps
chétif afflua au visage, parce que le petit venait de lire trois mots,
trois humbles mots, mais qui renfermaient toute une vie :

« Oui, mon André. »

R. Bazin.

LA LETTRE

Lorsqu'on a le style naturel, on n'a besoin de ce qui suit que pour se contrôler ensuite s'il y a lieu ; rien ne vaut le style spontané. Mais quand on ne l'a pas, on peut y suppléer par l'étude, les analyses et les moyens indiqués. Dès que ces secours ne sont plus nécessaires, il n'y a qu'à les abandonner et à laisser courir sa plume.

LA LETTRE EN GÉNÉRAL

LES COMMENCEMENTS

Comment les choisir ? comment les exprimer ?

1° Les choisir :

Il est évident qu'il faut adapter ses commencements :

Au genre de la lettre que l'on écrit (ce qui sera expliqué dans les Lettres diverses).

A la personne à laquelle on écrit (ce dont on parlera à propos du Ton divers des lettres).

Aux circonstances dans lesquelles on écrit (ce qui sera surtout traité ici), — circonstances considérées soit de son côté, soit du côté de la personne à laquelle on écrit.

Il faut choisir ses commencements :

Non dans un terme banal qui pourrait commencer n'importe quelle lettre.

8 — Manuel de 4ᵉ Classe.

Mais dans une actualité qui convienne tout spécialement à la personne à laquelle on écrit.

Ce qui fait plaisir dans une lettre reçue, c'est ce qu'on y trouve pour soi, ce qui ressemble le plus à une conversation.

Quelles actualités peuvent donner lieu à mes commencements?

Un de mes sentiments actuels

Une réponse directe à telle phrase d'une lettre reçue.

Un événement de la semaine.

Un détail mis en relief et duquel je tire une délicate allusion pour les miens.

Oui, ma chère maman, soyez sans crainte, je n'ai point oublié de...

Est-ce bien possible! L'oncle X est arrivé!... Je ne puis encore le croire...

Hélas! ma chère maman, pourquoi faut-il que je commence aujourd'hui ma lettre par ces mots : J'ai eu assez-bien...

2° Les exprimer :

Sans jamais oublier le ton voulu, le tact.

Avec l'allure vivante de la conversation, et à l'occasion en y mêlant finesse d'esprit, allusion délicate que le cœur sait trouver quand il pense aux autres.

Quel moyen de prendre l'allure vivante de la conversation?

Employer la phrase rapide affimative : « Oui, ma chère maman, il en est bien ainsi... »

Ou la phrase interrogative ou exclamative : « Enfin,
ma chère maman, le voilà fini cet ouvrage dont vous
me demandiez si souvent des nouvelles !... »

Mgr Gay.

Tu vois, chère sœur, que je suis bien exact et qu'au jour con-
venu ma lettre arrive. Je ne sais pas m'en faire un grand mérite,
car le mérite vient d'un peu d'effort, et ici le plaisir prend toute
la place...

Chère mère, me voici arrivé à Sienne, et je me suis promis
de te donner d'ici de mes nouvelles. Je dis que je me le suis
promis, parce que vous écrire me fait autant de bien que recevoir mes lettres vous en peut faire. Parlons du voyageur
d'abord, puisque c'est de lui que vous avez souci.

Avec combien de joie je pense que d'aujourd'hui en quinze
je serai près de vous. Que nous allons passer six bonnes semaines
ensemble !... Les absences ont au moins cela de bon qu'elles
font goûter davantage le charme de la réunion.

L'abbé Perreyve :

Mont Cassin ! voici la plus belle journée de mon voyage, et je
vous assure qu'il s'en est fallu de peu que votre Henri ne soit
resté en route dans quelque cellule de ce magnifique monastère...

Aurai-je le temps aujourd'hui de prolonger notre entretien ?
Je ne sais. Aussi je commence tout d'abord, de peur d'être trop
pressé à la fin, par vous embrasser de tout mon cœur d'enfant
et d'ami...

Ozanam :

Le mois d'octobre qui s'achève, me rappelle que l'année dernière, à pareille époque, nous revenions charmés de votre Bre-

tagne et comblés de vos bontés. Il est bien juste qu'en l'honneur de l'anniversaire, je vous fasse une petite visite...

Devoir.

Composer le plus grand nombre possible de commencements variés.

LES DÉTAILS DANS LES LETTRES

En mettant en valeur les détails, on a toujours quelque chose à dire.

Mais comment acquérir *la science des détails* ?

Surtout par la lecture des bons modèles.

L'abbé Perreyve pour dire :

J'ai organisé un grand salut.

Le lendemain j'ai été à Bétharram.

Vous ne me croirez pas si je vous dis que je n'ai pas pu vous écrire plus tôt. Et cependant rien n'est plus vrai. Figurez-vous que M. l'aumônier des Eaux-Bonnes *m'a chargé* d'organiser un grand salut solennel pour le soir de l'Assomption. Or ce qu'il a fallu de *marches, démarches, contremarches, discussions, coups de chapeaux* aux uns et aux autres est incroyable. *Le moment venu*, tout le monde a été très aimable, très complaisant et s'est exécuté de la meilleure grâce. Je trouve que *cette petite chapelle*, illuminée aux chiffres de Marie, pleine de chants et de lumière, d'or et d'encens, au milieu de ces roches, la nuit, au pied des neiges et des pins, ne devait pas faire un vilain effet, vue du ciel.

Le lendemain de l'Assomption, *on m'a emmené* à Bétharram en pèlerinage. Nous avons fait là *une jolie excursion* et bien pieuse. *J'ai prié pour vous. Je ne suis pas sûr* que vous connaissiez Bétharram. C'est un site riant, auprès d'un gave déjà fort, riche de belles prairies. La sainte Vierge a fixé là un de ses sanctuaires. Vous voulez savoir *l'origine du pèlerinage ?* Il est, dit-on, dans l'étymologie du nom de Bétharram qui veut dire dans la langue du pays : « beau rameau. » Une pieuse enfant, étant tombée dans le gave qui l'entraînait, implora la bonne Vierge, fit un vœu et sentit aussi dans sa main droite un rameau qui la soutint et la sauva. C'est ce bon rameau qui a donné son nom au pays, au pèlerinage, et même à la sainte Vierge. *Je trouve jolies ces noblessse de terre que la sainte Vierge aime à se donner ainsi.* Notez bien qu'elle choisit très artistement ses domaines : N.-D. de la Garde, N.-D. de Four-vières, N.-D. de Grâces, N.-D. de Bon Secours, N.-D. de Bétharram et tant d'autres.

Belmont (1914). Pour dire : Il y a des heures de découragement ; mais je prie et j'espère...

Il y a cependant des heures où l'on se laisse aller à penser au *foyer*, à chez soi, à tous ceux qu'on aime, et dont on est séparé, sans nouvelles peut-être pour longtemps... Je pense aux *bonnes soirées* en famille, aux causeries qu'on prolonge sans objet au coin du feu, ou bien par ces matinées humides et brumeuses de septembre où le soleil se lève tout rouge derrière les lignes d'arbres, je pense aux *belles journées* d'automne dans la campagne de L..., *aux crépuscules lumineux*, dans les grands chênes, à l'heure où l'on s'achemine en rappelant les chiens vers l'intimité de la vieille maison. Je pense à vous, à nous, à tout cela, à ces *mille souvenirs* qui viennent en foule dès qu'on leur ouvre la porte, et *puis je vois* que je suis là perdu, dans cet océan d'hommes... *Je sens* le froid, le vide ;... *j'ai peur* d'être saisi par le découragement. Alors *je pense* à vous, à Émile (son frère, mort à dix-sept ans). Dans ma poche je sens mon chapelet que *je porte* toujours sur moi ; quelquefois dans ces moments *j'égrène quelques Ave Maria* et la confiance renaît. *J'espère* en de meilleurs jours, car il y en a de bons après les mauvais. *Je tâche aussi* de vivre chaque minute sans penser à plus, au jour le jour et à la grâce de Dieu.

Ozanam à Ampère (*au lieu de dire :* Nous désirons vous revoir) :

Il faudra bien que vous *reparaissiez avec les hirondelles*, ne fût-ce que pour déménager, et *nous mettrons vos manuscrits en désordre, vos hiéroglyphes au pillage,* si c'est le moyen de

*vous forcer à revenir. Car autrement que deviendrions-nous?...
Je ne parle pas des duchesses et des jolies auditrices qui vont
se morfondre à vous attendre dans la cour du Collège de France.
Je ne songe point à l'Académie française, obligée de faire
deux élections sans vous. Peu m'importent les salons où vous
portiez la science la plus solide et la plus enjouée, la mieux
accueillie qui fût jamais! Je parle de nous comme un véritable
égoïste, c'est-à-dire du petit cercle de vos vrais amis, habitués
à vous demander chaque jour des lumières et des services.*

LES TRANSITIONS DANS UNE LETTRE

Sont-elles obligatoires? Absolument parlant,
non. Mais l'esprit humain a le besoin instinctif de
lier ses idées; les « alors » dont nous émaillons nos
récits n'en sont que la manifestation.

Ne faire aucune transition dans une lettre serait
tomber dans le style haché, signe de légèreté d'esprit.

En faire toujours, ou en faire de forcées, serait
sortir du genre épistolaire.

Il faut donc en faire de temps en temps, les faire
simples, sans apprêts.

**Comment faire pour trouver ses transi-
tions?**

Réfléchir un instant : de quoi ai-je parlé? De quoi
vais-je parler encore?... Quel rapport y a-t-il entre
ces deux choses : ressemblance?... contraste?... cause
et effet?... tien et mien?... gradation?... etc.

Se servir de ce rapport pour faire la transition.

Exemple : Après avoir parlé d'une journée passée
avec des amies :

Un jour avec des amies, c'est bien doux; trois cents jours

par an avec des livres, que je n'appelle pas encore, hélas ! mes
amis; c'est moins délicieux, c'est même un peu dur parfois.
N'importe, il faut que je vous en parle...

Il y a des rapports difficiles à apercevoir ; mais
c'est une preuve de la finesse et de la perspicacité de
l'intelligence de les découvrir.

Il faut avoir plaisir à les chercher,
à les trouver,
à les exprimer gentiment.

C'est très bien aussi de *remarquer les bonnes transitions* dans les lettres que l'on reçoit.

LE TON DANS LA LETTRE

Une même lettre écrite à diverses personnes peut
être et doit être souvent très différente.

De même qu'on ne parle pas à tout le monde de
la même manière, *on n'écrit pas non plus à tout le
monde de la même manière.*

En parlant du même sujet, en annonçant la même
nouvelle, en faisant le même envoi ou la même
demande, il faut *choisir pour chacun* : *les détails* qui
l'intéressent, lui, vu son âge, sa situation vis-à-vis de
nous, son caractère ; — *les idées* dans lesquelles il
entrera plus volontiers ; — *les sentiments* qui le touchent
davantage, etc. ; — *la manière de parler*, ou plus
badine, ou plus grave, ou plus cérémonieuse, bien
que simple toujours.

Lettres à diverses personnes pour annoncer la croix de la Légion d'honneur (de **C. Violand**, guerre de 1914).

A sa grand'mère et à sa tante :

Mes chères grand'mère et tante, je suis heureux de *vous faire part* de ma nomination au grade de lieutenant, et surtout de ma proposition pour la croix de la Légion d'honneur. *Je l'ai appris dans la nuit* d'avant-hier à hier par un coup de téléphone de mon chef. La croix gagnée sur le champ de bataille, c'était à mes yeux *le plus beau rêve* qu'un Français pût faire. *Je regrette seulement de ne pas l'avoir méritée davantage;* mais l'avenir me permettra, j'espère, de justifier cette récompense, que je considère comme anticipée.

A son père :

Par une coïncidence étrange, je me trouve être l'officier le plus jeune du 87e et le seul membre de la Légion d'honneur, en sorte que je ne serai sans doute pas décoré faute de décoration... Si vous aviez deux croix, là-bas où vous êtes, *je serais bien heureux de recevoir ma première croix de vous. Ah! si vous aviez pu me l'attacher* sur la poitrine!... *Je reporte tout le mérite* de ma conduite, si-elle en a, sur maman *et sur vous, qui tous deux* avez réussi à faire de moi un homme ayant un peu de cœur.

A un ami plus âgé que lui et capitaine :

Mon capitaine, j'ai été *blessé* deux fois déjà : un éclat d'obus au front le 22 août dans une *charge* en Belgique, une balle à l'épaule le 17 septembre en attaquant de nuit un village qui n'est pas encore à nous. Depuis mon retour, j'ai mené *la vie de tranchée,* pas ennuyeuse malgré son apparence monotone. Évidemment cela ne vaut pas une belle charge à la baïonnette qu'on pousse en chantant. Mais à présent que *nous voilà* aguerris, assagis, prudents, avisés, *vieux guerriers* en un mot, la charge ne nous apparaît plus que comme un souvenir de jeunesse un peu fou, qu'on voudrait bien revivre malgré sa folie, et que l'on espère bien revivre encore une fois avant la fin... *la fin de la guerre ou la fin de soi-même... J'ai reçu la semaine dernière la croix de la Légion d'honneur* et, en même temps que mon second galon, le commandement d'une compagnie. *Quelles responsabilités* de toutes sortes, pour un gamin de vingt-trois ans comme moi, d'*être un chef!*... Et quel *honneur,* quelle *dignité* de servir ainsi dans un *régiment comme le mien,* qui n'a jamais eu une défaillance depuis le début, sous les ordres de *chefs* en qui j'ai la plus aveugle confiance, parmi d'excellents camarades, avec des hommes que je connais, qui m'aiment et dont il serait presque injurieux de remarquer qu'ils me sont dévoués jusqu'à la mort... Et puis, quand à tout cela viendra s'ajouter l'ivresse d'une nouvelle victoire !...

A un ami de même âge que lui, H. Bernard :

La croix de la Légion d'honneur n'a pu m'être remise que ce matin, parce que dans les tranchées ce n'est guère commode. D'ailleurs la *cérémonie* fut très simple : ni musique, ni clairon... Le drapeau, la compagnie de service, les honneurs strictement réglementaires... Ce fut une *fête de famille* et, lorsque le général m'eut accolé, — et pas pour la frime, je t'assure, — quelles accolades vigoureuses et quelles poignées de mains ! Ah ! je t'assure que si j'ai beaucoup souffert dans cette guerre, j'ai eu en revanche de rudes émotions et de bien bonnes...

(Et quelques jours plus tard.) Cette croix de la Légion d'honneur que j'ai eue si jeune et que j'ai portée de longues semaines à quelques mètres de l'ennemi de la France,... j'ai longuement médité sur la devise qui est inscrite sur son étoile : *Honneur et patrie!* Quel sens pour celui qui a déjà la gloire d'avoir la France pour patrie!... Je voudrais que cette devise devînt celle de ma génération, et il se peut qu'elle le devienne. Elle sera en tous cas la mienne. Je jongle, il me semble, avec de bien grands mots ; mais je crois que notre longue épreuve nous a rendus capables de les comprendre complètement et dignes de les adopter.

Devoirs.

Écrire ses succès après la distribution des prix à son père éloigné pour le moment, — à une compagne sortie l'an passé du pensionnat, — à un frère qui ne réussit pas dans ses études, — à une tante qui n'a jamais été en pension.

Annoncer son voyage à Lourdes à une amie qui a déjà fait

ce pèlerinage, à une autre qui ne le pourra jamais faire, — à sa sœur aînée, etc., etc.

Envoyer sa photographie à son grand-père, à son petit frère au collège, à une amie.

LES FINALES

On pourrait distinguer : 1° la Finale ; **2°** la Terminaison.

La Finale : dernière phrase de la lettre.

La Terminaison : formule qui achève la lettre.

Ce qu'il faut éviter dans la finale :

De passer brusquement d'un sujet indifférent à la terminaison.

De rester sur quelque pensée plus ou moins pénible à celui à qui on écrit.

Ce qu'il faut essayer d'y mettre :

L'impression que les sujets de conversation sont loin d'être épuisés, et qu'on aurait encore de quoi remplir des pages.

Quelque chose de plus affectueux que dans le cours de la lettre, comme au moment de se quitter.

Si on a fait quelque récit, un retour vers la personne à qui l'on écrit avant de terminer ; par exemple, redire ses vœux de fête, son désir de revoir, ses souhaits de guérison, etc.

Moyens de donner l'impression que beaucoup de choses encore restent à dire :

Nouvelles rapides, à peine indiquées, de celui-ci, de celui-là, de ce troisième, etc.

Aperçu légèrement esquissé de chacun des coins d'un paysage connu, aimé, ou que l'on voudrait faire connaître.

Un mot sur un projet, une question, une préoccupation, un événement que l'on sait devoir intéresser.

Une énumération de petites demandes qui toucheront, feront plaisir, etc.

De l'abbé Perreyve à son père, après son examen passé :

Tu es pour beaucoup plus de moitié dans mon succès, mon bon père ; je serais injuste de ne pas le reconnaître et je me priverais d'ailleurs d'une pensée bien douce. Mettons que mon bon ange y soit pour l'autre moitié, et ainsi je pourrai me réjouir à mon aise sans orgueil... Adieu ! je pars immédiatement pour retrouver ma sœur à Pau. Ne vous inquiétez pas, je suis content et infiniment plus pour vous que pour moi.

A une personne vénérable par l'âge :

Mille respects, respectueux et dévoués pour Mme votre mère, respectueux et fraternels pour vous. Le mot de respect est si beau, que j'aime mieux le répéter que le remplacer.

Les formules de la Terminaison ont aussi leurs règles :

Beaucoup plus larges aujourd'hui.
Cependant quelques-unes subsistent.

Ne pas oublier les termes de respect dans les lettres à ses parents, ou aux personnes au-dessus de nous.
« Je vous embrasse respectueusement et de tout cœur. »

« De toute mon affection respectueuse je vous embrasse. »

Formules **très courantes :** Veuillez agréer l'expression de	mon affectueux souvenir. toute mon affection. ma vive gratitude. mes remerciements. mes sentiments respectueux. mon reconnaissant respect. ma reconnaissance. mon profond respect.

On ne peut dire « expression de mon dévouement » qu'à une personne à laquelle on peut donner quelque chose, soit à quelqu'un au-dessous de soi par l'âge, la situation, soit à quelqu'un à qui l'on est en mesure de rendre service.

Une jeune fille, une dame offre *à un monsieur* sa considération distinguée, ses remerciements.

A un prêtre : son profond respect.

A un évêque, on parle à la 3ᵉ personne : Daigne Votre Grandeur accepter l'hommage du profond respect avec lequel je suis,... etc.

Ne pas oublier *d'offrir son respectueux souvenir aux parents* de ses petites amies, à la supérieure d'un couvent si l'on écrit à une des religieuses et qu'on connaisse la supérieure.

Devoirs.

1. Terminer une lettre de récits journaliers en style badin, joyeux.
2. — — — du dimanche quand rien de saillant ne s'est présenté dans la semaine.
3. — — — de consolation, en vous inspirant d'un des modèles lus, — au choix de chacune, etc.

LES LETTRES

LETTRES APRÈS UNE SÉPARATION

Soit séparation prolongée ou momentanée.

Ce qu'il ne faut pas dire : « Voilà huit jours déjà que je vous ai quittée; mais le temps passe tellement vite !... » (Cela aurait l'air de dire : vous ne m'avez guère manqué.) Ou autres choses de ce genre qui manqueraient de réflexion et de tact.

Ce qu'il faut dire : Regrets de ne plus se voir.
Souvenirs doux à rappeler.
Promesse de lettres, de prières, etc.

Eugénie de Guérin (Journal à son frère, 10 avril 1839) :

Huit jours, huit mois, huit ans, huit siècles, je ne sais quoi de long, de sans fin dans l'ennui depuis que je t'ai quitté, mon ami, mon pauvre malade !... Est-il bien ? Est-il mieux ? Est-il mal ? Questions de toujours et de toujours sans réponse. Ignorance pénible, difficile à porter, ignorance du cœur, la seule qui fait souffrir ou qui fait souffrir davantage. Il fait beau ; on sent partout le soleil et un air de fleurs qui te feront du bien. Le printemps, la chaleur vont te guérir mieux que tous les remèdes. Je te dis ceci en espérance, seule dans une chambre d'ermite, avec chaise, croix et petite table sous petite fenêtre où j'écris. De temps en temps, je vois le ciel et entends les cloches et quelques passants des rues de Nevers la triste...

Ozanam à sa mère (1831) :

Vous êtes bien bonne de vous inquiéter de mes soirées du dimanche. Le dimanche soir se passe souvent comme les autres

8*

jours, c'est-à-dire qu'après avoir causé une heure ou deux, je vais m'enfermer dans ma chambre, et je m'y désennuie comme je peux. Oh! je vous assure que vous me manquez bien, surtout dans ces moments-là, etc...

Ozanam à un ami.

... Grenoble est une jolie ville... Cependant Lyon vaut mieux quand on y a sa famille et ses amis.

Sous ce dernier rapport, tu me fais ici un grand vide. Où sont nos longues conversations, nos jérémiades faites en commun et qui se terminaient toujours par quelques paroles d'encouragement et d'espérance. Où sont nos promenades du soir, nos châteaux en Espagne, nos folies d'étudiants? Ici les vacances présentes ne ressemblent point aux vacances passées. La crainte du choléra avait glacé les esprits à notre arrivée; on est resté isolé et sauvage, point de dîners d'amis, point de parties de campagne.

Adieu En attendant l'accolade fraternelle, reçois de moi la promesse tant de fois renouvelée d'être toute ma vie ton fidèle ami.

Lettre de **Pica**, après le départ de son maître (*dans les lettres de Mme J. Lavergne, alors J. Ozaneaux*) :

Mon bon et cher maître,

Tu ne peux te figurer comme je m'ennuie de ne plus te voir. Je reste à la maison toute la journée. Dès que je vais un peu sur la porte, tout le monde crie après moi, et si je n'avais pas mes maîtresses à lécher, mes os à ronger, mon petit maître à mordre et mes chats à poursuivre, je crois que je mourrais de chagrin. Quelquefois je rêve si profondément à ma douleur, que sans m'en apercevoir je fais des trous dans ton jardin. Pour comble de malheur, maîtresse oublie souvent de me donner mon dessert et on m'empêche d'aller sur les lits sous prétexte que j'ai des puces.

Quand donc, ô mon maître, cesseras-tu d'habiter cette maison poudreuse et roulante traînée par de grandes bêtes féroces? Quand finiras-tu de parcourir ces tristes habitations remplies de chiens habillés tout tachés d'encre, à qui l'on apprend à parler

sans leur donner de sucre ?... Reviens vite ; tu me mèneras promener dans les bois et nous aurons tous deux beaucoup de plaisir. Rapporte-moi du sucre, je t'en prie ; et quand même tu
verrais des chiens bien plus beaux que moi, n'en aime aucun
plus que

Ta fidèle
Pica.

LETTRES DE BONNE ANNÉE

Faut-il dire : « Quelle ennuyeuse invention ? »
Non, pour deux raisons :

1° *Les lettres de bonne année sont une tradition* née
de nobles sentiments : de la reconnaissance, de l'affection, etc. ; et nous sommes d'une race qui respecte et
garde les traditions.

2° *Les lettres de bonne année sont plus faciles que
toute autre.* Impossible d'affirmer : « Je n'ai rien à
dire. » Il y a au moins les vœux.

Peut-on faire facilement une lettre de bonne année ?

Certainement ; il suffit, ou d'être inspirée, et la
lettre coule de source ; — ou de réfléchir à quelques
moyens.

A qui s'adresse la lettre ?

Est-ce à quelqu'un à qui j'écris seulement chaque
année ? Alors : vœux, quelques souvenirs du passé,
désir de se revoir, petit aperçu de mon année, demande
de nouvelles.

Est-ce à quelqu'un à qui j'écris de temps en temps ?
Même genre de lettre ; mais nouvelles plus détaillées.

Est-ce à quelqu'un à qui j'écris souvent ? Lettre

ordinaire, dans laquelle les vœux prennent place, ou, au contraire, forment le sujet unique.

Où placer ses vœux dans la lettre?

Dès le début, si la lettre est adressée à quelqu'un que l'on respecte beaucoup; à la première page autant que possible.

Dans le courant de la lettre, si la distance est moins grande entre les deux personnes.

Au début, dans le courant, ou même à la fin pour des égaux.

Comment exprimer ses vœux?

Simplement, sans prétention ridicule.

Avec tact : sur un ton plus respectueux, ou au contraire plus gai, plus spontané que de coutume, suivant les personnes auxquelles on écrit.

Cordialement, ne se contentant pas d'une phrase banale, mais trouvant dans la délicatesse de son affection le vœu spécial pour telle personne, — telle année, — après tel événement.

Comment continuer sa lettre?

Parler de soi, ou par un aperçu d'ensemble de l'année écoulée, ou par le récit d'une journée plus saillante.

A une tante Carmélite, on racontera une fête religieuse, la procession du Saint Sacrement (avec un abrégé du reste).

A un grand-père qui écrit, on parlera de littérature, des classes de style, de ses progrès, etc.

Parler de la personne à laquelle on écrit : « Je sais que... et j'en suis heureuse... ou si triste avec vous... » — Quelques questions sur les uns ou les autres; mot délicat pour chacun.

Comment finir?

Revenir aimablement sur les vœux avant d'achever sa lettre.

Ozanam à sa mère (lettre uniquement sur la bonne annnée :)

J'ai laissé passer inaperçue la douce solennité de l'enfance, ce 6 décembre, la journée du bon saint Nicolas, que nous fêtions naguère de si bon cœur. Je ne m'en suis souvenu que le lendemain, et je me suis souvenu aussi qu'il y avait un terme à toutes ces joies enfantines, et que les plaisirs naïfs, domestiques, ne sont point pour celui qui vit dans l'isolement de la capitale.

Ainsi *je verrai passer le jour de l'an*, ce jour tant aimé ; je le verrai célébrer autour de moi par une famille heureuse, un bon père, accablé de caresses, près d'un foyer où je ne m'asseois qu'à titre d'hospitalité. Je verrai tout cela et je songerai que moi aussi j'ai un excellent père, que j'ai une mère chérie et des frères bien-aimés, et que je ne les embrasserai pas.

Voici Noël qui approche ; je prierai pour vous, vous prierez pour moi. Dieu nous entendra tous deux ; il nous donnera force et courage, son règne nous arrivera, et quel que soit l'avenir, nous marcherons d'un pas ferme vers les destinées qui nous attendent.

Perreyve à un ami :

Mon cher ami, je travaille beaucoup en ce moment. Pardonnez-moi, je vous en prie, si j'ose vous envoyer ce petit papier,... il ne vaut guère qu'une simple carte de visite. Cependant je me hâte de lui donner quelque droit à votre indulgence en y déposant *mes embrassements d'ami pour le jour de l'an et l'assurance* que je pense beaucoup à vous. *Veuillez croire* que pendant tous ces jours si malheureux je me suis considéré comme constamment avec vous, avec Charles, avec mes amis. J'ai conversé avec vous malgré la distance qui nous sépare de vous tous et, par la pensée du moins, je n'ai pas été seul. Recevez, je vous prie, l'assurance renouvelée de mon affection, etc...

Ozanam à M. Ampère, 1853 :

(Après récit de son voyage.) Vous voyez donc que j'ai reçu votre bonne lettre, et je la compte parmi les plus aimables *surprises de la nouvelle année*. Vous m'attendiez patiemment à la poste de Pise, et pendant que je me croyais dans une ville étrangère, je trouvais le meilleur des amis. Vous avez le secret d'être bon pour tous : ma mère, ma femme et jusqu'à petite Marie étaient ravies de la part que vous leur faites dans vos souvenirs.

(Il parle ensuite des multiples occupations de son ami.)

Dieu vous a tout donné pour mener (tout cela) à bonne fin ; il y ajoutera ce qu'il se réserve de nous donner jour à jour : le temps et la santé. *C'est l'un de mes vœux du nouvel an ;* joignez-y le souhait très vif de vous revoir et de reprendre avec vous ces entretiens d'où le cœur sort aussi content que l'esprit.

LETTRES DE CONDOLÉANCE

Si l'on est ému soi-même, la lettre se fera d'elle-même, dictée d'une manière très sûre par le sentiment.

Si l'émotion est moins sensible, se rappeler que, pour consoler, il faut :

a) *partager* la douleur ;

b) *faire monter* tout doucement aux pensées d'espérance, à la confiance quand même entre les mains de Dieu, seul vrai consolateur.

c) *parler de celui que l'on a perdu* avec éloge, mais avec tact, sans exagération.

Dans la *forme,* choisir ses expressions suivant les circonstances.

Éviter les mots qui éveillent trop la douleur ; ne pas dire, par exemple : « Maintenant qu'il est mort ;... » mais : « Maintenant qu'il nous a quittés pour le ciel... Maintenant que le bon Dieu l'a rappelé à Lui, » etc.

Éviter aussi les mots qui forment trop constraste avec la douleur, comme le mot « plaisir ».

S'il s'agit d'un grand chagrin, *ne pas parler d'autre sujet :* on est incapable alors de penser à autre chose.

Exprimer ses pensées *très simplement ;* la prétention serait encore plus déplacée ici qu'ailleurs.

Mgr de Ségur aux parents d'un petit enfant mort à dix ans :

Notre petit René n'est donc plus avec nous, cher monsieur! Que votre douleur et celle de Mme X*** serait amère et profonde, et désespérée, si vous n'aimiez assez ce cher enfant pour vous réjouir dans la foi de sa délivrance et de son bonheur... Il a vécu en J.-C. avec une fidélité admirable ; il est mort en J.-C., n'ayant à offrir au jugement de son Dieu qu'une âme innocente et douce, plus que purifiée des fautes légères,... puis de longues souffrances, une fervente piété, un tendre et vif amour du Sauveur et un esprit de foi gage d'une prédestination certaine. Ne pleurez donc pas trop, mon bon et cher ami, vous êtes chrétien avant que d'être père, et René est dans le ciel de N.-S., plus heureux certes qu'il n'eût jamais pu l'être dans la maison paternelle ici-bas. Bientôt nous irons tous le rejoindre, car la vie passe vite. En attendant, servons Dieu avec un redoublement de courage, restons unis à notre petit René en N.-S. J.-C., que nous portons en nous et en qui repose éternellement le cher enfant.

Depuis dix ou douze jours, je dis la messe chaque matin pour lui et pour vous tous; je vais continuer pour lui la messe d'actions de grâces et pour vous la messe et la prière de la consolation. Ma mère me charge de vous dire qu'elle prend une part bien vive à vos douleurs et qu'elle se joint à moi dans la prière pour René et pour vous.

Id. à l'anniversaire :

Comme les années passent sur nos peines et nos douleurs! Elles les émoussent sans les détruire. Nous nous y habituons; mais voilà tout!... Voici votre Vendredi saint annuel, le jour de votre sacrifice et aussi le jour de la délivrance de ce cher petit enfant de Dieu. Votre fils est entré aujourd'hui dans son repos éternel, et du fond de la vraie vie il nous attend, nous voit et nous appelle. Cher petit René, lui qui nous aimait tant sur la terre au temps de l'imperfection, combien doit-il nous aimer maintenant dans le ciel, où tout est parfait, surtout la charité et l'amour... Je charge mon petit René, devenu l'ange gardien de la famille, de vous dire au cœur ce qui peut en ce moment vous consoler, et je vous prie de recevoir, etc...

L'abbé Perreyve à un ami d'enfance :

Je n'ai pas besoin de te dire combien ta lettre m'a apporté de peines et de regrets. Je voudrais en ce moment être auprès de toi pour te donner quelques-uns de ces témoignages d'amis qui adoucissent les chagrins trop douloureux.

Tu as raison de le dire, Stéphen, ceux qui restent sont plus à plaindre; et bien assurément, si l'on doit abandonner son âme à une forte et sainte espérance, c'est après la mort de chrétiennes comme ta bonne mère. Elle recueille maintenant les fruits de cette vie pieuse, douce, bienfaisante, comme tu la voyais depuis ton enfance, comme nous l'avons tous connue, et si Dieu lui permet de tourner encore quelque chose de son cœur vers la terre, tu sais, mon ami, que c'est vers toi, autour de toi et pour toi, que ce cœur vit et veille avec amour. Ne dis donc pas, Stéphen, que tu es maintenant sans famille; ta famille, tes parents, ton père et ta mère sont plus haut que la terre, mais ils vivent, ils t'aiment, ils te voient. Quand tu leur parles, avec la permission de Dieu ils t'entendent... On ne perd pas ceux qu'on aime quand ils sont endormis dans le Seigneur.

A Dieu ne plaise que je prétende par ces faibles paroles te donner des consolations; non, je sais qu'il n'en est pas pour de telles douleurs, et que le temps seul, avec la main de la Providence, peuvent y apporter quelque remède. J'ai seulement voulu faire ce que j'aurais fait si j'avais été près de toi : t'embrasser comme un vieil ami, te montrer celle qui n'est plus ici près de toi, heureuse et récompensée là-haut,... te la montrer comme un ange gardien,... te persuader qu'elle te parle encore, et t'encourager à écouter cette voix, vraiment semblable dans le fond de ton âme à celle de Dieu. Oui, mon bon ami, laisse-moi te le dire, quand tu entendras dans ton âme l'écho d'un bon désir, d'une bonne inspiration, d'une résolution généreuse, écoute-le : c'est la voix que tu aimais.

Pour moi, je n'oublierai jamais ta bonne mère ; je sais qu'elle m'a aimé et qu'elle a souvent prié pour moi. Je suis tenu envers elle par une dette de reconnaissance, et je veux la lui payer par la perpétuité de mon souvenir. Je t'embrasse. Quand tu seras à Paris, viens vite me voir ; tu verras que Dieu a su placer près de toi des cœurs capables de t'aimer. Je suis ton vieil ami...

LETTRES AVEC UN ENVOI

Mgr Gay à son beau-frère (1838) :

J'envoie par toi à Céline une petite fleur que j'ai cueillie hier au sommet du grand Saint-Bernard, près de l'endroit où s'élevait autrefois un temple de Jupiter et où s'élève aujourd'hui une grande croix, à un quart de lieue du célèbre hospice, dans un endroit bien aride, bien désert, et où pourtant j'ai trouvé une multitude de ces petites fleurs, ce dont j'ai été tout joyeux. Donne-lui ce souvenir en même temps qu'un bon baiser, et qu'elle garde ma petite fleur ; je serai bien aise de la revoir à mon retour.

Maman, à qui j'écris, te donnera de nos nouvelles et te dira nos projets. Si tu savais, mon bon frère, comme nous parlons souvent de vous. Là où nous sommes ravis, nous ne manquons jamais de dire : « Si Paul et Céline étaient là ! »

Ozanam à sa petite fille Marie en lui offrant un éventail :

Prends-le pour remplacer les deux ailes légères
Que portent dans le ciel les chérubins tes frères,
Et qui te défendraient des ardeurs du soleil
Où te rafraîchiraient d'un mouvement pareil.
Mais lorsque Dieu te fit petit ange sur terre
Pour essuyer les pleurs dans les yeux de ta mère,
Je demandai pour toi tous les dons précieux
Dont l'Esprit-Saint revêt les anges dans les cieux.

Pour toi je demandai leurs grâces immortelles,
Leur foi, leur pureté, tout... excepté leurs ailes,
De peur qu'il ne te vînt quelque jour le désir
De retourner là-haut sans nous... et de t'enfuir.

L'abbé Perreyve à sa famille :

Cher bon Père, chère Mère, chère Sœur,

Je vous embrasse et vous souhaite la plus aimable, la plus agréable, la plus fortunée des années. Vous devez recevoir en même temps que cette lettre une petite caisse contenant un beau bouquet de roses. Ces jolies roses, je les ai cueillies moi-même tout à l'heure aux buissons du jardin, et le jardinier les a fraîchement arrangées comme vous verrez. C'est hardi d'envoyer des roses vers vos frimas, c'est même un peu cruel d'arracher ces frêles petites au chaud et royal soleil qui les illuminait pour les donner à vos brouillards. J'ai pesé tout cela ; mais le désir de vous faire plaisir l'a emporté sur la pitié. D'ailleurs, sentant combien je voudrais être auprès de vous, même au risque d'avoir froid, j'ai pensé que mes roses étaient trop heureuses et j'ai cessé de les plaindre.

... J'ai reçu tous vos cadeaux. Merci des petits calendriers, qui m'ont montré de loin le mois de mon ordination, le mois de mai qui sera, si Dieu le permet, le plus beau de ma vie. Merci !... Je charge mes roses d'être aimables à leur tour. Adieu ! Je vous aime !

Devoirs.

Envoyer à ses parents les premières violettes trouvées dans une promenade.

Envoyer un bébé jumeau à une petite amie.

Envoyer une statue de saint Louis de Gonzague à une première communiante.

LETTRES DE DEMANDE

1° *Se rappeler à qui on s'adresse :* savoir entourer sa demande de respect, d'excuses, de louanges très discrètes, ou d'affection, de l'assurance que l'on a d'obtenir, etc.; suivant les personnes.

2° *Que la lettre soit plutôt longue*, persuasive, détaillée, insinuante, et d'autant plus que ce qu'on demande est plus difficile à obtenir.

3° *Exprimer d'avance ses remerciements.*

H. Violand à H. Bordeaux pendant la Grande Guerre :

... Comme je comprends et comme j'admire la vie depuis qu'à trois ou quatre reprises j'ai été si près de la perdre, depuis que j'ai eu à côté de moi tant de morts magnifiques! Quelque culte dont j'entoure maintenant la vie, la belle vie pleine d'action, je suis prêt bien entendu à tous les sacrifices qu'il plaira à Dieu de me demander pour la gloire de mon pays. Et ensuite, si j'en reviens, quelle belle période d'activité! avec quelle joie je reprendrai les études délaissées!

Mais ne pensons pas à cela encore. Pour le moment, je dois me souvenir que je suis commandant de compagnie, que les nuits commencent à être vraiment longues et froides dans la tranchée. Songez que les petits postes que nous envoyons restent dehors accroupis derrière un buisson de 5 heures du soir à 6 heures du matin, 13 heures sans bouger! J'ai su, rue Garancière, que vous vous occupiez de réunir des vêtements chauds pour nos hommes. Bien peu d'entre les miens sont pourvus de chandails. Quelques-uns à peine ont des caleçons un peu chauds. Les capotes et les pantalons s'usent, s'amincissent; il faudrait que tous aient de bons effets de dessous. Nos hommes, dont la plupart sont des régions envahies, ne reçoivent rien de chez eux.

Vous voyez où je veux en venir... Pourriez-vous, mon capitaine, me faire envoyer, pour mes bons réservistes et mes petits jeunes, quelques effets bien chauds?... Je n'ose pas vous dire ce qui nous en manque; un état que je viens de faire établir m'a effrayé. Nous n'avons ni gants, ni cache-nez, ni tricots de laine. Les chaussettes auraient toutes besoin d'être renouvelées. De chandails, 150 de mes hommes n'en sont pas pourvus; et c'est cela le plus pressé : les chandails, puis les caleçons. Les gants sont bien utiles aussi, car ce n'est pas drôle de veiller toute une nuit sans bouger, les mains nues, battues par la pluie et le vent, serrant le fusil qui brûle à force d'être froid... Et les cache-nez pour s'emmitoufler!...

Enfin, vous voyez, mon capitaine, que nos besoins sont grands. Vous me rendrez bien heureux en m'envoyant quelques objets, le plus possible !

Vous voudrez bien excuser le format et la propreté du papier que j'emploie. C'est tout ce qu'il y a de plus administratif, et comme je vous écris de ma tranchée, les mains terreuses, un peu de poussière soulevée par les obus dont nos vis-à-vis nous gratifient vient boire mon encre à mesure que j'écris. Le bombardement augmentant d'intensité et paraissant nous viser spécialement, je me vois obligé de vous quitter un peu précipitamment pour veiller à ce que rien ne se produise.

Veuillez trouver ici mon capitaine, l'expression de mon respectueux et dévoué attachement.

Devoir préparé.

Placer des billets de loterie pour une œuvre d'orphelins.

A. *Commencement.* 1º Beaucoup d'œuvres autour de nous; intéressant de s'y mêler, à une surtout : les orphelins.

2º J'aime beaucoup les loteries. Et vous?... Il y en a ici des quantités; la mienne est la plus belle (détail de quelques lots), la plus avantageuse (tous les numéros sont gagnants), etc...

3º Me voici quêteuse... Vous ne me refuserez pas; si vous n'étiez pas si loin... Oui, j'ai quelque chose à vous demander.

B. *Corps de la lettre.* Tableau de ce qui est fait déjà pour les orphelins; de ce qui leur manque : pain,... charbon,... etc... Faire leur portrait rapidement. Cela fera plus tard de bons petits soldats français; mais il leur faut pour cela rester sur terre. Ils ne peuvent se passer de nos aumônes...

C. *Fin.* Je sais à qui je m'adresse en frappant à votre porte;... aussi permettez que d'avance je vous remercie (affection... ou respect...). — Eux aussi, ces petits, vous remercieront. Comment?...

Devoirs non préparés.

Demander un peu d'argent, — qu'on vous envoie une auto pour le-retour, — la permission de prendre des leçons de dessin, — un livre oublié, — un parapluie neuf, — etc...

LETTRES DE REMERCIEMENT

Deux écueils :

1° *Exagérer* comme : « Jamais pareil objet ne s'est vu... Je vous promets une reconnaissance éternelle... Ce papier à lettres est sublime de finesse... » Il faut parler simplement.

2° *Remercier trop courtement ou trop froidement.* Il faut avoir un mot aimable pour le donateur, — parler agréablement de ce qu'on a reçu, — ne pas oublier l'intention qui doit toucher plus que le présent, et sur laquelle on peut toujours se rejeter si on était dans l'impossibilité de faire valoir le don.

Le tact se retrouve dans toutes les espèces de lettres : on doit bien regarder les circonstances, entrer un peu dans la pensée et le cœur des autres pour sentir ce qu'y produira notre lettre. A quoi s'attendent-ils de ma part? Il faut leur donner un peu davantage.

Ainsi, ne pas écrire à une personne qui vous est supérieure :

« Vous êtes bien bonne de m'avoir écrit. Je ne m'y attendais pas... »

Mais :

« Vous êtes bien bonne de m'avoir écrit. Je n'aurais pas osé m'y attendre, bien que plus d'une fois déjà vous m'ayez réservé des surprises très douces de ce genre... »

Théophane Vénard à sa famille (il écrit du séminaire) :

Que je vous aime tous ! Que vous êtes aimables de m'envoyer tout ce que je vous demande ! J'ai dit : « Des manchettes me seraient utiles, » et les manchettes sont venues me couvrir les bras ; — « Des rideaux me seraient agréables, » et je les vois décorant mes fenêtres. J'ai dit : « L'argent me manque, » et l'argent s'est présenté. Bien plus, on prévient mes désirs, et rien ne manque plus à mon petit ménage. Encore une fois, grâces vous soient rendues ! Merci ! Une chose cependant me manque : c'est le temps, un petit quart d'heure pour vous dire encore : « Merci ! » et puis encore : « Merci ! »

Louis Veuillot à Mme Lavergne, qui lui avait envoyé une plume d'aigle, réalisant un désir exprimé dans *Çà et là*.

Madame,

J'ai eu la témérité de vouloir tailler la plume d'aigle, Madame. Elle ne se laisse pas faire facilement. L'ayant pourtant taillée, je la prends pour vous écrire ; elle résiste, crache sur le papier et s'emporte en effroyables zigzags avec un bruit de tonnerre. Je vois que le bon Dieu n'a pas donné des plumes à l'aigle pour servir à mon métier. Quand j'aurai fini cette lettre, je mettrai ma plume dans un coin, et elle restera pour toujours en jouissance de son oisiveté royale ; mais cette fois-ci, elle servira. Obéis, plume d'aigle, et fais la révérence à Mme Lavergne, qui m'a donné du verre de ses fourneaux, des œufs de sa poule, des plumes de ses aigles et qui n'a oublié que de me donner du génie pour la remercier comme il est juste...

A présent, plume d'aigle, dites à Mme Lavergne que je suis son très humble serviteur, et couchez-vous.

Ozanam à M. Ampère.

Paris, 23 novembre 1844.

Monsieur et bien cher ami,

Je viens vous apprendre la grande nouvelle. Enfin samedi, à 2 heures, M. le ministre de l'Instruction publique a signé ma nomination. Assurément nous attendions cette conclusion comme un grand bonheur, et toutefois il faut vous confesser que notre joie a été beaucoup plus vive encore que nous ne l'avions pensé... Je savais bien, et Dieu nous en avait fait faire assez l'expérience, qu'on avait besoin de ses amis dans la tristesse; mais nous ne savions pas qu'on en avait tant besoin dans le bonheur. Nous nous en apercevons assez au vide que nous fait votre absence, et c'est pourquoi j'ai voulu vous dire longuement et fraternellement, comme vous l'aimez, tout ce que nous avons ressenti... Il faut que vous jouissiez un peu de ce que vous avez fait, vous qui, après Dieu, êtes l'auteur de cette prospérité, vous qui m'avez pris comme un frère dans la maison de votre saint et glorieux père, qui m'avez mis en chemin, qui m'avez conduit d'épreuve en épreuve et de degré en degré jusqu'à cette chaire, et qui avez fait peu à peu par vos exemples, par vos conseils et enfin par votre généreux désintéressement toute ma vocation littéraire. Je vois aussi tout ce que m'imposent de si grands bienfaits. Vous m'aiderez à ne point m'en rendre indigne : je veux que vous n'ayez jamais à regretter votre ouvrage. Mais ce que je veux dès à présent, c'est qu'à ce premier rendez-vous où vous allez trouver les lettres de vos amis, vous trouviez aussi mes tendres, mes chaleureux remerciements...

Adieu, monsieur et cher ami. Que vous dire encore, sinon que nous vous aimons non seulement ma femme et moi, mais mes frères avec qui tout m'est commun, mais notre famille de Lyon tant affligée de n'avoir pu vous voir au passage pour vous remercier, mais tous mes amis qui savent et qui admirent tout ce que je vous dois.

Votre ami, votre heureux ami.

Devoir.

*Remerciez après avoir reçu une boîte de fruits con-
fits, une « semaine sainte » et un stylographe.*

Supposons : 1º Un remerciement général pour tout l'envoi ;
2º parler du donateur ;
3º de ce qu'il connaît bien la destinataire ;
4º prendre chaque objet en particulier ;
5º mettre en relief les ressemblances des trois
objets ;
6º mettre en relief les différences ;
7º trouver un adverbe pour remerciér des trois
ensemble, — et trois adverbes pour remercier de chacun en particulier ;
8º ce qu'on pensait de vous en vous envoyant
cela ;
9º ce qu'on verra désormais en action de grâces ;
10º ce qu'on peut voir dès aujourd'hui.

LETTRES DE CONSEILS

Qualités : Justesse, tact, à propos, affection.

Surtout *si l'on n'a pas d'autorité directe*, il faut y
mettre une grande délicatesse, effleurer plutôt que
toucher.

Ou bien : se mettre soi-même dans la catégorie des
personnes qui ont besoin de ce conseil : « Que j'aurais
besoin de mettre en pratique ce conseil et combien
d'autres avec moi !... Ne trouvez-vous pas qu'il est de
notre rôle de donner l'exemple en cela ? »

Ou : parler à l'impersonnel : « Quel utile conseil
que... et qu'il conviendrait bien à notre époque... »

Ou : citer tel trait, telle parole ; puis : « Dieu fasse
qu'on en puisse dire autant de nous,... » etc.

Quand on a autorité, il faut y aller plus simplement ; mais que l'on sente l'affection, surtout s'il y avait reproche implicite.

Mme **J. Lavergne** à son fils Noël (24 octobre 1872) :

Lorsque le fils de M. de L., aspirant de marine, fut envoyé en Crimée, le premier service qu'il eut à faire fut de soigner les cholériques. Il écrivait à son père : « Je frictionne jour et nuit les malades. Je ne m'attendais pas à braver la mort sous cette forme-là ; mais qu'importe ? Je frotte de toutes mes forces, gaiement, pour montrer à mes camarades que les serviteurs de la sainte Vierge n'ont pas froid aux yeux. » Je conterai cela à ***, si par hasard il ose dire devant moi un mot de ses craintes du choléra. Ces petits jeunes gens qui veulent être officiers, et qui ont peur de ceci, de cela, et le disent, méritent d'être secoués. (*Conseil indirect et final après un exemple.*)

Ozanam à un ami *qu'il veut convertir* :

(Il lui parle d'abord d'un ancien condisciple auquel tous deux s'étaient intéressés, puis :)

Vous avez été bien bon, bien généreux, cher ami, pour cet ancien condisciple ; il en sera reconnaissant et priera pour vous. Et moi aussi, tout indigne que j'en suis, je prierai pour vous, puisque vous le voulez. Ah ! que vous me rappelez de touchants souvenirs !

Non, je n'ai pas oublié la douceur de cette nuit de Noël, non plus que tant de bons entretiens avec vous et Lallier, tandis que jeunes et épris de la vérité seule nous conversions ensemble des choses éternelles. Laissez-moi vous le dire, cher ami, dès lors nous nous apercevions avec une certaine tristesse que le doute s'introduisait dans vos pensées ; mais nous vous savions l'esprit si droit, le cœur si élevé, que nous étions sûrs de voir un jour ou l'autre l'épreuve tourner à votre bien, et votre âme revenir à la tranquillité de la foi... Qui sait si le moment n'est pas venu ?... Vous avez cherché dans la sincérité de votre cœur à résoudre vos difficultés, et vous n'êtes pas arrivé au bout.

Mais, mon cher ami, les difficultés de la religion sont comme celles de la science, il y en a toujours. C'est beaucoup d'en éclaircir quelques-unes; mais aucune vie ne suffirait à les épuiser.

Ah! mon ami, ne nous perdons point dans des discussions infinies. Nous n'avons pas deux vies, l'une pour chercher la vérité, l'autre pour la pratiquer. C'est pourquoi le Christ ne se fait pas chercher, il se montre tout vivant dans cette société chrétienne qui vous environne; il est devant vous, il vous presse. Vous allez avoir bientôt quarante ans; il est temps de vous décider. Rendez-vous à ce Sauveur qui vous sollicite. Livrez-vous à sa foi comme s'y sont livrés vos amis, vous y trouverez la paix.

Vos doutes se dissiperont comme se sont dissipés les miens. Il vous manque si peu pour être un excellent chrétien, il vous manque seulement un acte de volonté : « Croire, c'est vouloir. » Veuillez un jour, veuillez aux pieds du prêtre qui fera descendre la sanction du ciel sur votre volonté chancelante. Ayez ce courage, cher ami, et cette foi que vous admirez chez notre pauvre ami, qui le console dans un si grand malheur, viendra ajouter sa douceur infinie à votre prospérité.

Soyez heureux et chrétien, c'est le vœu de votre ami.

Devoirs.

A un frère qui a pris pour devise : Tout ou rien.
A une jeune élève en larmes pour la moindre chose.
A une bachelière qui n'est d'aucun secours à la maison.

Conseils directs ou portrait dont on tire une conclusion *ad hoc*. Voir les lettres avec portrait, p. 263.

LETTRES DE REPROCHES — D'EXCUSES

Qualités de ces lettres : Vérité, modération, cœur qui fait tout accepter ou tout pardonner.

Ne pas oublier que le reproche par lettre doit toujours être plus adouci que de vive voix. (Les paroles s'envolent, mais les écrits restent.) Y ajouter quelques encouragements, la remarque de telle et telle bonne chose et de l'intention qui excusent un peu.

Ozanam (1839) :

... Vous me parlerez des douceurs de la vie domestique ; mais, mon cher ami,... cet égoïsme... est-il bien de saison ? La société est-elle si heureuse, la religion si honorée, la jeunesse chrétienne si nombreuse et si active, ceux qui travaillent au bien général si désœuvrés, que vous soyez en droit, avec le talent que Dieu vous a donné, avec les connaissances et les encouragements dont vous avez été entouré, avec cette voix qui sûrement au fond du cœur vous appelle à l'œuvre, de vous retirer comme un ouvrier fatigué qui a porté déjà le poids du jour et de la chaleur ? N'avez-vous donc jamais pris au sérieux tout ce que vous avez dit, écrit, ou fait, tout ce que vos amis ont écrit ou tenté avec vous ? Désespérez-vous de la régénération du pays, de l'amendement des idées ? Ou bien désespérez-vous de vous-même, c'est-à-dire de Dieu qui vous a créé, racheté, sanctifié ? Vous avez de la peine à trouver votre place ici-bas ; et qui n'en peut dire autant ? Est-ce une raison pour justifier le suicide ? Et n'est-ce pas un suicide, quand on est ce que vous êtes, d'aller à M... planter des choux ?

Je vous en prie, allez voir Montalembert... J'ai lieu de penser qu'il vous entretiendra de projets capables... de tempérer un peu le désœuvrement intellectuel où vous êtes... Avez-vous complètement abandonné votre projet d'une « histoire du Droit canon » ? J'en serais fâché.

Excusez les sermons d'un homme qui n'en fait que parce qu'il en a besoin lui-même.

Envoyez-moi le plus tôt possible le dernier procès-verbal de la Société de Saint-Vincent de Paul.

Ne vous fâchez pas de la brièveté et du désordre de cette lettre. Elle est écrite en mauvaise compagnie, je veux parler du mal de tête qui n'a cessé de m'assiéger ce soir.

Portez-vous bien, je puis apprécier le mérite de ce conseil et vous le garantir.

Croyez-moi pour la vie : Votre ami.

Mme J. Lavergne, encore enfant, à son père
(1839). — Réponse à une lettre de critique :

Nous avons reçu ce matin ta lettre du 4 mai. Tu es bien
bon, et moi je suis honteuse de ce malheureux mot : Orthographe ! Ennuyeuse orthographe, je croyais te connaître et
j'écrivais ton nom sans h. Justement, avant-hier, je relisais une
bonne lettre que tu m'écrivais l'an passé, et j'y vis le même
reproche. Je suis si honteuse, que je vais bien vite laisser là ce
chapitre.

Devoirs sur les lettres d'excuses.

1º Parce qu'on a attendu trop longtemps pour répondre.
2. Parce qu'on a manqué à un rendez-vous.
3º Parce qu'on a égaré un objet prêté.
4º Parce qu'on a donné une fausse indication.
5º Parce qu'on a appris que tel procédé avait peiné.
6º Parce que, par mégarde, on a emporté un objet qui n'était
pas à soi ; par exemple, le parapluie de sa petite amie, et laissé
le sien.

LETTRES DE FÉLICITATION

Comment félicite-t-on ?

Avec délicatesse, mesure, sans exagération de forme
ou de longueur. Une félicitation est un compliment :
trop délicat, il n'est pas compris ; — exagéré, il blesse
ou il n'est pas cru ; — un peu froid, il ferait croire à
la jalousie ; — court, il ne contente pas ; — trop long,
il ennuie.

La place des félicitations dans une lettre est

analogue à celle des vœux de bonne année.

Quels sujets traiter ensuite dans une lettre de félicitation?

On peut tirer parti de tous, et en faire sortir encore, si l'on veut, une allusion qui soit une félicitation.

Ainsi, à un *officier décoré*, on peut parler de l'impression que fera toujours une croix de guerre, puis d'un livre qu'on lit en ce moment sur la Grande Guerre, etc.

A *un malade guéri*, des inquiétudes transformées en joies, de l'avenir plein de promesses, des pèlerinages et miracles à Lourdes, etc.

Ozanam à M. Dufresne (1851) :

Mon cher ami, Pardonnez-moi d'avoir laissé si longtemps sans réponse l'aimable lettre où vous m'annonciez que Dieu vous faisait présent d'un second fils. Elle m'arriva dans un moment où j'étais bien chargé d'occupations; chaque jour je me promettais de vous écrire, et, toujours remettant, je suis arrivé jusqu'à cette époque des vacances où je serais inexcusable si je ne payais mes dettes. Or quelle dette puis-je acquitter avec plus de plaisir, puisque je dois commencer par des félicitations? Tout me fait espérer que Mme D... et ses enfants continuent de se bien porter, que votre santé s'est raffermie et que vous goûtez en paix ces joies de la famille qui sont la plus douce révélation et comme le sourire de la bonté divine...

Ozanam à M. Foisset (1853) : (réponse à une lettre de félicitation).

Monsieur et très cher ami, Quand on est à trois cents lieues des siens, sur une terre étrangère, qu'on y est souvent malade et un peu découragé, on trouve bien aimable la voix d'un ami. Mais si cette voix vous félicite et vous loue, faut-il avouer qu'on la trouve plus douce encore? Demandez-le à Mme Ozanam, et qu'elle vous dise le plaisir que nous a fait le *Correspondant* du 10 janvier, combien votre souvenir nous touchait dans cette solitude de Pise et comme notre amour-propre s'épanouissait au souffle caressant de vos éloges. Cependant, cher ami, laissez-moi vous le dire, c'était trop. Que le livre vous ait plu et que vous en fissiez la confidence au public, je devais vous en remercier tendrement. Mais ne dois-je pas vous gronder, comme chrétien, de tout ce que vous dites de l'homme, de cet homme que je connais mieux que vous, etc...

Ozanam à M. X...

Lyon, 4 novembre 1834.

Mon cher ami,

Votre lettre m'a comblé de joie. Cette joie, je ne l'ai point gardée pour moi seul ; je l'ai communiquée à quelques-uns de mes amis qui font partie de notre petite société et qui se trouvent ici en vacances. J'ai écrit sur-le-champ aux membres présents à Paris pour leur annoncer cette bonne nouvelle et avoir le rapport que vous demandez. Mais permettez-moi de vous féliciter dès à présent du bien que vous avez commencé et de celui que vous vous préparez à faire. Vous avez trouvé des collègues dignes de vous, vous avez un guide sage. Le champ est devant vous ; la misère y a tracé de larges sillons, vous y sèmerez des bienfaits à pleines mains, vous les verrez grandir et fructifier ; Dieu et les pauvres vous béniront, et nous que vous aurez surpassés nous serons fiers et joyeux de compter de tels frères. Le vœu que nous formions est donc accompli : vous êtes le premier écho qui ait répondu à notre faible voix. D'autres s'élèveront bientôt peut-être ; alors le plus grand mérite de notre petite société parisienne sera d'avoir donné l'idée d'en former de pareilles. Il suffit d'un fil pour commencer une toile ; souvent une pierre jetée dans les eaux devient la base d'une grande île.

Quand je serai à Paris, je vous donnerai quelques nouvelles littéraires. Ici, en vacances, je vis comme un Béotien et je ne travaille presque pas.

Adieu, mon bon ami, ne m'oubliez pas.

LETTRES D'INVITATION — D'ACCEPTATION
ET DE REFUS

QUALITÉS. Invitation : aimable, courte, pressante en certains cas, mais cependant avec modération, de crainte de gêner ses amis.

Acceptation : simple, claire, empreinte de joie et de reconnaissance.

Refus : si délicat que le refus ne blesse pas ; c'est le plus difficile.

L'invitation genre circulaire comprend seulement une formule polie, quelquefois à la 3e personne.

L'invitation par lettre amicale peut se faire, par exemple, à la fin d'une lettre :

Adieu, ma chère X..., ma mère désire extrêmement vous connaître. Nous comptons sur votre visite aux prochaines vacances...

Acceptation :

Avec quelle joie j'ai reçu ta gentille invitation ; j'ai demandé, j'ai supplié et j'arrive. Quel bonheur ! nous avons tant à nous dire ! Maman m'amènera elle-même, étant bien heureuse aussi de revoir quelques instants Mme X..., et puis elle me laissera quelques jours près de toi. Le retour s'organisera entre nos deux mamans.

Refus. Lorsqu'il y a une raison de refuser, rien n'est plus simple ; il suffit d'ajouter ses regrets. Cela devient difficile quand, sans autre raison que le désir de ne pas avoir de relations, il faut tout à la fois être polie, ne pas mentir et éviter une autre invitation.

Si l'on trouve quelque raison vraie, plausible, il faut s'en servir ; sinon tâcher de refuser sans donner de raison. Par exemple : s'étendre sur l'amabilité qui a fait inviter, sur les circonstances souvent contrariantes et sur l'embarras où l'on est de faire ce qu'on désire, ou ce qui ferait plaisir aux autres ; — ou encore donner de multiples raisons, de façon à décourager d'avance celle qui vous invite et qui pourra se dire : « Jamais toutes ces difficultés ne disparaîtront à la fois ; elle ne viendra pas !... »

Mme Lavergne (1866) :

Madame, Je serais bien ingrate si je tardais plus longtemps à vous remercier de l'aimable lettre que votre bon petit Paul a écrite à mon Noël et de l'invitation qu'elle rappelait. Nous en sommes tous reconnaissants, et cependant nous n'en profiterons pas.. Noël eût été très content d'aller à X... ; mais au moment où la belle couronne d'enfants qui entoure notre foyer va perdre sa plus belle fleur, je ne puis me résoudre à le laisser s'éloigner.

Depuis bien des années, ma fille Lucie voulait se faire religieuse... Le père a bien pleuré, mais Dieu appelle, il faut obéir... (Quelques nouvelles des uns et des autres.)

LETTRES DE RECOMMANDATION
ET D'AFFAIRES

CONSEILS. Ne pas faire de *lettres de recommandation* sans être bien sûre de ce que l'on avance.

Les écrire avec l'éloquence du sentiment : faire ressortir le talent, les mérites, les qualités de son protégé et tous ses titres à notre intérêt. Se faire touchante, persuasive ; user de la louange délicate ; assurer de sa reconnaissance.

Pour les *lettres d'affaires* : juste le nécessaire pour être clair, complet et poli. Ni préambule, ni transitions.

Comme début : « Auriez-vous l'obligeance... » — « Voudriez-vous m'expédier... »

Ne rien oublier : mesures, nombre, adresse, paiement.

Mme de Simiane (recommandation) :

Vous avez bon cœur, Monsieur, vous savez ce que c'est qu'un vieux et ancien domestique d'un père et d'une mère tendrement aimés. Voilà un pauvre vieillard affligé que je vous présente. Il n'était pas domestique, mais excellent sculpteur, qui a travaillé toute sa vie aux châteaux de Grignan et de la Garde ; c'est un ouvrier qui a été admirable et de pair avec les plus fameux. Il travaille encore à quatre-vingts ans qu'il possède ; au surplus bon et honnête homme. Ce père a un misérable fils qui le soulagerait dans sa vieillesse ; il s'est avisé de donner un soufflet à son sergent ; le voilà aux galères pour la vie. Il est venu à moi tout en larmes ; je lui ai dit l'impossibilité de revoir ce fils. Il le sait, il m'a montré cette lettre que je vous envoie de l'abbé de Suse, aumônier du roi. Je vous conjure, monsieur, de vouloir accueillir charitablement et cordialement ce pauvre homme, cela le consolera. Dites-lui que vous lui accorderez votre protection, et puis, dans la suite, nous verrons s'il y aurait moyen de le servir réellement. Il sera content de cela, et vous me ferez un plaisir sensible.

A des fournisseurs (affaires) :

Monsieur,

Voudriez-vous m'envoyer contre remboursement 8 pièces de ruban moire bleu pâle nº 21, 4 cols marins nº 4206, 2 chapeaux Jean-Bart nº 440 et un costume pour fillette nº 89 dont je joins les mesures à cette carte.

Croyez, Monsieur, à ma considération.

Monsieur,

Je n'ai rien reçu de ma commande faite à votre maison le 27 juillet; ne vous serait-elle pas parvenue? Veuillez m'en avertir ou presser l'envoi.

Croyez, Monsieur, à ma considération.

Monsieur,

J'aurais une commande de livres assez importante à vous faire, et vous serais obligée de m'envoyer au plus tôt votre catalogue avec les prix actuels, y compris la majoration.

Veuillez croire, Monsieur, à ma considération.

LETTRES AVEC DESCRIPTION

Voir la description, p. 189.

Après l'étude de la description, il faut la voir enclavée dans une lettre. Elle est alors en général : plus courte, plus alerte; quelquefois, si le sujet y prête : plus enjouée, et avec quelques retours aimables à l'occasion vers la personne à qui on écrit.

Lettre de **Mᵍʳ Gay** à sa sœur, en 1838, de Suisse (description de l'endroit où il écrit,... le soir) :

Chère sœur, je t'écris ce soir dans une très jolie, très petite chambre suisse, auprès du feu le plus réjouissant et le plus nécessaire, après avoir fumé deux pipes du plus excellent tabac turc, au bruit d'un torrent courant au milieu de notre belle vallée, en face de la plus magnifique cascade, le Staubach, qui tombe d'une roche de 900 pieds, ayant traversé aujourd'hui les plus charmantes campagnes, ayant causé beaucoup de Paris, de vous tous et du retour au coin de notre foyer, mélancoliquement heureux à cause des admirables choses que je vois et des êtres aimés qui me manquent, mais du reste bien disposé et le cœur tout ouvert. Aussi je viens à toi, ma petite sœur ; n'être pas seul est si doux ! Le bonheur est dans le partage ! Je voudrais vous transporter tous ici. Si Dieu le permet, et si vous le voulez bien, ce ne sera plus seulement un désir : vous viendrez ! L'Oberland n'est pas comme les autres parties de la Suisse ; toutes les routes sont praticables aux voitures... Grand'mère peut passer tout l'été ici...

Louis Veuillot, *Un lac* :

Dans une gerbe de montagnes aux cimes barbelées de vignes et d'aiguilles de pierre, merveilleuse fleur entre ces merveilleux épis, le lac s'épanouit, bleu comme le ciel, vert comme les prés... D'ici, le paysage n'a l'air de rien ; mais je vous assure qu'entre les deux collines court joyeusement une certaine eau claire dont il n'est pas facile d'oublier l'allure et la chanson,... et des arbustes !... et des roseaux !... et des violettes !... Bah ! celui qui n'a pas pleuré d'enthousiasme et de reconnaissance en voyant ce que le bon Dieu peut faire avec un peu d'herbe et un peu d'eau, qu'il s'en aille en Suisse pour voir de grandes choses et je prédis que la Suisse l'ennuiera, car il est fait pour habiter la rue Vivienne...

LETTRES AVEC PORTRAIT

Voir le portrait, p. 201.

Ozanam à son frère l'abbé Ozanam (Rome, 1847) :

Nous savions que le Pape dirait la messe à Saint-Apollinaire et qu'il y donnerait la communion aux laïques. Nous nous étions préparés, et le matin à 7 heures et demie nous entrions à Saint-Apollinaire... Le Pape était en mozette rouge et en soutane blanche... Il a dit une messe basse, assisté seulement de quatre prêtres ; lentement et avec une grande piété. Au moment de la Communion, tous les élèves sont allés deux à deux recevoir la sainte Eucharistie de la main du Saint-Père, qui avait vraiment l'air d'un père au milieu de ses fils... J'ai vu cette admirable figure de Pie IX tout éclairée par les flambeaux, tout émue par la sainteté du moment, plus noble, plus douce que jamais...

Nous avions déjà vu le Pape à la chapelle du Quirinal ; nous ne serons contents que lorsque nous l'aurons trouvé se promenant à pied hors de la porte Pia. Du reste, il est ici dans toutes les conversations et dans tous les cœurs. Sa personne soutient bien ce rôle glorieux et populaire : sa taille est haute et bien prise, son visage assez coloré, et comme il n'a que cinquante-quatre ans, il conserverait encore un air de jeunesse, si ses cheveux ne commençaient à grisonner et si quelques rides ne trahissaient déjà la fatigue du pontificat. On dit que depuis son élection il a beaucoup changé ; mais ce qui ne change point, c'est l'expression de sa figure ; je n'ai jamais vu, réunies ensemble, plus d'élévation, de candeur et de bonté...

LETTRES AVEC NARRATION

Voir la narration p. 206.

Les narrations sont moins longues, plus alertes, plus libres que lorsqu'elles sont en dehors de la lettre.

Lorsque c'est un récit où l'on a eu part, il faut éviter les répétitions fatigantes de : « Nous avons fait... Nous sommes. » Il faut bien en mettre, mais aussi en supprimer beaucoup.

Se servir pour cela de la forme descriptive, impersonnelle.

Mme J. Lavergne (17 mai 1867) à la sœur Marie Stella :

J'ai passé aujourd'hui de si bonnes heures, ma très chère fille, que je veux t'en faire partager la joie.

En l'honneur de la première communion de Pierre Aubineau, qui a eu lieu hier, ses parents ont donné et servi un dîner aux petites Sœurs des Pauvres, ou plutôt à leurs vieilles. Ils m'avaient invitée, et j'y suis allée avec Noël et Joseph.

Le plaisir que j'y ai trouvé a surpassé mon attente. Nous

étions une vingtaine de servants : M. ... (noms). Songe qu'il
y avait 50 vieilles femmes et autant de bonshommes. M. Aubineau avec sa croix d'honneur et sa bavette était superbe ; les
douze marmitons se battaient à qui servirait. Zézé lui-même
n'a pas répandu une seule goutte de soupe, et il a servi tout le
temps. Chez nous, on allait moins vite ; les deux dames avaient
des queues et des dentelles ; mais Marie et Geneviève étaient
comme des anges, rapides, charmantes. Mme Aubineau est là
dans son élément ; impossible d'être plus aimable, plus simple
et plus entendue. Elle a fait un petit speech pour annoncer la
fête qui a réjoui toutes nos vieilles ; puis, armée d'une cuiller
à pot, elle s'est mise à puiser dans le baquet formidable où
fumait la soupe. Personne ne s'offrant, j'ai pris la seconde
cuiller et (tu me croiras si tu peux) j'ai servi mes 45 assiettes
de popote sans faire une maladresse. Puis est venu le tour
des omelettes et de la salade. Mme Aubineau servait l'ome-
lette, moi la salade, et je réponds que nous allions vite et bien.
Ceci fut arrosé de bière, puis nous versâmes du vin à la grande
joie de nos vieilles, qui disaient : « Ça ravigote ! c'est bon ! »
On apporta le café ; alors commença le défilé burlesque des
tasses ; c'étaient les mêmes où on avait bu le vin, et la bière ;
imagine-toi des verres de toutes formes, des bols ébréchés, des
tasses sans anses, des casseroles sans queue. O sainte pauvreté !
Une pauvre vieille n'avait qu'un pot à confitures avec des gros
bords tout rond. Cette revue me fit peine, et je dis tout bas
à jolie Geneviève que j'y mettrais ordre. On distribua des
gâteaux ; puis on alla jouer au jardin...

Vite papa Claud et moi, nous allâmes acheter cent jolis bols
bien blancs pour les vieilles. J'ajoutai à l'envoi un beau verre
de six sous. J'écrivis sur son enveloppe : « Pour la bonne
femme qui boit dans un pot à confitures, » et j'expédiai le tout
avenue de Breteuil, avec cette adresse : « Aux petites Sœurs
des Pauvres de la part de sœur Marie Stella de Sion. » Elles
vont être bien ébahies. Quelle est donc cette sœur ? Et elles
prieront pour toi, ce qui paiera bien ma vaisselle.

Marie Wallon prend le voile mardi à la Visitation. Elle
m'écrit. Voici sa lettre. Son père et toute sa famille étaient hier
à Saint-Sulpice pour la première communion d'E... et de P...

A lundi, ma chère fille.

ESTHER

TRAGÉDIE TIRÉE DE L'ÉCRITURE SAINTE

PAR RACINE (1689)

PERSONNAGES :

LA PIÉTÉ (*dans le Prologue*).
ASSUÉRUS, roi de Perse.
ESTHER, reine de Perse.
MARDOCHÉE, oncle d'Esther.
AMAN, favori d'Assuérus.
ZARÈS, femme d'Aman.
HYDASPE, officier du palais intérieur d'Assuérus.
ÉLISE, confidente d'Esther.
Gardes du roi Assuérus.
Chœur de jeunes filles israélites.

La scène se passe à Suse, dans le palais d'Assuérus.

ESTHER

PROLOGUE

LA PIÉTÉ

Du séjour bienheureux de la Divinité
Je descends dans ce lieu par la grâce habité ;
L'innocence s'y plaît, ma compagne éternelle,
Et n'a point sous les cieux d'asile plus fidèle.
Ici, loin du tumulte, aux devoirs les plus saints,
Tout un peuple naissant est formé par mes mains :
Je nourris dans son cœur la semence féconde
Des vertus dont il doit sanctifier le monde.
Un roi qui me protège, un roi victorieux,
A commis à mes soins ce dépôt précieux.
C'est lui qui rassembla ces colombes timides,
Éparses en cent lieux, sans secours et sans guides :
Pour elles, à sa porte, élevant ce palais,
Il leur y fit trouver l'abondance et la paix.
  Grand Dieu, que cet ouvrage ait placé en ta mémoire ;
Que tous les soins qu'il prend pour soutenir ta gloire
Soient gravés de ta main au livre où sont écrits
Les noms prédestinés des rois que tu chéris !
Tu m'écoutes : ma voix ne t'est point étrangère ;
Je suis la Piété, cette fille si chère,
Qui t'offre de ce roi les plus tendres soupirs :
Du feu de ton amour j'allume ses désirs.
Du zèle qui pour toi l'enflamme et le dévore
La chaleur se répand du couchant à l'aurore.
Tu le vois tous les jours, devant toi prosterné,
Humilier ce front de splendeur couronné,
Et, confondant l'orgueil par d'augustes exemples,

9*

Baiser avec respect le pavé de tes temples.
De ta gloire animé, lui seul de tant de rois
S'arme pour ta querelle et combat pour tes droits.
Le perfide intérêt, l'aveugle jalousie,
S'unissent contre toi pour l'affreuse hérésie ;
La discorde en fureur frémit de toutes parts,
Tout semble abandonner tes sacrés étendards ;
Et l'enfer, couvrant tout de ses vapeurs funèbres,
Sur les yeux les plus saints à jeté ses ténèbres :
Lui seul, invariable et fondé sur la foi,
Ne cherche, ne regarde et n'écoute que toi ;
Et, bravant du démon l'impuissant artifice,
De la religion soutient tout l'édifice.
Grand Dieu, juge ta cause, et déploie aujourd'hui
Ce bras, ce même bras qui combattait pour lui
Lorsque des nations à sa perte animées
Le Rhin vit tant de fois disperser les armées.
Des mêmes ennemis je reconnais l'orgueil ;
Ils viennent se briser contre le même écueil :
Déjà, rompant partout leurs plus fermes barrières,
Du débris de leurs forts il couvre ses frontières.
Tu lui donnes un fils prompt à le seconder,
Qui sait combattre, plaire, obéir, commander ;
Un fils qui, comme lui, suivi de la victoire,
Semble à gagner son cœur borner toute sa gloire ;
Un fils à tous ses vœux avec amour soumis ;
L'éternel désespoir de tous ses ennemis ;
Pareil à ces esprits que ta justice envoie,
Quand son roi lui dit : Pars, il s'élance avec joie,
Du tonnerre vengeur s'en va tout embraser,
Et, tranquille, à ses pieds revient le déposer.
Mais, tandis qu'un grand roi venge ainsi mes injures,
Vous qui goûtez ici des délices si pures,
S'il permet à son cœur un moment de repos,
A vos jeux innocents appelez ce héros ;
Retracez-lui d'Esther l'histoire glorieuse,
Et sur l'impiété la foi victorieuse.

Et vous, qui vous plaisez aux folles passions
Qu'allument dans vos cœurs les vaines fictions,

Profanes amateurs de spectacles frivoles,
Dont l'oreille s'ennuie au son de mes paroles,
Fuyez de mes plaisirs la sainte austérité ;
Tout respire ici Dieu, la paix, la vérité.

ACTE PREMIER

Le théâtre représente l'appartement d'Esther.

SCÈNE I

ESTHER, ÉLISE

ESTHER

Est-ce toi, chère Élise ? O jour trois fois heureux !
Que béni soit le Ciel qui te rend à mes vœux !
Toi qui de Benjamin comme moi descendue,
Fus de mes premiers ans la compagne assidue,
Et qui, d'un même joug souffrant l'oppression,
M'aidais à soupirer les malheurs de Sion !
Combien ce temps encore est cher à ma mémoire !
Mais toi, de ton Esther ignorais-tu la gloire ?
Depuis plus de six mois que je te fais chercher,
Quel climat, quel désert a donc pu te cacher ?

ÉLISE

Au bruit de votre mort justement éplorée,
Du reste des humains je vivais séparée,
Et de mes tristes jours n'attendais que la fin,
Quand tout à coup, madame, un prophète divin :
« C'est pleurer trop longtemps une mort qui t'abuse :
« Lève-toi, m'a-t-il dit, prends ton chemin vers Suse ;
« Là tu verras d'Esther la pompe et les honneurs,

« Et sur le trône assis le sujet de tes pleurs.
« Rassure, ajouta-t-il, les tribus alarmées.
« Sion, le jour approche où le Dieu des armées
« Va de son bras puissant faire éclater l'appui,
« Et le cri de son peuple est monté jusqu'à lui. »
Il dit : et moi, de joie et d'horreur pénétrée,
Je cours. De ce palais j'ai su trouver l'entrée.
O spectacle, ô triomphe admirable à mes yeux,
Digne, en effet, du bras qui sauva nos aïeux,
Le fier Assuérus couronne sa captive,
Et le Persan superbe est aux pieds d'une Juive !
Par quels secrets ressorts, par quel enchaînement
Le Ciel a-t-il conduit ce grand événement ?

ESTHER

Peut-être on t'a conté la fameuse disgrâce
De l'altière Vasthi dont j'occupe la place,
Lorsque le roi, contre elle enflammé de dépit,
La chassa de son trône ainsi que de son lit.
Mais il ne put sitôt en bannir la pensée :
Vasthi régna longtemps dans son âme offensée.
Dans ses nombreux États il fallut donc chercher
Quelque nouvel objet qui l'en pût détacher.
De l'Inde à l'Hellespont ses esclaves coururent :
Les filles de l'Égypte à Suse comparurent :
Celles même du Parthe et du Scythe indompté
Y briguèrent le sceptre offert à la beauté.
On m'élevait alors solitaire et cachée,
Sous les yeux vigilants du sage Mardochée :
Tu sais combien je dois à ses heureux secours.
La mort m'avait ravi les auteurs de mes jours ;
Mais lui, voyant en moi la fille de son frère,
Me tint lieu, chère Élise, et de père et de mère.
Du triste état des Juifs jour et nuit agité,
Il me tira du sein de mon obscurité ;
Et, sur mes faibles mains fondant leur délivrance,
Il me fit d'un empire accepter l'espérance.
A ses desseins secrets, tremblante, j'obéis ;
Je vins ; mais je cachai ma race et mon pays.
Qui pourrait cependant t'exprimer les cabales

Que formait en ces lieux ce peuple de rivales,
Qui, toutes disputant un si grand intérêt,
Des yeux d'Assuérus attendaient leur arrêt ?
Chacune avait sa brigue et de puissants suffrages :
L'une d'un sang fameux vantait les avantages ;
L'autre, pour se parer de superbes atours,
Des plus adroites mains empruntait le secours :
Et moi, pour toute brigue et pour tout artifice,
De mes larmes au Ciel j'offrais le sacrifice.
   Enfin, on m'annonça l'ordre d'Assuérus.
Devant ce fier monarque, Élise, je parus.
Dieu tient le cœur des rois entre ses mains puissantes ;
Il fait que tout prospère aux âmes innocentes,
Tandis qu'en ses projets l'orgueilleux est trompé.
De mes faibles attraits le roi parut frappé ;
Il m'observa longtemps dans un sombre silence ;
Et le Ciel, qui pour moi fit pencher la balance,
Dans ce temps-là sans doute agissait sur son cœur.
Enfin, avec des yeux où régnait la douceur :
« Soyez reine, » dit-il. Et dès ce moment même,
De sa main sur mon front posa le diadème.
Pour mieux faire éclater sa joie et son amour,
Il combla de présents tous les grands de sa cour :
Et même ses bienfaits dans toutes ses provinces
Invitèrent le peuple aux noces de leurs princes.
Hélas ! durant ces jours de joie et de festins,
Quels étaient en secret ma honte et mes chagrins !
Esther, disais-je, Esther dans la pourpre est assise ;
La moitié de la terre à son sceptre est soumise ;
Et de Jérusalem l'herbe cache les murs !
Sion, repaire affreux de reptiles impurs,
Voit de son temple saint les pierres dispersées,
Et du Dieu d'Israël les fêtes sont cessées !

ÉLISE

N'avez-vous point au roi confié vos ennuis ?

ESTHER

Le roi jusqu'à ce jour ignore qui je suis.
Celui par qui le Ciel règle ma destinée
Sur ce secret encor tient ma langue enchaînée.

ÉLISE

Mardochée ? Eh ! peut-il approcher de ces lieux ?

ESTHER

Son amitié pour moi le rend ingénieux.
Absent, je le consulte ; et ses réponses sages,
Pour venir jusqu'à moi trouvent mille passages :
Un père a moins de soin du salut de son fils.
Déjà même, déjà, par ses secrets avis,
J'ai découvert au roi les sanglantes pratiques
Que formaient contre lui deux ingrats domestiques.
Cependant mon amour pour notre nation
A rempli ce palais de filles de Sion,
Jeunes et tendres fleurs, par le sort agitées,
Sous un ciel étranger comme moi transplantées.
Dans un lieu séparé de profanes témoins
Je mets à les former mon étude et mes soins ;
Et c'est là que fuyant l'orgueil du diadème,
Lasse de vains honneurs et me cherchant moi-même,
Aux pieds de l'Éternel je viens m'humilier,
Et goûter le plaisir de me faire oublier.
Mais à tous les Persans je cache leurs familles.
Il faut les appeler. Venez, venez, mes filles,
Compagnes autrefois de ma captivité,
De l'antique Jacob jeune postérité.

SCÈNE II

ESTHER, ÉLISE, LE CHŒUR

UNE ISRAÉLITE chante derrière le théâtre.

Ma sœur, quelle voix nous appelle ?

UNE AUTRE

J'en reconnais les agréables sons :
C'est la reine.

TOUTES DEUX

Courons, mes sœurs, obéissons.
La reine nous appelle :
Allons, rangeons-nous auprès d'elle.

TOUT LE CHŒUR
(Entrant sur le théâtre par plusieurs endroits différents.)

La reine nous appelle :
Allons, rangeons-nous auprès d'elle.

ÉLISE

Ciel ! quel nombreux essaim d'innocentes beautés
S'offre à mes yeux en foule, et sort de tous côtés !
Quelle aimable pudeur sur leur visage est peinte !
Prospérez, cher espoir d'une nation sainte.
Puissent jusques au ciel vos soupirs innocents
Monter comme l'odeur d'un agréable encens !
Que Dieu jette sur vous des regards pacifiques !

ESTHER

Mes filles, chantez-nous quelqu'un de ces cantiques
Où vos voix si souvent se mêlant à mes pleurs,
De la triste Sion célèbrent les malheurs.

UNE ISRAÉLITE chante seule.

Déplorable Sion, qu'as-tu fait de ta gloire !
    Tout l'univers admirait ta splendeur :
Tu n'es plus que poussière ; et de cette grandeur
Il ne nous reste plus que la triste mémoire.
Sion, jusques au ciel élevée autrefois,
    Jusqu'aux enfers maintenant abaissée,
        Puissé-je demeurer sans voix
    Si dans mes chants ta douleur retracée
Jusqu'au dernier soupir n'occupe ma pensée !

TOUT LE CHŒUR

O rives du Jourdain ! ô champs aimés des cieux !
    Sacrés monts, fertiles vallées,
    Par cent miracles signalées !
    Du doux pays de nos aïeux
    Serons-nous toujours exilées ?

UNE ISRAÉLITE seule.

Quand verrai-je, ô Sion ! relever tes remparts
    Et de tes tours les magnifiques faîtes ?
        Quand verrai-je de toutes parts
Tes peuples en chantant accourir à tes fêtes ?

TOUT LE CHŒUR

O rives du Jourdain ! ô champs aimés des cieux !
Sacrés monts, fertiles vallées,
Par cent miracles signalées !
Du doux pays de nos aïeux
Serons-nous toujours exilées ?

SCÈNE III

ESTHER, MARDOCHÉE, ÉLISE, LE CHŒUR

ESTHER

Quel profane en ce lieu s'ose avancer vers nous ?
Que vois-je ! Mardochée ! O mon père, est-ce vous ?
Un ange du Seigneur, sous son aile sacrée,
A donc conduit vos pas et caché votre entrée ?
Mais d'où vient cet air sombre et ce cilice affreux ?
Et cette cendre enfin qui couvre vos cheveux ?
Que nous annoncez-vous ?

MARDOCHÉE

O reine infortunée !
O d'un peuple innocent barbare destinée !
Lisez, lisez l'arrêt détestable, cruel...
Nous sommes tous perdus, et c'est fait d'Israël !

ESTHER

Juste Ciel ! tout mon sang dans mes veines se glace !

MARDOCHÉE

On doit de tous les Juifs exterminer la race ;
Au sanguinaire Aman nous sommes tous livrés ;
Les glaives, les couteaux sont déjà préparés ;
Toute la nation à la fois est proscrite.
Aman, l'impie Aman, race d'Amalécite,
A pour ce coup funeste armé tout son crédit ;
Et le roi trop crédule a signé cet édit.
Prévenu contre nous par cette bouche impure,
Il nous croit en horreur à toute la nature.
Ses ordres sont donnés ; et dans tous ses États

Le jour fatal est pris pour tant d'assassinats.
Cieux, éclairerez-vous cet horrible carnage !
Le fer ne connaîtra ni le sexe ni l'âge :
Tout doit servir de proie aux tigres, aux vautours ;
Et ce jour effroyable arrive dans dix jours.

ESTHER

O Dieu, qui vois former des desseins si funestes,
As-tu donc de Jacob abandonné les restes ?

UNE DES PLUS JEUNES ISRAÉLITES

Ciel, qui nous défendra si tu ne nous défends ?

MARDOCHÉE

Laissez les pleurs, Esther, à ces jeunes enfants.
En vous est tout l'espoir de vos malheureux frères ;
Il faut les secourir ; mais les heures sont chères ;
Le temps vole, et bientôt amènera le jour
Où le nom des Hébreux doit périr sans retour.
Toute pleine du feu de tant de saints prophètes,
Allez, osez au roi déclarer qui vous êtes.

ESTHER

Hélas ! ignorez-vous quelles sévères lois
Aux timides mortels cachent ici les rois ?
Au fond de leur palais leur majesté terrible
Affecte à leurs sujets de se rendre invisible ;
Et la mort est le prix de tout audacieux
Qui, sans être appelé, se présente à leurs yeux,
Si le roi dans l'instant pour sauver le coupable
Ne lui donne à baiser son sceptre redoutable.
Rien ne met à l'abri de cet ordre fatal,
Ni le rang ni le sexe, et le crime est égal.
Moi-même, sur son trône à ses côtés assise,
Je suis à cette loi comme une autre soumise ;
Et sans le prévenir il faut pour lui parler
Qu'il me cherche, ou du moins qu'il me fasse appeler.

MARDOCHÉE

Quoi ! lorsque vous voyez périr votre patrie,
Pour quelque chose, Esther, vous comptez votre vie !

Dieu parle ; et d'un mortel vous craignez le courroux !
Que dis-je ? votre vie, Esther, est-elle à vous ?
N'est-elle pas au sang dont vous êtes issue ?
N'est-elle pas à Dieu dont vous l'avez reçue ?
Et qui sait, lorsqu'au trône il conduisit vos pas,
Si pour sauver son peuple il ne vous gardait pas !
Songez-y bien ; ce Dieu ne vous a pas choisie
Pour être un vain spectacle aux peuples de l'Asie,
Ni pour charmer les yeux des profanes humains,
Pour un plus noble usage il réserve ses saints.
S'immoler pour son nom et pour son héritage,
D'un enfant d'Israël voilà le vrai partage :
Trop heureuse pour lui de hasarder vos jours !
Et quel besoin son bras a-t-il de nos secours ?
Que peuvent contre lui tous les rois de la terre ?
En vain ils s'uniraient pour lui faire la guerre.
Pour dissiper leur ligue il n'a qu'à se montrer ;
Il parle, et dans la poudre il les fait tous rentrer.
Au seul son de sa voix la mer fuit, le ciel tremble ;
Il voit comme un néant tout l'univers ensemble ;
Et les faibles mortels, vains jouets du trépas,
Sont tous devant ses yeux comme s'ils n'étaient pas.
S'il a permis d'Aman l'audace criminelle,
Sans doute qu'il voulait éprouver votre zèle.
C'est lui qui, m'excitant à vous oser chercher,
Devant moi, chère Esther, a bien voulu marcher ;
Et s'il faut que sa voix frappe en vain vos oreilles,
Nous n'en verrons pas moins éclater ses merveilles.
Il peut confondre Aman, il peut briser nos fers
Par la plus faible main qui soit dans l'univers :
Et vous, qui n'aurez point accepté cette grâce,
Vous périrez peut-être et toute votre race.

ESTHER

Allez : que tous les Juifs dans Suse répandus,
A prier avec vous jour et nuit assidus,
Me prêtent de leurs vœux le secours salutaire,
Et pendant ces trois jours gardent un jeûne austère.
Déjà la sombre nuit a commencé son tour ;
Demain, quand le soleil rallumera le jour,

Contente de périr s'il faut que je périsse,
J'irai pour mon pays m'offrir en sacrifice.
Qu'on s'éloigne un moment.

(Le chœur se retire vers le fond du théâtre)

SCÈNE IV

ESTHER, ÉLISE, LE CHŒUR

ESTHER

                O mon souverain Roi,
Me voici donc tremblante et seule devant toi !
Mon père mille fois m'a dit dans mon enfance
Qu'avec nous tu juras une sainte alliance,
Quand, pour te faire un peuple agréable à tes yeux,
Il plut à ton amour de choisir nos aïeux ;
Même tu leur promis de ta bouche sacrée
Une postérité d'éternelle durée.
Hélas ! ce peuple ingrat a méprisé ta loi :
La nation chérie a violé sa foi ;
Elle a répudié son époux et son père,
Pour rendre à d'autres dieux un honneur adultère.
Maintenant elle sert sous un maître étranger ;
Mais c'est peu d'être esclave, on la veut égorger.
Nos superbes vainqueurs, insultant à nos larmes,
Imputent à leurs dieux le bonheur de leurs armes,
Et veulent aujourd'hui qu'un même coup mortel
Abolisse ton nom, ton peuple et ton autel.
Ainsi donc un perfide, après tant de miracles,
Pourrait anéantir la foi de tes oracles,
Ravirait aux mortels le plus cher de tes dons,
Le Saint que tu promets et que nous attendons !
Non, non, ne souffre pas que ces peuples farouches,
Ivres de notre sang, ferment les seules bouches
Qui dans tout l'univers célèbrent tes bienfaits,
Et confonds tous ces dieux qui ne furent jamais.
Pour moi, que tu retiens parmi ces infidèles,
Tu sais combien je hais leurs fêtes criminelles,
Et que je mets au rang des profanations

Leur table, leurs festins et leurs libations :
Que même cette pompe où je suis condamnée,
Ce bandeau dont il faut que je paraisse ornée
Dans ces jours solennels à l'orgueil dédiés,
Seule et dans le secret je le foule à mes pieds ;
Qu'à ces vains ornements je préfère la cendre,
Et n'ai de goût qu'aux pleurs que tu me vois répandre.
J'attendais le moment marqué par ton arrêt
Pour oser de ton peuple embrasser l'intérêt :
Ce moment est venu ; ma prompte obéissance
Va d'un roi redoutable affronter la présence.
C'est pour toi que je marche : accompagne mes pas
Devant ce fier lion qui ne te connaît pas ;
Commande en me voyant que son courroux s'apaise,
Et prête à mes discours un charme qui lui plaise.
Les orages, les vents, les cieux te sont soumis :
Tourne enfin sa fureur contre nos ennemis.

SCÈNE V

LE CHŒUR

UNE ISRAÉLITE seule.

Pleurons et gémissons, mes fidèles compagnes ;
A nos sanglots donnons un libre cours :
Levons les yeux vers les saintes montagnes
D'où l'innocence attend tout son secours :
O mortelles alarmes !
Tout Israël périt. Pleurez, mes tristes yeux :
Il ne fut jamais sous les cieux
Un si juste sujet de larmes.

TOUT LE CHŒUR

O mortelles alarmes !

UNE AUTRE ISRAÉLITE

N'était-ce pas assez qu'un vainqueur odieux
De l'auguste Sion eût détruit tous les charmes,
Et traîné ses enfants captifs en mille lieux ?

TOUT LE CHŒUR

O mortelles alarmes !

LA MÊME ISRAÉLITE

Faibles agneaux livrés à des loups furieux,
Nos soupirs sont nos seules armes,

TOUT LE CHŒUR

O mortelles alarmes !

UNE ISRAÉLITE

Arrachons, déchirons tous ces vains ornements
Qui parent notre tête.

UNE AUTRE

Revêtons-nous d'habillements
Conformes à l'horrible fête
Que l'impie Aman nous apprête.

TOUT LE CHŒUR

Arrachons, déchirons tous ces vains ornements
Qui parent notre tête.

UNE ISRAÉLITE

Quel carnage de toutes parts !
On égorge à la fois les enfants, les vieillards,
Et la sœur et le frère,
Et la fille et la mère,
Le fils dans les bras de son père !
Que de corps entassés, que de membres épars
Privés de sépulture !
Grand Dieu, tes saints sont la pâture
Des tigres et des léopards ?

UNE DES PLUS JEUNES ISRAÉLITES

Hélas ! si jeune encore,
Par quel crime ai-je pu mériter mon malheur ?
Ma vie à peine a commencé d'éclore :
Je tomberai comme une fleur
Qui n'a vu qu'une aurore.
Hélas ! si jeune encore,
Par quel crime ai-je pu mériter mon malheur ?

UNE AUTRE

Des offenses d'autrui malheureuses victimes,
Que nous servent, hélas! ces regrets superflus?
Nos pères ont péché, nos pères ne sont plus,
Et nous portons la peine de leurs crimes.

TOUT LE CHŒUR

Le Dieu que nous servons est le Dieu des combats;
Non, non, il ne souffrira pas
Qu'on égorge ainsi l'innocence.

UNE ISRAÉLITE seule.

Eh quoi! dirait l'impiété,
Où donc est-il ce Dieu si redouté,
Dont Israël nous vantait la puissance?

UNE AUTRE

Ce Dieu jaloux, ce Dieu victorieux,
Frémissez, peuples de la terre!
Ce Dieu jaloux, ce Dieu victorieux,
Est le seul qui commande aux cieux:
Ni les éclairs ni le tonnerre
N'obéissent point à vos dieux.

UNE AUTRE

Il renverse l'audacieux.

UNE AUTRE

Il prend l'humble sous sa défense.

TOUT LE CHŒUR

Le Dieu que nous servons est le Dieu des combats;
Non, non, il ne souffrira pas
Qu'on égorge ainsi l'innocence.

DEUX ISRAÉLITES

O Dieu que la gloire couronne,
Dieu que la lumière environne,
Qui voles sur l'aile des vents,
Et dont le trône est porté par des anges;

DEUX AUTRES DES PLUS JEUNES

Dieu, qui veux bien que de simples enfants
Avec eux chantent tes louanges;

TOUT LE CHŒUR

Tu vois nos pressants dangers ;
Donne à ton nom la victoire ;
Ne souffre point que ta gloire
Passe à des dieux étrangers.

UNE ISRAÉLITE seule.

Arme-toi, viens nous défendre :
Descends tel qu'autrefois la mer te vit descendre ;
Que les méchants apprennent aujourd'hui
A craindre ta colère ;
Qu'ils soient comme la poudre et la paille légère
Que le vent chasse devant lui.

TOUT LE CHŒUR

Tu vois nos pressants dangers ;
Donne à ton nom la victoire ;
Ne souffre point que ta gloire
Passe à des dieux étrangers.

ACTE DEUXIÈME

*Le théâtre représente la chambre où est le trône
d'Assuérus.*

SCÈNE I

AMAN, HYDASPE

AMAN

Hé quoi ! lorsque le jour ne commence à qu'à luire,
Dans ce lieu redoutable oses-tu m'introduire ?

HYDASPE

Vous savez qu'on se peut reposer sur ma foi ;
Que ces portes, seigneur, n'obéissent qu'à moi.
Venez. Partout ailleurs on pourrait nous entendre.

AMAN

Quel est donc ce secret que tu me veux apprendre?

HYDASPE

Seigneur, de vos bienfaits mille fois honoré,
Je me souviens toujours que je vous ai juré
D'exposer à vos yeux, par des avis sincères,
Tout ce que ce palais renferme de mystères.
Le roi d'un noir chagrin paraît enveloppé,
Quelque songe effrayant cette nuit l'a frappé.
Pendant que tout gardait un silence paisible,
Sa voix s'est fait entendre avec un cri terrible.
J'ai couru. Le désordre était dans ses discours :
Il s'est plaint d'un péril qui menaçait ses jours ;
Il parlait d'ennemi, de ravisseur farouche ;
Même le nom d'Esther est sorti de sa bouche.
Il a dans ces horreurs passé toute la nuit.
Enfin, las d'appeler un sommeil qui le fuit,
Pour écarter de lui ces images funèbres,
Il s'est fait apporter ces annales célèbres
Où les faits de son règne, avec soins amassés,
Par de fidèles mains chaque jours sont tracés :
On y conserve écrits le service et l'offense,
Monuments éternels d'amour et de vengeance.
Le roi, que j'ai laissé plus calme dans son lit,
D'une oreille attentive écoute ce récit.

AMAN

De quel temps de sa vie a-t-il choisi l'histoire?

HYDASPE

Il revoit tous ces temps si remplis de sa gloire,
Depuis le fameux jour qu'au trône de Cyrus
Le choix du sort plaça l'heureux Assuérus.

AMAN

Ce songe, Hydaspe, est donc sorti de son idée?

HYDASPE

Entre tous les devins fameux dans la Chaldée
Il a fait rassembler ceux qui savent le mieux
Lire en un songe obscur les volontés des cieux…

Mais quel trouble vous-même aujourd'hui vous agite ?
Votre âme en m'écoutant paraît tout interdite :
L'heureux Aman a-t-il quelques secrets ennuis ?

AMAN

Peux-tu le demander dans la place où je suis ?
Haï, craint, envié, souvent plus misérable
Que tous les malheureux que mon pouvoir accable !

HYDASPE

Eh ! qui jamais du ciel eut des regards plus doux ?
Vous voyez l'univers prosterné devant vous.

AMAN

L'univers ! Tous les jours un homme..., un vil esclave,
D'un front audacieux me dédaigne et me brave.

HYDASPE

Quel est cet ennemi de l'État et du roi ?

AMAN

Le nom de Mardochée est-il connu de toi ?

HYDASPE

Qui ? ce chef d'une race abominable, impie ?

AMAN

Qui, lui-même.

HYDASPE

                Eh ! seigneur, d'une si belle vie
Un si faible ennemi peut-il troubler la paix ?

AMAN

L'insolent devant moi ne se courba jamais.
En vain de la faveur du plus grand des monarques
Tout révère à genoux les glorieuses marques :
Lorsque d'un saint respect tous les Persans touchés
N'osent lever leurs fronts à la terre attachés,
Lui, fièrement assis et la tête immobile,
Traite tous ces honneurs d'impiété servile,
Présente à mes regards un front séditieux,
Et ne daignerait pas au moins baisser les yeux.

Du palais cependant il assiège la porte :
A quelque heure que j'entre, Hydaspe, ou que je sorte,
Son visage odieux m'afflige et me poursuit,
Et mon esprit troublé le voit encor la nuit.
Ce matin j'ai voulu devancer la lumière ;
Je l'ai trouvé couvert d'une affreuse poussière,
Revêtu de lambeaux, tout pâle ; mais son œil
Conservait sous la cendre encor le même orgueil.
D'où lui vient, cher ami, cette impudente audace ?
Toi, qui dans ce palais vois tout ce qui se passe,
Crois-tu que quelque voix ose parler pour lui ?
Sur quel roseau fragile a-t-il mis son appui ?

HYDASPE

Seigneur, vous le savez, son avis salutaire
Découvrit de Tharès le complot sanguinaire.
Le roi promit alors de le récompenser :
Le roi, depuis ce temps, paraît n'y plus penser.

AMAN

Non, il faut à tes yeux dépouiller l'artifice :
J'ai su de mon destin corriger l'injustice.
Dans les mains des Persans jeune enfant apporté,
Je gouverne l'empire où je fus acheté ;
Mes richesses des rois égalent l'opulence ;
Environné d'enfants, soutiens de ma puissance,
Il ne manque à mon front que le bandeau royal.
Cependant (des mortels aveuglement fatal !)
De cet amas d'honneurs la douceur passagère
Fait sur mon cœur à peine une atteinte légère ;
Mais Mardochée, assis aux portes du palais,
Dans ce cœur malheureux enfonce mille traits ;
Et toute ma grandeur me devient insipide
Tandis que le soleil éclaire ce perfide.

HYDASPE

Vous serez de sa vue affranchi dans dix jours :
La nation entière est promise aux vautours

AMAN

Ah ! que ce temps est long à mon impatience !
C'est lui, je te veux bien confier ma vengeance,
C'est lui qui, devant moi, refusant de ployer,

Les a livrés au bras qui va les foudroyer.
C'était trop peu pour moi d'une telle victime :
La vengeance trop faible attire un second crime.
Un homme tel qu'Aman, lorsqu'on l'ose irriter,
Dans sa juste fureur ne peut trop éclater.
Il faut des châtiments dont l'univers frémisse ;
Qu'on tremble en comparant l'injure et le supplice ;
Que les peuples entiers dans le sang soient noyés.
Je veux qu'on dise un jour aux peuples effrayés :
Il fut des Juifs, il fut une insolente race ;
Répandus sur la terre, ils en couvraient la face :
Un seul osa d'Aman attirer le courroux ;
Aussitôt de la terre ils disparurent tous.

HYDASPE

Ce n'est donc pas, seigneur, le sang amalécite
Dont la voix à les perdre en secret vous excite ?

AMAN

Je sais que, descendu de ce sang malheureux,
Une éternelle haine a dû m'armer contre eux ;
Qu'ils firent d'Amalec un indigne carnage ;
Que, jusqu'aux vils troupeaux tout éprouva leur rage ;
Qu'un déplorable reste à peine fut sauvé.
Mais, crois-moi, dans le rang où je suis élevé,
Mon âme, à ma grandeur tout entière attachée,
Des intérêts du sang est faiblement touchée.
Mardochée est coupable, et que faut-il de plus ?
Je prévins donc contre eux l'esprit d'Assuérus,
J'inventai des couleurs, j'armai la calomnie ;
J'intéressai sa gloire, il trembla pour sa vie :
Je les peignis puissants, riches, séditieux ;
Leur Dieu même ennemi de tous les autres dieux.
« Jusqu'à quand souffre-t-on que ce peuple respire,
Et d'un culte profane infecte votre empire ?
Étrangers dans la Perse, à nos lois opposés,
Du reste des humains ils semblent divisés,
N'aspirent qu'à troubler le repos où nous sommes,
Et détestés partout détestent tous les hommes.
Prévenez, punissez leurs insolents efforts ;
De leur dépouille enfin grossissez vos trésors. »

Je dis, et l'on me crut. Le roi, dès l'heure même,
Mit dans ma main le sceau de son pouvoir suprême :
« Assure, me dit-il, le repos de ton roi ;
Va, peids ces malheureux : leur dépouille est à toi. »
Toute la nation fut ainsi condamnée.
Du carnage avec lui je réglai la journée.
Mais de ce traître enfin le trépas différé
Fait trop souffrir mon cœur de son sang altéré.
Un je ne sais quel trouble empoisonne ma joie :
Pourquoi dix jours encor faut-il que je le voie !

HYDASPE

Et ne pouvez-vous pas d'un mot l'exterminer ?
Dites au roi, seigneur, de vous l'abandonner.

AMAN

Je viens pour épier le moment favorable :
Tu connais comme moi ce prince inexorable ;
Tu sais combien terrible en ses soudains transports
De nos desseins souvent il rompt tous les ressorts.
Mais à me tourmenter ma crainte est trop subtile :
Mardochée à ses yeux est une âme trop vile.

HYDASPE

Que tardez-vous ? Allez, et faites promptement
Élever de sa mort le honteux instrument.

AMAN

J'entends du bruit ; je sors. Toi, si le roi m'appelle...

HYDASPE

Il suffit.

SCÈNE II

ASSUÉRUS, HYDASPE, ASAPH
SUITE D'ASSUÉRUS.

ASSUÉRUS

Ainsi donc, sans cet avis fidèle,
Deux traîtres dans son lit assassinaient leur roi !
Qu'on me laisse ; et qu'Asaph seul demeure avec moi.

SCÈNE III

ASSUÉRUS, ASAPH,

ASSUÉRUS, assis sur son trône.

Je veux bien l'avouer, de ce couple perfide
J'avais presque oublié l'attentat parricide ;
Et j'ai pâli deux fois au terrible récit
Qui vient d'en retracer l'image à mon esprit ;
Je vois de quel succès leur fureur fut suivie,
Et que dans les tourments ils laissèrent la vie.
Mais ce sujet zélé qui, d'un œil si subtil,
Sut de leur noir complot développer le fil,
Qui me montra sur moi leur main déjà levée,
Enfin par qui la Perse avec moi fut sauvée,
Quel honneur pour sa foi, quel prix a-t-il reçu ?

ASAPH

On lui promit beaucoup ; c'est tout ce que j'ai su.

ASSUÉRUS.

O d'un si grand service oubli trop condamnable !
Des embarras du trône effet inévitable !
De soins tumultuéux un prince environné
Vers de nouveaux objets est sans cesse entraîné ;
L'avenir l'inquiète et le présent le frappe :
Mais plus prompt que l'éclair le passé nous échappe :
Et de tant de mortels à toute heure empressés
A nous faire valoir leurs soins intéressés,
Il ne s'en trouve point qui, touchés d'un vrai zèle,
Prennent à notre gloire un intérêt fidèle,
Du mérite oublié nous fassent souvenir,
Trop prompts à nous parler de ce qu'il faut punir.
Ah ! que plutôt l'injure échappe à ma vengeance
Qu'un si rare bienfait à ma reconnaissance !
Et qui voudrait jamais s'exposer pour son roi ?
Ce mortel qui montra tant de zèle pour moi
Vit-il encore ?

ASAPH

Il voit l'astre qui nous éclaire.

ASSUÉRUS

Et que n'a-t-il plus tôt demandé son salaire?
Quel pays reculé le cache à mes bienfaits?

ASAPH

Assis le plus souvent aux portes du palais,
Sans se plaindre de vous ni de sa destinée,
Il y traîne, seigneur, sa vie infortunée.

ASSUÉRUS

Et je dois d'autant moins oublier la vertu
Qu'elle-même s'oublie. Il se nomme, dis-tu?

ASAPH

Mardochée est le nom que je viens de vous lire.

ASSUÉRUS

Et son pays?

ASAPH

Seigneur, puisqu'il faut vous le dire,
C'est un de ces captifs à périr destinés,
Des rives du Jourdain sur l'Euphrate amenés.

ASSUÉRUS

Il est donc Juif? O ciel! sur le point que ma vie
Par mes propres sujets m'allait être ravie,
Un Juif rend par ses soins leurs efforts impuissants!
Un Juif m'a préservé du glaive des Persans!
Mais, puisqu'il m'a sauvé, quel qu'il soit, il n'importe.
Holà! quelqu'un.

SCÈNE IV

ASSUÉRUS, HYDASPE, ASAPH

HYDASPE

Seigneur!

ASSUÉRUS

Regarde à cette porte :
Vois s'il s'offre à tes yeux quelque grand de ma cour.

HYDASPE

Aman à votre porte a devancé le jour.

ASSUÉRUS

Qu'il entre. Ses avis m'éclaireront peut-être.

SCÈNE V

ASSUÉRUS, AMAN, HYDASPE, ASAPH

ASSUÉRUS

Approche, heureux appui du trône de ton maître,
Ame de mes conseils, et qui seul tant de fois
Du sceptre dans ma main as soulagé le poids.
Un reproche secret embarrasse mon âme.
Je sais combien est pur le zèle qui t'enflamme ;
Le mensonge jamais n'entra dans tes discours,
Et mon intérêt seul est le but où tu cours.
Dis-moi donc : que doit faire un prince magnanime
Qui veut combler d'honneurs un sujet qu'il estime ?
Par quel gage éclatant et digne d'un grand roi
Puis-je récompenser le mérite et la foi ?
Ne donne point de borne à ma reconnaissance ;
Mesure tes conseils sur ma vaste puissance.

AMAN, à part.

C'est pour toi-même, Aman, que tu vas prononcer :
Et quel autre que toi peut-on récompenser ?

ASSUÉRUS

Que penses-tu ?

AMAN

Seigneur, je cherche, j'envisage
Des monarques persans la conduite et l'usage :
Mais à mes yeux en vain je les rappelle tous ;

Pour vous régler sur eux que sont-ils près de vous ?
Votre règne aux neveux doit servir de modèle.
Vous voulez d'un sujet reconnaître le zèle :
L'honneur seul peut flatter un esprit généreux ;
Je voudrais donc, seigneur, que ce mortel heureux,
De la pourpre aujourd'hui paré comme vous-même,
Et portant sur le front le sacré diadème,
Sur un de vos coursiers, pompeusement orné,
Aux yeux de vos sujets dans Suse fût mené ;
Que, pour comble de joie et de magnificence,
Un seigneur éminent en richesse, en puissance,
Enfin de votre empire après vous le premier,
Par la bride guidât son superbe coursier ;
Et lui-même marchant en habits magnifiques,
Criât à haute voix dans les places publiques :
« Mortels, prosternez-vous : c'est ainsi que le roi
Honore le mérite et couronne la foi. »

ASSUÉRUS

Je vois que la sagesse elle-même t'inspire ;
Avec ma volonté ton sentiment conspire.
Va, ne perds point de temps ; ce que tu m'as dicté,
Je veux de point en point qu'il soit exécuté :
La vertu dans l'oubli ne sera plus cachée.
Aux portes du palais prends le Juif Mardochée ;
C'est lui que je prétends honorer aujourd'hui :
Ordonne son triomphe et marche devant lui ;
Que Suse par ta voix de son nom retentisse,
Et fais à son aspect que tout genou fléchisse.
Sortez tous.

AMAN, à part

Dieux !

SCÈNE VI

ASSUÉRUS

Le prix est sans doute inouï,
Jamais d'un tel honneur un sujet n'a joui :

Mais plus la récompense est grande et glorieuse,
Plus même de ce Juif la race est odieuse,
Plus j'assure ma vie, et montre avec éclat
Combien Assuérus redoute d'être ingrat.
On verra l'innocent discerné du coupable :
Je n'en perdrai pas moins ce peuple abominable.
Leurs crimes...

SCÈNE VII

ASSUÉRUS, ESTHER, ÉLISE, THAMAR, UNE PARTIE DU CHŒUR

(Esther entre en s'appuyant sur Elise; quatre Israélites.)

ASSUÉRUS

Sans mon ordre on porte ici ses pas !
Quel mortel insolent vient chercher le trépas ?
Gardes... C'est vous, Esther ? Quoi ! sans être attendue !

ESTHER

Mes filles, soutenez votre reine éperdue.
Je me meurs.

(Elle tombe évanouie.)

ASSUÉRUS

Dieux puissants ! quelle étrange pâleur
De son teint tout à coup efface la couleur !
Esther, que craignez-vous ? suis-je pas votre frère ?
Est-ce pour vous qu'est fait un ordre si sévère ?
Vivez : le sceptre d'or que vous tend cette main
Pour vous de ma clémence est un gage certain.

ESTHER

Quelle voix salutaire ordonne que je vive,
Et rappelle en mon sein mon âme fugitive ?

ASSUÉRUS

Ne connaissez-vous pas la voix de votre époux ?
Encore un coup, vivez et revenez à vous.

ESTHER

Seigneur, je n'ai jamais contemplé qu'avec crainte
L'auguste majesté sur votre front empreinte ;
Jugez combien ce front irrité contre moi
Dans mon âme troublée a dû jeter d'effroi !
Sur ce trône sacré qu'environne la foudre,
J'ai cru vous voir tout prêt à me réduire en poudre.
Hélas ! sans frissonner quel cœur audacieux
Soutiendrait les éclairs qui partaient de vos yeux ?
Ainsi du Dieu vivant la colère étincelle.

ASSUÉRUS

O soleil ! ô flambeaux de lumière immortelle !
Je me trouble moi-même ; et sans frémissement
Je ne puis voir sa peine et son saisissement.
Calmez, reine, calmez la frayeur qui vous presse.
Du cœur d'Assuérus souveraine maîtresse,
Éprouvez seulement son ardente amitié.
Faut-il de mes États vous donner la moitié ?

ESTHER

Eh ! se peut-il qu'un roi craint de la terre entière,
Devant qui tout fléchit et baise la poussière,
Jette sur son esclave un regard si serein,
Et m'offre sur son cœur un pouvoir souverain ?

ASSUÉRUS

Croyez-moi, chère Esther, ce sceptre, cet empire,
Et ces profonds respects que la terreur inspire,
A leur pompeux éclat mêlent peu de douceur,
Et fatiguent souvent leur triste possesseur.
Je ne trouve qu'en vous je ne sais quelle grâce
Qui me charme toujours et jamais ne me lasse.
De l'aimable vertu doux et puissants attraits !
Tout respire en Esther l'innocence et la paix ;
Du chagrin le plus noir elle écarte les ombres,
Et fait des jours sereins de mes jours les plus sombres.
Que dis-je ? sur ce trône assis auprès de vous,
Des astres ennemis je crains moins le courroux,
Et crois que votre front prête à mon diadème
Un éclat qui le rend respectable aux dieux même.
Osez donc me répondre, et ne me cachez pas

Quel sujet important conduit ici vos pas.
Quel intérêt, quels soins, vous agitent, vous pressent ?
Je vois qu'en m'écoutant vos yeux au ciel s'adressent.
Parlez, de vos désirs le succès est certain,
Si ce succès dépend d'une mortelle main.

ESTHER

O bonté qui m'assure autant qu'elle m'honore !
Un intérêt pressant veut que je vous implore :
J'attends ou mon malheur ou ma félicité ;
Et tout dépend, seigneur, de votre volonté.
Un mot de votre bouche, en terminant mes peines,
Peut rendre Esther heureuse entre toutes les reines.

ASSUÉRUS

Ah ! que vous enflammez mon désir curieux !

ESTHER

Seigneur, si j'ai trouvé grâce devant vos yeux,
Si jamais à mes vœux vous fûtes favorable,
Permettez, avant tout, qu'Esther puisse à sa table
Recevoir aujourd'hui son souverain seigneur,
Et qu'Aman soit admis à cet excès d'honneur.
J'oserai devant lui rompre ce grand silence,
Et j'ai pour m'expliquer besoin de sa présence.

ASSUÉRUS

Dans quelle inquiétude, Esther, vous me jetez !
Toutefois, qu'il soit fait comme vous souhaitez.

(A ceux de sa suite.)

Vous, que l'on cherche Aman, et qu'on lui fasse entendre
Qu'invité chez la reine il ait soin de s'y rendre.

SCÈNE VIII

ASSUÉRUS, ESTHER, ÉLISE, THAMAR, HYDASPE,
UNE PARTIE DU CHŒUR

HYDASPE

Les savants Chaldéens par votre ordre appelés
Dans cet appartement, seigneur, sont assemblés.

ASSUÉRUS

Princesse, un songe étrange occupe ma pensée :
Vous-même en leur réponse êtes intéressée.
Venez, derrière un voile écoutant leurs discours,
De vos propres clartés me prêter le secours.
Je crains pour vous, pour moi, quelque ennemi perfide.

ESTHER

Suis-moi, Thamar. Et vous, troupe jeune et timide,
Sans craindre ici les yeux d'une profane cour,
A l'abri de ce trône attendez mon retour.

SCÈNE IX

(Cette scène est partie déclamée et partie chantée.)

ÉLISE, UNE PARTIE DU CHŒUR

ÉLISE

Que vous semble, mes sœurs, de l'état où nous sommes ?
D'Esther, d'Aman, qui le doit emporter ?
Est-ce Dieu, sont-ce les hommes,
Dont les œuvres vont éclater ?
Vous avez vu quelle ardente colère
Allumait de ce roi le visage sévère.

UNE ISRAÉLITE

Des éclairs de ses yeux l'œil était ébloui.

UNE AUTRE

Et sa voix m'a paru comme un tonnerre horrible.

ÉLISE

Comment ce courroux si terrible
En un moment s'est-il évanoui ?

UNE ISRAÉLITE chante.

Un moment a changé ce courage inflexible,
Le lion rugissant est un agneau paisible,
Dieu, notre Dieu, sans doute a versé dans son cœur
Cet esprit de douceur.

LE CHŒUR chante.

Dieu, notre Dieu, sans doute a versé dans son cœur
Cet esprit de douceur.

LA MÊME ISRAÉLITE chante.

Tel qu'un ruisseau docile
Obéit à la main qui détourne son cours,
Et, laissant de ses eaux partager le secours,
Va rendre tout un champ fertile :
Dieu, de nos volontés arbitre souverain,
Le cœur des rois est ainsi dans ta main.

ÉLISE

Ah ! que je crains, mes sœurs, les funestes nuages
Qui de ce prince obscurcissent les yeux !
Comme il est aveuglé du culte de ses dieux !

UNE ISRAÉLITE

Il n'atteste jamais que leurs noms odieux.

UNE AUTRE

Aux feux inanimés dont se parent les cieux
Il rend de profanes hommages.

UNE AUTRE

Tout son palais est plein de leurs images.

LE CHŒUR chante.

Malheureux, vous quittez le maître des humains
Pour adorer l'ouvrage de vos mains !

UNE ISRAÉLITE chante.

Dieu d'Israël, dissipe enfin cette ombre.
Des larmes de tes saints quand seras-tu touché ?
Quand sera le voile arraché
Qui sur tout l'univers jette une nuit si sombre ?
Dieu d'Israël, dissipe enfin cette ombre ;
Jusqu'à quand seras-tu caché ?

UNE DES PLUS JEUNES ISRAÉLITES

Parlons plus bas, mes sœurs. Ciel ! si quelque infidèle,
Écoutant nos discours, nous allait déceler !

ÉLISE

Quoi ! fille d'Abraham, une crainte mortelle
Semble déjà vous faire chanceler !
Eh ! si l'impie Aman dans sa main homicide,
Faisant luire à vos yeux un glaive menaçant,
A blasphémer le nom du Tout-Puissant
Voulait forcer votre bouche timide !

UNE AUTRE ISRAÉLITE

Peut-être Assuérus, frémissant de courroux,
Si nous ne courbons les genoux
Devant une muette idole,
Commandera qu'on nous immole.
Chère sœur, que choisirez-vous ?

LA JEUNE ISRAÉLITE

Moi, je pourrais trahir le Dieu que j'aime !
J'adorerais un dieu sans force et sans vertu,
Reste d'un tronc par les vents abattu,
Qui ne peut se sauver lui-même !

LE CHŒUR chante.

Dieux impuissants, dieux sourds, tous ceux qui vous implorent
Ne seront jamais entendus :
Que les démons et ceux qui les adorent
Soient à jamais détruits et confondus !

UNE ISRAÉLITE chante.

Que ma bouche et mon cœur, et tout ce que je suis,
Rendent honneur au Dieu qui m'a donné la vie.
Dans les craintes, dans les ennuis,
En ses bontés mon âme se confie.
Veut-il par mon trépas que je le glorifie ?
Que ma bouche et mon cœur, et tout ce que je suis,
Rendent honneur au Dieu qui m'a donné la vie.

ÉLISE

Je n'admirai jamais la gloire de l'impie.

UNE AUTRE ISRAÉLITE

Au bonheur du méchant qu'un autre porte envie.

ÉLISE

Tous ses jours paraissent charmants ;
L'or éclate en ses vêtements ;
Son orgueil est sans borne ainsi que sa richesse ;
Jamais l'air n'est troublé par ses gémissements :
Il s'endort, il s'éveille au son des instruments ;
Son cœur nage dans la mollesse.

UNE AUTRE ISRAÉLITE

Pour comble de prospérité,
Il espère revivre en sa postérité ;
Et d'enfants à sa table une riante troupe
Semble boire avec lui la joie à pleine coupe.

(Tout le reste est chanté.)

LE CHŒUR

Heureux, dit-on, le peuple florissant
Sur qui ces biens coulent en abondance ;
Plus heureux le peuple innocent
Qui dans le Dieu du ciel a mis sa confiance !

UNE ISRAÉLITE seule.

Pour contenter ses frivoles désirs
L'homme insensé vainement se consume :
Il trouve l'amertume
Au milieu des plaisirs.

UNE AUTRE seule.

Le bonheur de l'impie est toujours agité :
Il erre à la merci de sa propre inconstance.
Ne cherchons la félicité
Que dans la paix de l'innocence.

LA MÊME avec une autre.

O douce paix !
O lumière éternelle !
Beauté toujours nouvelle,
Heureux le cœur épris de tes attraits !
O douce paix !
O lumière éternelle !
Heureux le cœur qui ne te perd jamais !

LE CHŒUR

O douce paix !
O lumière éternelle !
Beauté toujours nouvelle,
O douce paix !
Heureux le cœur qui ne te perd jamais !

LA MÊME seule.

Nulle paix pour l'impie. Il la cherche, elle fuit ;
Et le calme en son cœur ne trouve point de place :
Le glaive au dehors le poursuit ;
Le remords au dedans le glace.

UNE AUTRE

La gloire des méchants en un moment s'éteint ;
L'affreux tombeau pour jamais les dévore.
Il n'en est pas ainsi de celui qui te craint :
Il renaîtra, mon Dieu, plus brillant que l'aurore.

LE CHŒUR

O douce paix !
Heureux le cœur qui ne te perd jamais !

ÉLISE, sans chanter.

Mes sœurs, j'entends du bruit dans la chambre prochaine :
On nous appelle ; allons rejoindre notre reine.

———

ACTE TROISIÈME

*Le théâtre représente les jardins d'Esther et un des côtés du salon
où se fait le festin.*

SCÈNE I

AMAN, ZARÈS

ZARÈS

C'est donc ici d'Esther le superbe jardin ?
Et ce salon pompeux est le lieu du festin.

Mais, tandis que la porte en est encor fermée,
Écoutez les conseils d'une épouse alarmée.
Au nom du sacré nœud qui m'unit avec vous,
Dissimulez, seigneur, cet aveugle courroux ;
Éclaircissez ce front où la tristesse est peinte :
Les rois craignent surtout le reproche et la plainte.
Seul entre tous les grands par la reine invité,
Ressentez donc aussi cette félicité.
Si le mal vous aigrit, que le bienfait vous touche.
Je l'ai cent fois appris de votre propre bouche :
Quiconque ne sait pas dévorer un affront,
Ni de fausses couleurs se déguiser le front,
Loin de l'aspect des rois qu'il s'écarte, qu'il fuie ;
Il est des contre-temps qu'il faut qu'un sage essuie :
Souvent avec prudence un outrage enduré
Aux honneurs les plus hauts a servi de degré.

AMAN

O douleur ! ô supplice affreux à la pensée !
O honte qui jamais ne peut être effacée !
Un exécrable Juif, l'opprobre des humains,
S'est donc vu de la pourpre habillé par mes mains !
C'est peu qu'il ait sur moi remporté la victoire :
Malheureux ! j'ai servi de héraut à sa gloire !
Le traître ! il insultait à ma confusion :
Et tout le peuple même avec dérision,
Observant la rougeur qui couvrait mon visage,
De ma chute certaine en tirait le présage.
Roi cruel, ce sont là les jeux où tu te plais ;
Tu ne m'as prodigué tes perfides bienfaits
Que pour me faire mieux sentir ta tyrannie
Et m'accabler enfin de plus d'ignominie.

ZARÈS

Pourquoi juger si mal de son intention ?
Il croit récompenser une bonne action.
Ne faut-il pas, seigneur, s'étonner, au contraire,
Qu'il en ait si longtemps différé le salaire ?
Du reste, il n'a rien fait que par votre conseil ;
Vous-même avez dicté tout ce triste appareil :

10*

Vous êtes, après lui, le premier de l'empire.
Sait-il toute l'horreur que ce Juif vous inspire ?

AMAN

Il sait qu'il me doit tout, et que pour sa grandeur
J'ai foulé sous mes pieds remords, crainte, pudeur :
Qu'avec un cœur d'airain exerçant sa puissance,
J'ai fait taire les lois et gémir l'innocence ;
Que pour lui, des Persans bravant l'aversion,
J'ai chéri, j'ai cherché la malédiction ;
Et, pour prix de ma vie à leur haine exposée,
Le barbare aujourd'hui m'expose à leur risée !

ZARÈS

Seigneur, nous sommes seuls. Que sert de se flatter ?
Ce zèle que pour lui vous fîtes éclater,
Ce soin d'immoler tout à son pouvoir suprême,
Entre nous, avaient-ils d'autre objet que vous-même ?
Et, sans chercher plus loin, tous ces Juifs désolés,
N'est-ce pas à vous seul que vous les immolez ?
Et ne craignez-vous point que quelque avis funeste...
Enfin, la cour nous hait, le peuple nous déteste.
Ce Juif même, il le faut confesser malgré moi,
Ce Juif comblé d'honneurs me cause quelque effroi :
Les malheurs sont souvent enchaînés l'un à l'autre,
Et sa race toujours fut fatale à la vôtre.
De ce léger affront songez à profiter :
Peut-être la fortune est prête à vous quitter.
Aux plus affreux excès son inconstance passe :
Prévenez son caprice avant qu'elle se lasse.
Où tendez-vous plus haut ? Je frémis quand je voi
Les abîmes profonds qui s'offrent devant moi :
La chute désormais ne peut être qu'horrible.
Osez chercher ailleurs un destin plus paisible :
Regagnez l'Hellespont et ses bords écartés
Où vos aïeux errants jadis furent jetés,
Lorsque des Juifs contre eux la vengeance allumée
Chassa tout Amalec de la triste Idumée.
Aux malices du sort enfin dérobez-vous.
Nos plus riches trésors marcheront devant nous ;
Vous pouvez du départ me laisser la conduite ;

Surtout de vos enfants j'assurerai la fuite.
N'ayez soin cependant que de dissimuler.
Contente, sur vos pas vous me verrez voler.
La mer la plus terrible et la plus orageuse
Est plus sûre pour nous que cette cour trompeuse.
Mais à grands pas vers vous je vois quelqu'un marcher :
C'est Hydaspe.

SCÈNE II

AMAN, ZARÈS, HYDASPE

HYDASPE

Seigneur, je courais vous chercher :
Votre absence en ces lieux suspend toute la joie,
Et pour vous y conduire Assuérus m'envoie.

AMAN

Et Mardochée est-il aussi de ce festin ?

HYDASPE

A la table d'Esther portez-vous ce chagrin ?
Quoi ! toujours de ce Juif l'image vous désole ?
Laissez-le s'applaudir d'un triomphe frivole ;
Croit-il d'Assuérus éviter la rigueur ?
Ne possédez-vous pas son oreille et son cœur ?
On a payé le zèle, on punira le crime,
Et l'on vous a, seigneur, orné votre victime.
Je me trompe, ou vos vœux par Esther secondés
Obtiendront plus encor que vous ne demandez.

AMAN

Croirai-je le bonheur que ta bouche m'annonce ?

HYDASPE

J'ai des savants devins entendu la réponse :
Ils disent que la main d'un perfide étranger
Dans le sang de la reine est prête à se plonger ;
Et le roi, qui ne sait où trouver le coupable,
N'impute qu'aux seuls Juifs ce projet détestable.

AMAN

Oui, ce sont, cher ami, des monstres furieux ;
Il faut craindre surtout leur chef audacieux.
La terre avec horreur dès longtemps les endure,
Et l'on n'en peut trop tôt délivrer la nature.
Ah ! je respire enfin. Chère Zarès, adieu:

HYDASPE

Les compagnes d'Esther s'avancent vers ce lieu :
Sans doute leur concert va commencer la fête.
Entrez, et recevez l'honneur qu'on vous apprête.

SCÈNE III

ÉLISE, LE CHŒUR

(Ceci se récite sans chant)

UNE DES ISRAÉLITES

C'est Aman.

UNE AUTRE

C'est lui-même, et j'en frémis, ma sœur.

LA PREMIÈRE

Mon cœur de crainte et d'horreur se resserre.

L'AUTRE

C'est d'Israël le superbe oppresseur.

LA PREMIÈRE

C'est celui qui trouble la terre.

ÉLISE

Peut-on, en le voyant, ne le connaître pas ?
L'orgueil et le dédain sont peints sur son visage.

UNE ISRAÉLITE

On lit dans ses regards sa fureur et sa rage.

UNE AUTRE

Je croyais voir marcher la mort devant ses pas.

UNE DES PLUS JEUNES

Je ne sais si ce tigre a reconnu sa proie ;
Mais en nous regardant, mes sœurs, il m'a semblé
Qu'il avait dans les yeux une barbare joie
      Dont tout mon sang est encore troublé.

ÉLISE

Que ce nouvel honneur va croître son audace !
      Je le vois, mes sœurs, je le voi :
A la table d'Esther l'insolent près du roi
      A déjà pris sa place.

UNE DES ISRAÉLITES

Ministres du festin, de grâce, dites-nous
Quels mets à ce cruel, quel vin préparez-vous ?

UNE AUTRE

Le sang de l'orphelin,

UNE TROISIÈME

      Les pleurs des misérables,

LA SECONDE

Sont ses mets les plus agréables.

LA TROISIÈME

C'est son breuvage le plus doux.

ÉLISE

Chères sœurs, suspendez la douleur qui vous presse.
Chantons, on nous l'ordonne ; et que puissent nos chants
Du cœur d'Assuérus adoucir la rudesse,
Comme autrefois David par ses accords touchants
Calmait d'un roi jaloux la sauvage tristesse !

(Tout le reste de cette scène est chanté.)

UNE ISRAÉLITE

      Que le peuple est heureux
      Lorsqu'un roi généreux,
Craint dans tout l'univers, veut encore qu'on l'aime !
Heureux le peuple, heureux le roi lui-même !

TOUT LE CHŒUR

O repos ! ô tranquillité !
O d'un parfait bonheur assurance éternelle
Quand la suprême autorité
Dans ses conseils a toujours auprès d'elle
La justice et la vérité !

(Les quatres stances suivantes sont chantées alternativement par
une voix seule et par le chœur.)

UNE ISRAÉLITE

Rois, chassez la calomnie :
Ses criminels attentats
Des plus paisibles États
Troublent l'heureuse harmonie.

Sa fureur, de sang avide,
Poursuit partout l'innocent.
Rois, prenez soin de l'absent
Contre sa langue homicide.

De ce monstre si farouche
Craignez la feinte douceur :
La vengeance est dans son cœur
Et la pitié dans sa bouche.

La fraude adroite et subtile
Sème de fleurs son chemin ;
Mais sur ses pas vient enfin
Le repentir inutile.

UNE ISRAÉLITE seule.

D'un souffle l'aquilon écarte les nuages,
Et chasse au loin la foudre et les orages :
Un roi sage, ennemi du langage menteur,
Écarte d'un regard le perfide imposteur.

UNE AUTRE

J'admire un roi victorieux
Que sa valeur conduit triomphant en tous lieux ;
Mais un roi sage et qui hait l'injustice,
Qui sous la loi du riche impérieux
Ne souffre point que le pauvre gémisse,
Est le plus beau présent des cieux.

UNE AUTRE

La veuve en sa défense espère.

UNE AUTRE

De l'orphelin il est le père.

TOUTES ENSEMBLE

Et les larmes du juste implorant son appui
Sont précieuses devant lui.

UNE ISRAÉLITE seule.

Détourne, roi puissant, détourne tes oreilles
De tout conseil barbare et mensonger.
Il est temps que tu t'éveilles :
Dans le sang innocent ta main va se plonger
Pendant que tu sommeilles.
Détourne, roi puissant, détourne tes oreilles
De tout conseil barbare et mensonger.

UNE AUTRE

Ainsi puisse sous toi trembler la terre entière !
Ainsi puisse à jamais contre tes ennemis
Le bruit de ta valeur te servir de barrière !
S'ils t'attaquent, qu'ils soient en un moment soumis !
Que de ton bras la force les renverse ;
Que de ton nom la terreur les disperse ;
Que tout leur camp nombreux soit devant tes soldats
Comme d'enfants une troupe inutile ;
Et si par un chemin il entre en tes États,
Qu'il en sorte par plus de mille !

SCÈNE IV

ASSUÉRUS, ESTHER, AMAN, ÉLISE, LE CHŒUR

ASSUÉRUS à Esther.

Oui, vos moindres discours ont des grâces secrètes,
Une noble pudeur à tout ce que vous faites
Donne un prix que n'ont point ni la pourpre ni l'or.

Quel climat renfermait un si rare trésor ?
Dans quel sein vertueux avez-vous pris naissance,
Et quelle main si sage éleva votre enfance ?
Mais dites promptement ce que vous demandez ;
Tous vos désirs, Esther, vous seront accordés :
Dussiez-vous, je l'ai dit et veux bien le redire,
Demander la moitié de ce puissant empire.

ESTHER

Je ne m'égare point dans ces vastes désirs.
Mais puisqu'il faut enfin expliquer mes soupirs,
Puisque mon roi lui-même à parler me convie,

(Elle se jette aux pieds du roi.)

J'ose vous implorer et pour ma propre vie,
Et pour les tristes jours d'un peuple infortuné
Qu'à périr avec moi vous avez condamné.

ASSUÉRUS la relevant.

A périr ! vous ! Quel peuple, et quel est ce mystère ?

AMAN à part.

Je tremble.

ESTHER

Esther, seigneur, eut un Juif pour son père ;
De vos ordres sanglants vous savez la rigueur.

AMAN à part.

Ah ! dieux !

ASSUÉRUS

Ah ! de quel coup me percez-vous le cœur !
Vous la fille d'un Juif ! Hé quoi ! tout ce que j'aime,
Cette Esther, l'innocence et la sagesse même,
Que je croyais du ciel les plus chères amours,
Dans cette source impure aurait puisé ses jours !
Malheureux ! -

ESTHER

Vous pourrez rejeter ma prière ;
Mais je demande au moins que, pour grâce dernière,
Jusqu'à la fin, seigneur, vous m'entendiez parler,
Et que surtout Aman n'ose point me troubler.

ASSUÉRUS

Parlez.

ESTHER

O Dieu, confonds l'audace et l'imposture !
Ces Juifs, dont vous voulez délivrer la nature,
Que vous croyez, seigneur, le rebut des humains,
D'une riche contrée autrefois souverains,
Pendant qu'ils n'adoraient que le Dieu de leurs pères,
Ont vu bénir le cours de leurs destins prospères.
Ce Dieu, maître absolu de la terre et des cieux,
N'est point tel que l'erreur le figure à vos yeux.
L'Éternel est son nom, le monde est son ouvrage.
Il entend les soupirs de l'humble qu'on outrage,
Juge tous les mortels avec d'égales lois,
Et du haut de son trône interroge les rois.
Des plus fermes États la chute épouvantable,
Quand il veut, n'est qu'un jeu de sa main redoutable.
Les Juifs à d'autres dieux osèrent s'adresser :
Roi, peuples, en un jour tout se vit disperser :
Sous les Assyriens leur triste servitude
Devint le juste prix de leur ingratitude.
Mais, pour punir enfin nos maîtres à leur tour,
Dieu fit choix de Cyrus avant qu'il vît le jour,
L'appela par son nom, le promit à la terre,
Le fit naître, et soudain l'arma de son tonnerre,
Brisa les fiers remparts et les portes d'airain,
Mit des superbes rois la dépouille en sa main,
De son temple détruit vengea sur eux l'injure :
Babylone paya nos pleurs avec usure.
Cyrus, par lui vainqueur, publia ses bienfaits,
Regarda notre peuple avec des yeux de paix,
Nous rendit et nos lois et nos fêtes divines ;
Et le temple déjà sortait de ses ruines.
Mais de ce roi si sage héritier insensé,
Son fils interrompit l'ouvrage commencé,
Fut sourd à nos douleurs : Dieu rejeta sa race,
Le retrancha lui-même, et vous mit en sa place.
Que n'espérions-nous point d'un roi si généreux !
Dieu regarde en pitié son peuple malheureux,
Disions-nous ; un roi règne, ami de l'innocence.

Partout du nouveau prince on vantait la clémence :
Les Juifs partout de joie en poussèrent des cris.
Ciel ! verra-t-on toujours par de cruels esprits
Des princes les plus doux l'oreille environnée,
Et du bonheur public la source empoisonnée !
Dans le fond de la Thrace un barbare enfanté
Est venu dans ces lieux souffler la cruauté :
Un ministre ennemi de votre propre gloire...

AMAN

De votre gloire ! moi ! ciel ! le pourriez-vous croire ?
Moi qui n'ai d'autre objet ni d'autre dieu...

ASSUÉRUS

                              Tais-toi.
Oses-tu donc parler sans l'ordre de ton roi ?

ESTHER

Notre ennemi cruel devant vous se déclare,
C'est lui ; c'est ce ministre infidèle et barbare
Qui, d'un zèle trompeur à vos yeux revêtu,
Contre notre innocence arma votre vertu.
Et quel autre, grand Dieu ! qu'un Scythe impitoyable
Aurait de tant d'horreurs dicté l'offre effroyable ?
Partout l'affreux signal en même temps donné
De meurtres remplira l'univers étonné ;
On verra, sous le nom du plus juste des princes,
Un perfide étranger désoler vos provinces ;
Et dans ce palais même, en proie à son courroux,
Le sang de vos sujets regorger jusqu'à vous.
Et que reproche aux Juifs sa haine envenimée ?
Quelle guerre intestine avons-nous allumée ?
Les a-t-on vus marcher parmi vos ennemis ?
Fut-il jamais au joug esclaves plus soumis ?
Adorant dans leurs fers le Dieu qui les châtie,
Pendant que votre main sur eux appesantie
A leurs persécuteurs les livrait sans secours,
Ils conjuraient ce Dieu de veiller sur vos jours,
De rompre des méchants les trames criminelles,

De mettre votre trône à l'ombre de ses ailes.
N'en doutez point, seigneur, il fut votre soutien :
Lui seul mit à vos pieds le Parthe et l'Indien,
Dissipa devant vous les innombrables Scythes,
Et renferma les mers dans vos vastes limites ;
Lui seul aux yeux d'un Juif découvrit le dessein
De deux traîtres tout prêts à vous percer le sein.
Hélas ! ce Juif jadis m'adopta pour sa fille.

ASSUÉRUS

Mardochée ?

ESTHER

Il restait seul de notre famille ;
Mon père était son frère. Il descend comme moi
Du sang infortuné de notre premier roi.
Plein d'une juste horreur pour un Amalécite,
Race que notre Dieu de sa bouche a maudite,
Il n'a devant Aman pu fléchir les genoux,
Ni lui rendre un honneur qu'il ne croit dû qu'à vous.
De là contre les Juifs et contre Mardochée
Cette haine, seigneur, sous d'autres noms cachée.
En vain de vos bienfaits Mardochée est paré :
A la porte d'Aman est déjà préparé
D'un infâme trépas l'instrument exécrable ;
Dans une heure au plus tard ce vieillard vénérable,
Des portes du palais par son ordre arraché,
Couvert de votre pourpre y doit être attaché.

ASSUÉRUS

Quel jour mêlé d'horreur vient effrayer mon âme !
Tout mon sang de colère et de honte s'enflamme.
J'étais donc le jouet... Ciel, daigne m'éclairer !
Un moment, sans témoins cherchons à respirer.
Appelez Mardochée ; il faut aussi l'entendre.

(Assuérus s'éloigne.)

UNE ISRAÉLITE

Vérité que j'implore, achève de descendre !

SCÈNE V

ESTHER, AMAN, ÉLISE, LE CHŒUR

AMAN à Esther.

D'un juste étonnement je demeure frappé.
Les ennemis des Juifs m'ont trahi, m'ont trompé :
J'en atteste du Ciel la puissance suprême,
En les perdant j'ai cru vous assurer vous-même.
Princesse, en leur faveur employez mon crédit ;
Le roi, vous le voyez, flotte encore interdit.
Je sais par quels ressorts on le pousse, on l'arrête ;
Et fais, comme il me plaît, le calme et la tempête ;
Les intérêts des Juifs déjà me sont sacrés ;
Parlez : vos ennemis aussitôt massacrés,
Victimes de la foi que ma bouche vous jure,
De ma fatale erreur répareront l'injure.
Quel sang demandez-vous ?

ESTHER

Va, traître, laisse-moi :
Les Juifs n'attendent rien d'un méchant tel que toi.
Misérable ! le Dieu vengeur de l'innocence,
Tout prêt à te juger, tient déjà sa balance.
Bientôt son juste arrêt te sera prononcé,
Tremble, son jour approche, et ton règne est passé.

AMAN

Oui, ce Dieu, je l'avoue, est un Dieu redoutable :
Mais veut-il que l'on garde une haine implacable ?
C'en est fait : mon orgueil est forcé de plier ;
L'inexorable Aman est réduit à prier.

(Il se jette aux pieds d'Esther.)

Par le salut des Juifs, par ces pieds que j'embrasse,
Par ce sage vieillard, l'honneur de votre race,
Daignez d'un roi terrible apaiser le courroux :
Sauvez Aman, qui tremble à vos sacrés genoux.

SCÈNE VI

ASSUÉRUS, ESTHER, AMAN, ÉLISE,
LE CHŒUR, LES GARDES

ASSUÉRUS

Quoi ! le traître sur vous porte ses mains hardies !
Ah ! dans ses yeux confus je lis ses perfidies
Et son trouble appuyant la foi de vos discours,
De tous ses attentats me rappelle le cours.
Qu'à ce monstre à l'instant l'âme soit arrachée ;
Et que devant sa porte, au lieu de Mardochée,
Apaisant par sa mort et la terre et les cieux,
De mes peuples vengés il repaisse les yeux.

(Aman est emmené par des gardes.)

SCÈNE VII

ASSUÉRUS, ESTHER, MARDOCHÉE, ÉLISE,
LE CHŒUR

ASSUÉRUS, assis sur le trône.

Mortel chéri du ciel, mon salut et ma joie,
Aux conseils des méchants ton roi n'est plus en proie ;
Mes yeux sont dessillés, le crime est confondu :
Viens briller près de moi dans le rang qui t'est dû.
Je te donne d'Aman les biens et la puissance ;
Possède justement son injuste opulence.
Je romps le joug funeste où les Juifs sont soumis,
Je leur livre le sang de tous leurs ennemis ;
A l'égal des Persans je veux qu'on les honore,
Et que tout tremble au nom du Dieu qu'Esther adore.
Rebâtissez son temple, et peuplez vos cités ;
Que vos heureux enfants dans leurs solennités
Consacrent de ce jour le triomphe et la gloire,
Et qu'à jamais mon nom vive dans leur mémoire.

SCÈNE VIII

ASSUÉRUS, ESTHER, MARDOCHÉE, ASAPH, ÉLISE, LE CHŒUR

ASSUÉRUS

Que veut Asaph !

ASAPH

Seigneur, le traître est expiré ;
Par le peuple en fureur à moitié déchiré,
On traîne, on va donner en spectacle funeste
De son corps tout sanglant le misérable reste.

MARDOCHÉE

Roi, qu'à jamais le ciel prenne soin de vos jours !
Le péril des Juifs presse, et veut un prompt secours.

ASSUÉRUS

Oui ! je t'entends. Allons par des ordres contraires
Révoquer d'un méchant les ordres sanguinaires.

ESTHER

O Dieu ! par quelle route inconnue aux mortels
Ta sagesse conduit ses desseins éternels !

SCÈNE IX

LE CHŒUR

TOUT LE CHŒUR

Dieu fait triompher l'innocence,
Chantons, célébrons sa puissance.

UNE ISRAÉLITE

Il a vu contre nous les méchants s'assembler,
Et notre sang prêt à couler ;
Comme l'eau sur la terre ils allaient le répandre :

Du haut du ciel sa voix s'est fait entendre ;
      L'homme superbe est renversé,
      Ses propres flèches l'ont percé.

UNE AUTRE

J'ai vu l'impie adoré sur la terre :
  Pareil au cèdre il cachait dans les cieux
      Son front audacieux ;
Il semblait à son gré gouverner le tonnerre,
  Foulait aux pieds ses ennemis vaincus ;
Je n'ai fait que passer, il n'était déjà plus.

UNE AUTRE

On peut des plus grands rois surprendre la justice :
      Incapables de tromper,
      Ils ont peine à s'échapper
      Des pièges de l'artifice.
Un cœur noble ne peut soupçonner en autrui
      La bassesse et la malice
      Qu'il ne sent point en lui.

UNE AUTRE

Comment s'est calmé l'orage ?

UNE AUTRE

Quelle main salutaire a chassé le nuage ?

TOUT LE CHŒUR

L'aimable Esther a fait ce grand ouvrage.

UNE ISRAÉLITE seule.

De l'amour de son Dieu son cœur s'est embrasé ;
      Au péril d'une mort funeste
      Son zèle ardent s'est exposé ;
  Elle a parlé : le Ciel a fait le reste.

DEUX ISRAÉLITES

Esther a triomphé des filles des Persans :
La nature et le Ciel à l'envi l'ont ornée ;

L'UNE DES DEUX

Tout ressent de ses yeux les charmes innocents ;
Jamais tant de beauté fut-elle couronnée ?

L'AUTRE

Les charmes de son cœur sont encor plus puissants :
Jamais tant de vertu fut-elle couronnée ?

TOUTES DEUX ensemble.

Esther a triomphé des filles des Persans :
La nature et le Ciel à l'envi l'ont ornée.

UNE ISRAÉLITE seule.

Ton Dieu n'est plus irrité ;
Réjouis-toi, Sion, et sors de la poussière ;
Quitte les vêtements de ta captivité,
     Et reprends ta splendeur première.
Les chemins de Sion à la fin sont ouverts.
       Rompez vos fers,
       Tribus captives,
       Troupes fugitives,
   Repassez les monts et les mers ;
Rassemblez-vous des bouts de l'univers.

TOUT LE CHŒUR

       Rompez vos fers,
       Tribus captives,
       Troupes fugitives,
   Repassez les monts et les mers ;
Rassemblez-vous des bouts de l'univers.

UNE ISRAÉLITE seule.

Je reverrai ces campagnes si chères.

UNE AUTRE

J'irai pleurer au tombeau de mes pères.

TOUT LE CHŒUR

   Repassez les monts et les mers ;
Rassemblez-vous des bouts de l'univers.

UNE ISRAÉLITE seule.

Relevez, relevez les superbes portiques
Du temple où notre Dieu se plaît d'être adoré.
Que de l'or le plus pur son autel soit paré,
Et que du sein des monts le marbre soit tiré.

Liban, dépouille-toi de tes cèdres antiques :
Prêtres sacrés, préparez vos cantiques.

UNE AUTRE

Dieu descend, et revient habiter parmi nous :
Terre, frémis d'allégresse et de crainte ;
Et vous, sous sa majesté sainte,
Cieux, abaissez-vous !

UNE AUTRE

Que le Seigneur est bon ! que son joug est aimable !
Heureux qui dès l'enfance en connaît la douceur !
Jeune peuple, courez à ce maître adorable :
Les biens les plus charmants n'ont rien de comparable
Aux torrents de plaisirs qu'il répand dans un cœur.
Que le Seigneur est bon ! que son joug est aimable !
Heureux qui dès l'enfance en connaît la douceur !

UNE AUTRE

Il s'apaise, il pardonne ;
Du cœur ingrat qui l'abandonne
Il attend le retour ;
Il excuse notre faiblesse ;
A nous chercher même il s'empresse :
Pour l'enfant qu'elle a mis au jour
Une mère a moins de tendresse.
Ah ! qui peut avec lui partager notre amour !

TROIS ISRAÉLITES

Il nous fait remporter une illustre victoire.

L'UNE DES TROIS

Il nous a révélé sa gloire.

TOUTES TROIS ensemble,

Ah ! qui peut avec lui partager notre amour !

TOUT LE CHŒUR

Que son nom soit béni, que son nom soit chanté ;
Que l'on célèbre ses ouvrages
Au delà des temps et des âges,
Au delà de l'éternité !

MORCEAUX CHOISIS

I

AUTEURS CLASSIQUES

Nous donnons ici des extraits de quelques œuvres classiques, afin que les élèves puissent acquérir par les textes une première notion de la Littérature française au xviie et au xviiie siècle.

Le xixe siècle leur est déjà un peu connu par les Explications françaises, le Cours de Style et les Morceaux choisis de cette année et des années précédentes.

DE RETZ (1614-1679)

Les Fantômes.

La petite pointe du jour (c'était dans les plus grands jours d'été) commençait à paraître quand on fut au bas de la descente des Bonshommes. Justement au pied, le carrosse arrêta tout court.

Comme j'étais à l'une des portières avec mademoiselle de Vendôme, je demandai au cocher pourquoi il s'arrêtait, et il me répondit avec une voix fort étonnée : « Voulez-vous que je passe par-dessus tous les diables qui sont là devant moi ? » Je mis la tête hors de la portière, et comme j'ai toujours eu la vue fort basse, je ne vis rien. Madame de Choisy, qui était à l'autre portière avec M. de Turenne, fut la première qui aperçut du carrosse la cause de la frayeur

11 — Manuel de 4e Classe.

du cocher ; je dis du carrosse, car cinq ou six laquais
qui étaient derrière criaient : « Jésus, Maria ! » et tremblaient déjà de peur. M. de Turenne se jeta hors du
carrosse aux cris de madame de Choisy. Je crus que
c'étaient des voleurs. Je sautai aussitôt hors du carrosse, je pris l'épée d'un laquais, je la tirai, et j'allai
joindre de l'autre côté M. de Turenne, que je trouvai
regardant fixément quelque chose que je ne voyais
point. Je lui demandai ce qu'il regardait, et il me
répondit en me poussant du bras et assez bas : « Je
vous le dirai ; mais il ne faut pas épouvanter ces
dames, » qui, dans la vérité, hurlaient plutôt qu'elles
ne criaient. Vous connaissez peut-être les cris aigus
de madame de Choisy ; mademoiselle de Vendôme
disait son chapelet ; madame de Vendôme voulait se
confesser à M. de Lisieux, qui lui disait : « Ma fille,
n'ayez point peur, vous êtes en la main de Dieu. » Le
comte de Brion avait entonné bien dévotement, à
genoux, avec tous nos laquais, les litanies de la Vierge.

Tout cela se passa, comme vous pouvez vous imaginer, en même temps et en moins de rien. M. de
Turenne, qui avait une petite épée à son côté, l'avait
aussi tirée, et après avoir regardé un peu, comme
je vous ai déjà dit, il se tourna vers moi de l'air dont
il eût demandé son dîner, ou de l'air dont il eût
donné une bataille, avec ces paroles : « Allons voir
ces gens-là ! — Quelles gens ? » lui répartis-je. Et
dans la vérité, je croyais que tout le monde avait perdu
le sens. Il me répondit : « Effectivement, je crois que
ce pourrait bien être les diables. »

Comme nous avions déjà fait cinq ou six pas du
côté de la Savonnerie, et que nous étions par conséquent plus proches du spectacle, je commençai à entre-

voir quelque chose; et ce qui m'en parut fut une longue procession de fantômes noirs, qui me donna d'abord plus d'émotion qu'elle n'en avait donné à M. de Turenne; mais, en réfléchissant que j'avais longtemps cherché des esprits, et qu'apparemment j'en trouvais en ce lieu, je fis deux ou trois sauts vers la procession. Les gens du carrosse, qui croyaient que nous étions aux mains avec tous les diables, firent un grand cri, et ce ne fut pourtant pas eux qui eurent le plus de peur. Ce furent les pauvres Augustins, réformés et déchaussés, que l'on appelle les Capucins noirs, et qui étaient nos diables d'imagination, en voyant venir à eux deux hommes qui avaient l'épée à la main.

(Mémoires.)

PASCAL (1623-1662)

Les divertissements.

Les hommes, n'ayant pu guérir la mort, la misère, l'ignorance, se sont avisés, pour se rendre heureux, de n'y point penser; c'est tout ce qu'ils ont pu inventer pour se rendre heureux. Mais c'est une consolation bien misérable, puisqu'elle va non pas à guérir le mal, mais à le cacher simplement pour un peu de temps, et qu'en le cachant elle fait qu'on ne pense pas à le guérir véritablement. Ainsi, par un étrange renversement de la nature de l'homme, il se trouve que l'ennui, qui est son mal le plus sensible, est en quelque sorte son plus grand bien; parce qu'il peut contribuer plus que toutes choses à lui faire rechercher sa véritable guérison ; et que le divertissement, qu'il regarde comme son plus grand bien, est en effet son plus grand mal, parce qu'il l'éloigne, plus que toutes choses, de chercher le remède à ses maux ; et l'un et l'autre sont une preuve admirable de la misère et de la corruption de l'homme, et en même temps de sa grandeur, puisque l'homme ne cherche cette multitude d'occupations que parce qu'il a l'idée du bonheur qu'il a perdu, lequel ne trouvant point en soi, il le cherche inutilement dans les choses extérieures, sans pouvoir jamais se contenter, parce qu'il n'est ni dans nous, ni dans les créatures, mais en Dieu seul.

(Pensées.)

LA ROCHEFOUCAULD (1613-1680)

Maximes.

Quelques découvertes que l'on ait faites dans le pays de l'amour-propre, il y reste encore bien des terres inconnues.

Si nous n'avions pas de défauts, nous ne prendrions pas tant de plaisir à en remarquer dans les autres.

Tout le monde se plaint de sa mémoire et personne ne se plaint de son jugement.

On aime mieux dire du mal de soi que de n'en point parler.

Les esprits médiocres condamnent d'ordinaire tout ce qui passe leur portée.

C'est en quelque sorte se donner part aux belles actions que de les louer de bon cœur.

CORNEILLE (1606-1684)

Cinna.

Émilie, dont le père a été tué par Auguste, organise contre lui une conspiration dont le chef est Cinna, descendant de Pompée. Le secret est trahi, et Auguste apprend les desseins des deux conspirateurs, qu'il a jusqu'ici comblés de bienfaits. Mais, par un effort de volonté, il domine son indignation et prononce le pardon des coupables.

LE PARDON D'AUGUSTE

AUGUSTE

En est-ce assez, ô ciel! et le sort pour me nuire
A-t-il quelqu'un des miens qu'il veuille encor séduire!
Qu'il joigne à ses efforts le secours des enfers:
Je suis maître de moi comme de l'univers;
Je le suis, je veux l'être. O siècles! ô mémoire!
Conservez à jamais ma dernière victoire.
Je triomphe aujourd'hui du plus juste courroux
De qui le souvenir puisse aller jusqu'à vous.
Soyons amis, Cinna, c'est moi qui t'en convie :
Comme à mon ennemi, je t'ai donné la vie :
Et malgré la fureur de ton lâche destin,
Je te la donne encor comme à mon assassin.
Commençons un combat qui montre par l'issue
Qui l'aura mieux de nous ou donnée ou reçue.
Tu trahis mes bienfaits, je les veux redoubler;
Je t'en avais comblé, je t'en veux accabler :
Avec cette beauté que je t'avais donnée,
Reçois le consulat pour la prochaine année.
Aime Cinna, ma fille, en cet illustre rang;

Préfères-en la pourpre à celle de mon sang ;
Apprends sur mon exemple à vaincre ta colère :
Te rendant un époux, je te rends plus qu'un père.

ÉMILIE

Et je me rends, Seigneur, à ces hautes bontés ;
Je recouvre la vue auprès de leurs clartés :
Je connais mon forfait qui me semblait justice,
Je sens naître en mon âme un repentir puissant,
Et mon cœur en secret me dit qu'il y consent.

Cinna et Émilie se prosternent devant Auguste ; Livie, son épouse, lui prédit que le souvenir de sa magnanimité passera à la postérité. Auguste répond :

J'en accepte l'augure et j'ose l'espérer.
Ainsi toujours les dieux vous daignent inspirer !
Qu'on redouble demain les heureux sacrifices
Que nous leur offrirons sous de meilleurs auspices ;
Et que vos conjurés entendent publier
Qu'Auguste a tout appris, et veut tout oublier.

(Acte V, sc. III.)

RACINE (1639-1699)

Voir *Esther*, p. 269.

MOLIÈRE (1622-1673)

Les Femmes Savantes

DISCOURS DE CHRYSALE

Poussé à bout par sa femme qui vient de chasser Martine pour un maigre sujet, Chrysale éclate enfin en reproches.

CHRYSALE

Voulez-vous que je dise ? Il faut qu'enfin j'éclate,
Que je lève le masque et décharge ma rate.
De folles on vous traite ; et j'ai fort sur le cœur...

PHILAMINTE

Comment donc ?

CHRYSALE

                    C'est à vous que je parle, ma sœur,
Le moindre solécisme en parlant vous irrite ;
Mais vous en faites, vous, d'étranges en conduite.
Vos livres éternels ne me contentent pas ;
Et, hors un gros Plutarque à mettre mes rabats,
Vous devriez brûler tout ce meuble inutile,
Et laisser la science aux docteurs de la ville ;
M'ôter, pour faire bien, du grenier de céans,
Cette longue lunette à faire peur aux gens,
Et cent brimborions dont l'aspect importune ;
Ne point aller chercher ce qu'on fait dans la lune,
Et vous mêler un peu de ce qu'on fait chez vous,
Où nous voyons aller tous sens dessus dessous.
Il n'est pas bien honnête, et pour beaucoup de causes,
Qu'une femme étudie et sache tant de choses :
Former aux bonnes mœurs l'esprit de ses enfants,
Faire aller son ménage, avoir l'œil sur ses gens,
Et régler la dépense avec économie,
Doit être son étude et sa philosophie.
Nos pères, sur ce point, étaient gens bien sensés,
Qui disaient qu'une femme en sait toujours assez,
Quand la capacité de son esprit se hausse
A connaître un pourpoint d'avec un haut-de-chausse.
Les leurs ne lisaient point, mais elles vivaient bien ;

Leurs ménages étaient tout leur docte entretien,
Et leurs livres un dé, du fil et des aiguilles,
Dont elles travaillaient au trousseau de leurs filles.
Les femmes d'à présent sont bien loin de ces mœurs :
Elles veulent écrire, et devenir auteurs ;
Nulle science n'est pour elles trop profonde,
Et céans beaucoup plus qu'en aucun lieu du monde.
Les secrets les plus hauts s'y laissent concevoir,
Et l'on sait tout chez moi, hors ce qu'il faut savoir.
On y sait comme vont lune, étoile polaire,
Vénus, Saturne et Mars, dont je n'ai point affaire ;
Et, dans ce vain savoir, qu'on va chercher si loin,
On ne sait comme va mon pot, dont j'ai besoin.
Mes gens à la science aspirent pour vous plaire,
Et tous ne font rien moins que ce qu'ils ont à faire :
Raisonner est l'emploi de toute ma maison,
Et le raisonnement en bannit la raison.
L'un me brûle mon rôt en lisant quelque histoire,
L'autre rêve à des vers quand je demande à boire ;
Enfin je vois par eux votre exemple suivi,
Et j'ai des serviteurs et ne suis point servi.

(Acte II, sc. VII.)

BOILEAU (1636-1711)

Les Embarras de Paris.

Qui frappe l'air, bon Dieu ! de ces lugubres cris ?
Est-ce donc pour veiller qu'on se couche à Paris ?
Et quel fâcheux démon, durant les nuits entières,
Rassemble ici les chats de toutes les gouttières ?
J'ai beau sauter du lit, plein de trouble et d'effroi,

Je pense qu'avec eux tout l'enfer est chez moi :
L'un miaule en grondant comme un tigre en furie ;
L'autre roule sa voix comme un enfant qui crie.
Ce n'est pas tout encor : les souris et les rats
Semblent, pour m'éveiller, s'entendre avec les chats,
Plus importuns pour moi, durant la nuit obscure,
Que jamais en plein jour ne fut l'abbé de Pure [1].
Tout conspire à la fois à troubler mon repos
Et je me plains ici du moindre de mes maux :
Car à peine les coqs commençant leur ramage,
Auront de cris aigus frappé le voisinage,
Qu'un affreux serrurier, laborieux Vulcain,
Qu'éveillera bientôt l'ardente soif du gain,
Avec un fer maudit, qu'à grand bruit il apprête,
De cent coups de marteau me va fendre la tête.
J'entends partout déjà les charrettes courir,
Les maçons travailler, les boutiques s'ouvrir :
Tandis que dans les airs mille cloches émues
D'un funèbre concert font retentir les nues ;
Et, se mêlant au bruit de la grêle et des vents,
Pour honorer les morts font mourir les vivants.

(Satire VI.)

Mme DE SÉVIGNÉ (1626-1696)

A M. de Coulanges.

Aux Rochers, 22 juillet 1671.

Ce mot sur la semaine est par-dessus le marché de
vous écrire seulement tous les quinze jours, et pour

---

[1] Poète et romancier.

vous donner avis, mon cher cousin, que vous aurez
bientôt l'honneur de voir Picard ; et comme il est
frère du laquais de Mme de Coulanges, je suis bien
aise de vous rendre compte de mon procédé. Vous
savez que Mme la duchesse de Chaulnes est à Vitré ;
elle y attend le duc, son mari, dans dix ou douze
jours, avec les États de Bretagne : vous croyez que
j'extravague ; elle attend donc son mari avec tous les
États, et, en attendant, elle est à Vitré toute seule,
mourant d'ennui. Vous ne comprenez pas que cela
puisse jamais revenir à Picard. Elle meurt donc
d'ennui ; je suis sa seule consolation, et vous croyez
bien que je l'emporte d'une grande hauteur sur
Mlles de Kerbone et de Kerqueoison. Voici un grand
circuit, mais pourtant nous arriverons au but. Comme
je suis donc sa seule consolation, après l'avoir été
voir, elle viendra ici, et je veux qu'elle trouve mon
parterre net et mes allées nettes, ces grandes allées
que vous aimez. Vous ne comprenez pas encore où
cela peut aller ; voici une autre petite proposition
incidente : vous savez qu'on fait les foins ; je n'avais
point d'ouvriers ; j'envoie dans cette prairie, que les
poètes ont célébrée, prendre tous ceux qui travaillaient
pour venir nettoyer ici ; vous n'y voyez encore goutte ;
et, en leur place, j'envoie mes gens faner. Savez-vous
ce que c'est, faner ? Il faut que je vous l'explique :
faner est la plus jolie chose du monde, c'est retourner du foin en batifolant dans une prairie ; dès qu'on
en sait tant, on sait faner. Tous mes gens y allèrent
gaiement : le seul Picard me vint dire qu'il n'irait
pas, qu'il n'était pas entré à mon service pour cela,
que ce n'était pas son métier, et qu'il aimait mieux
s'en aller à Paris. Ma foi ! la colère m'a monté à la

tête; je songeai que c'était la centième sottise qu'il m'avait faite, qu'il n'avait ni cœur ni affection : en un mot la mesure était comble. Je l'ai pris au mot, et, quoi qu'on m'ait pu dire pour lui, je suis demeurée ferme comme un rocher, et il est parti. C'est une justice de traiter les gens selon leurs bons ou mauvais services. Si vous le revoyez, ne le recevez point, ne le protégez point, ne me blâmez point, et songez que c'est le garçon du monde qui aime le moins à faner, et qui est le plus indigne qu'on le traite bien.

Voici l'histoire en peu de mots : pour moi, j'aime les relations où l'on ne dit que ce qui est nécessaire, où l'on ne s'écarte point ni à droite ni à gauche; où l'on ne reprend point les choses de si loin; enfin je crois que c'est ici, sans vanité, le modèle des narrations agréables.

BOSSUET (1627-1704)

Turenne et Condé.

Ç'a été dans notre siècle un grand spectacle de voir, dans le même temps et dans les mêmes campagnes, ces deux hommes que la voix commune de l'Europe égalait aux plus grands capitaines des siècles passés, tantôt à la tête de corps séparés[1], tantôt unis[2], plus encore par le concours des mêmes pensées que par les ordres que l'inférieur recevait de l'autre; tantôt oppo-

---

1 *Séparés* : Condé : campagne de 1643 (Rocroy), conquête de la Franche-Comté (1668), campagnes de Hollande et d'Alsace (1675). — Turenne : campagnes d'Italie (1641-42), d'Alsace (1674).
2 *Unis* : campagne d'Allemagne (1644-45).

sés[1] front à front, et redoublant, l'un dans l'autre,
l'activité et la vigilance, comme si Dieu, dont souvent,
selon l'Écriture, la sagesse se joue dans l'univers, eût
voulu nous les montrer en toutes les formes et nous
montrer ensemble tout ce qu'il peut faire des hommes.
Que de campements, que de belles marches, que de
hardiesse, que de précautions, que de périls, que de
ressources ! Vit-on jamais en deux hommes les mêmes
vertus, avec des caractères si divers, pour ne pas dire
si contraires ?

L'un paraît agir par des réflexions profondes, et
l'autre par de soudaines illuminations; celui-ci par
conséquent plus vif, mais sans que son feu eût rien de
précipité ; celui-là, d'un air froid, sans avoir jamais
rien de lent, plus hardi à faire qu'à parler, résolu et
déterminé au dedans, lors même qu'il paraissait embar-
rassé au dehors. L'un, dès qu'il paraît dans les
armées, donne une haute idée de sa valeur, et fait
attendre quelque chose d'extraordinaire, mais toutefois s'avance par ordre, et vient comme par degrés
aux prodiges qui ont fini le cours de sa vie; l'autre,
comme un homme inspiré, dès sa première bataille,
s'égale aux maîtres les plus consommés. L'un, par de
vifs et continuels efforts, emporte l'admiration du
genre humain et fait taire l'envie; l'autre jette d'abord
une si vive lumière, qu'elle n'osait l'attaquer. L'un
enfin, par la profondeur de son génie et les incroyables
ressources de son courage, s'élève au-dessus des plus
grands périls, et sait même profiter de toutes les infi-
délités de la fortune; l'autre, et par l'avantage d'une
si haute naissance, et par les grandes pensées que le

---

[1] *Opposés* pendant la Fronde (1657-1658).

ciel envoie, et par une espèce d'instinct admirable dont les hommes ne connaissent pas le secret, semble né pour entraîner la fortune dans ses desseins et forcer les destinées.

Et, afin que l'on vît toujours dans ces deux hommes de grands caractères, mais divers, l'un, emporté d'un coup soudain, meurt pour son pays comme un Judas le Machabée, l'armée le pleure comme un père et la cour et tout le peuple gémissent; sa piété est louée comme son courage, et sa mémoire ne se flétrit point par le temps; l'autre, élevé par les armes au comble de la gloire comme un David, comme lui meurt dans son lit, en publiant les louanges de Dieu et instruisant sa famille, et laisse tous les cœurs remplis tant de l'éclat de sa vie que de la douceur de sa mort. Quel spectacle de voir et d'étudier ces deux hommes et d'apprendre de chacun d'eux toute l'estime que mérite l'autre!

(Oraison funèbre de Condé.)

FÉNELON (1651-1715)

La Grotte de Calypso.

Télémaque, accompagné de Mentor, aborde à l'île de la déesse Calypso. Celle-ci reconnaît en lui le fils d'Ulysse et l'introduit dans sa demeure.

Télémaque suivait la déesse environnée d'une foule de jeunes nymphes, au-dessus desquelles elle s'élevait de toute la tête comme un grand chêne dans une forêt élève ses branches épaisses au-dessus de tous les arbres qui l'environnent. Il admirait l'éclat de sa beauté, la

11*

riche pourpre de sa robe longue et flottante, ses cheveux noués par derrière négligemment, mais avec grâce, le feu qui sortait de ses yeux, et la douceur qui tempérait cette vivacité. Mentor, les yeux baissés, gardant un silence modeste, suivait Télémaque.

On arriva à la porte de la grotte de Calypso, où Télémaque fût surpris de voir, avec une apparence de simplicité rustique, tout ce qui peut charmer les yeux. Il est vrai qu'on n'y voyait ni or, ni argent, ni marbre, ni colonnes, ni tableaux, ni statues; mais cette grotte était taillée dans le roc, en voûtes pleines de rocailles et de coquilles; elle était tapissée d'une jeune vigne, qui étendait également ses branches souples de tous côtés. Les doux zéphirs conservaient en ce lieu, malgré les ardeurs du soleil, une délicieuse fraîcheur : des fontaines, coulant avec un doux murmure sur des prés semés d'amarantes et de violettes, formaient en divers lieux des bains aussi purs et aussi clairs que le cristal : mille fleurs naissantes émaillaient les tapis verts dont la grotte était environnée. Là on trouvait un bois de ces arbres touffus qui portent des pommes d'or, et dont la fleur, qui se renouvelle dans toutes les saisons, répand le plus doux de tous les parfums; ce bois semblait couronner ces belles prairies, et formait une nuit que les rayons du soleil ne pouvaient percer : là on n'entendait jamais que le chant des oiseaux, ou le bruit d'un ruisseau qui, se précipitant du haut d'un rocher, tombait à gros bouillons pleins d'écume et s'enfuyait au travers de la prairie.

La grotte de la déesse était sur le penchant d'une colline : de là on découvrait la mer, quelquefois claire et unie comme une glace, quelquefois follement irritée contre les rochers, où elle se brisait en gémissant et

élevant ses vagues comme des montagnes ; d'un autre
côté, on voyait une rivière où se formaient des îles bor-
dées de tilleuls fleuris et de hauts peupliers qui portaient leurs têtes superbes jusque dans les nues. Les
divers canaux qui formaient ces îles semblaient se
jouer dans la campagne : les uns roulaient leurs eaux
claires avec rapidité ; d'autres avaient une eau paisible
et dormante ; d'autres, par de longs détours, revenaient
sur leurs pas, comme pour remonter vers leur source,
et semblaient ne pouvoir quitter ces bords enchantés.
On apercevait de loin des collines et des montagnes
qui se perdaient dans les nues, et dont la figure
bizarre formait un horizon à souhait pour le plaisir
des yeux. Les montagnes voisines étaient couvertes de
pampre vert qui pendait en festons : le raisin, plus
éclatant que la pourpre, ne pouvait se cacher sous les
feuilles, et la vigne était accablée sous son fruit. Le
figuier, l'olivier, le grenadier, et tous les autres arbres,
couvraient la campagne et en faisaient un grand jardin.

(Télémaque, I.)

LA BRUYÈRE (1645-1696)

L'Esclave de la Mode.

Iphis voit à l'église un soulier d'une nouvelle mode ;
il regarde le sien et en rougit ; il ne se croit plus
habillé. Il était venu à la messe pour s'y montrer, et
il se cache : le voilà retenu par le pied dans sa
chambre tout le reste du jour. Il a la main douce et
il l'entretient avec une pâte de senteur. Il a soin de

rire pour montrer ses dents; il fait la petite bouche et
il n'y a guère de moments où il ne veuille sourire. Il
regarde ses jambes, il se voit au miroir; l'on ne peut
être plus content de personne qu'il ne l'est de lui-
même. Il s'est acquis une voix claire et délicate, et
heureusement il parle gras[1]; il a un mouvement de
tête, et je ne sais quel adoucissement dans les yeux,
dont il n'oublie pas de s'embellir. Il a une démarche
molle et le plus joli maintien qu'il est capable de se
procurer. Il met du rouge, mais rarement, il n'en fait
pas habitude; il est vrai aussi qu'il porte des chausses
et un chapeau, et qu'il n'a ni boucles d'oreilles, ni
collier de perles : aussi ne l'ai-je pas mis dans le chapitre des femmes[2].

(Caractères.)

SAINT-SIMON (1675-1745)

Fénelon.

Ce prélat était un grand homme maigre, bien fait,
pâle, avec un grand nez, des yeux dont le feu, et
l'esprit sortaient comme un torrent, et une physionomie telle que je n'en ai point vu qui y ressemblât, et
qui ne se pouvait oublier quand on ne l'aurait vue
qu'une fois. Elle rassemblait tout et les contraires ne
s'y combattaient pas. Elle avait de la gravité et de la
galanterie, du sérieux et de la gaieté; elle sentait également le docteur, l'évêque et le grand seigneur; ce

---

[1] Parler gras ou grasseyer, c'est prononcer la lettre r comme l.
[2] Les femmes, au XVIIe siècle, ne portaient point de chapeau.

qui y surnageait, ainsi que dans toute sa personne,
c'était la finesse, l'esprit, les grâces, la décence et surtout la noblesse. Il fallait effort pour cesser de le regarder. Tous ses portraits sont parlants, sans toutefois
avoir pu attraper la justesse de l'harmonie qui frap-
pait dans l'original, et la délicatesse de chaque caractère que ce visage rassemblait. Les manières y répondaient dans la même proportion, avec une aisance qui
en donnait aux autres, et cet air et ce bon goût qu'on
ne tient que de l'usage de la meilleure compagnie et
du grand monde qui se trouvait répandu de soi-même
dans toutes ses conversations : avec cela une éloquence
naturelle, douce, fleurie ; une politesse insinuante,
mais noble et proportionnée ; une élocution facile,
nette, agréable ; un air de clarté et de netteté pour se
faire entendre dans les matières les plus embarrassées
et les plus dures ; avec cela un homme qui ne voulait
jamais avoir plus d'esprit que ceux à qui il parlait,
qui se mettait à la portée de chacun sans le faire
jamais sentir, qui les mettait à l'aise et qui semblait
enchanter, de façon qu'on ne pouvait le quitter, ni
s'en défendre, ni ne pas chercher à le retrouver. C'est
ce talent si rare, et qu'il avait au dernier degré, qui
lui tint tous ses amis si entièrement attachés toute sa
vie, malgré sa chute, et qui, dans leur dispersion, les
réunissait pour se parler de lui, pour le regretter,
pour le désirer, pour se tenir de plus en plus à lui,
comme les Juifs pour Jérusalem, et soupirer après son
retour, et l'espérer toujours, comme ce malheureux
peuple attend encore et soupire après le Messie.

(Mémoires.)

MONTESQUIEU (1689-1755)

Les Affairés.

Il y a des gens qui se multiplient dans tous les coins et peuplent en un instant les quatre quartiers d'une ville : cent hommes de cette espèce abondent plus que deux mille citoyens; ils pourraient réparer aux yeux des étrangers les ravages de la peste ou de la famine. On demande dans les écoles si un corps peut être en un instant en plusieurs lieux : ils sont une preuve de ce que les philosophes mettent en question.

Un d'eux mourut l'autre jour de lassitude, et on mit cette épitaphe sur son tombeau : « C'est ici que repose celui qui ne s'est jamais reposé. Il s'est promené à cinq cent trente enterrements; il s'est réjoui à la naissance de deux mille six cent quatre-vingts enfants. Les pensions dont il a félicité ses amis, toujours en termes différents, montent à deux millions six cent mille livres; le chemin qu'il a fait sur le pavé, à neuf mille six cents stades; celui qu'il a fait dans la campagne, à trente-six. Sa conversation était amusante, il avait un fonds tout fait de trois cent soixante-cinq contes; il possédait, d'ailleurs, depuis son jeune âge, cent dix-huit apophtegmes tirés des anciens qu'il employait dans les occasions brillantes. Il est mort enfin à la soixantième année de son âge. Je me tais, voyageur; car comment pourrais-je achever de te dire ce qu'il a fait et ce qu'il a vu? »

(Lettres Persanes.)

VOLTAIRE (1694-1778)

Bataille de Steinkerque.

Ce fut alors que se donna la bataille de Steinkerque, célèbre par l'artifice et par la valeur. Un espion que le général français avait auprès du roi Guillaume est découvert. On le force, avant de le faire mourir, d'écrire un faux avis au maréchal de Luxembourg. Sur ce faux avis, Luxembourg prend, avec raison, des mesures qui le devaient faire battre. Son armée endormie est attaquée à la pointe du jour : une brigade est déjà mise en fuite, et le général le sait à peine. Sans un excès de diligence et de bravoure, tout était perdu.

Luxembourg était malade : circonstance funeste dans un moment qui demande une activité nouvelle ; le danger lui rendit ses forces ; il fallait des prodiges pour n'être pas vaincu, et il en fit. Changer de terrain, donner un champ de bataille à son armée qui n'en avait point, rétablir la droite tout en désordre, rallier trois fois ses troupes, charger trois fois à la tête de la maison du roi, fut l'ouvrage de moins de deux heures. Il avait dans son armée Philippe, duc d'Orléans, alors duc de Chartres, depuis régent du royaume, petit-fils de France, qui n'avait pas encore quinze ans. Il ne pouvait être utile pour un coup décisif ; mais c'était beaucoup, pour animer les soldats, qu'un petit-fils de France encore enfant, chargeant avec la maison du roi, blessé dans le combat, et revenant encore à la charge malgré sa blessure...

La victoire, due à la valeur de tous les jeunes princes et de la plus florissante noblesse du royaume, fit à la cour, à Paris et dans la province un effet qu'aucune bataille gagnée n'avait fait encore. Les princes et leurs amis trouvaient, en s'en retournant, les chemins bordés de peuple. Les acclamations et la joie allaient jusqu'à la démence. Les hommes portaient alors des cravates de dentelle, qu'on arrangeait avec assez de peine et de temps. Les princes, s'étant habillés avec précipitation pour le combat, avaient passé négligemment ces cravates autour du cou : les femmes portèrent des ornements faits sur ce modèle ; on les appela des steinkerques. Toutes les bijouteries nouvelles étaient à la steinkerque.

(Siècle de Louis XIV.)

ROUSSEAU (1712-1778)

Les Vendanges.

Depuis un mois les chaleurs de l'automne apprêtaient d'heureuses vendanges ; les premières gelées en ont amené l'ouverture ; le pampre grillé, laissant la grappe à découvert, étale aux yeux les dons du père Lyée[1], et semble inviter les mortels à s'en emparer. Toutes les vignes chargées de ce fruit bienfaisant que le ciel offre aux infortunés pour leur faire oublier leur misère ; le bruit des tonneaux, des cuves, des légréfass qu'on relie de toutes parts ; le chant des vendangeuses dont ces coteaux retentissent ; la marche continuelle de ceux qui portent la vendange au pressoir ; le son rauque des instruments rustiques qui les animent au

---

[1] Un des noms de Bacchus.

travail ; l'aimable et touchant tableau d'une allégresse générale qui semble, en ce moment, étendue sur la surface de la terre ; enfin le voile de brouillard que le soleil élève au matin comme une toile de théâtre pour découvrir à l'œil un si charmant spectacle : tout conspire à lui donner un air de fête, et cette fête n'en devient que plus belle à la réflexion, quand on songe qu'elle est la seule où les hommes aient su joindre l'agréable à l'utile.

BERNARDIN DE SAINT-PIERRE (1737-1814)

Une forêt de l'Ile de France[1].

Quoiqu'on n'aperçoive pas de mon ermitage, situé au milieu d'une forêt, cette multitude d'objets que nous présente l'élévation du lieu où nous sommes, il s'y trouve des dispositions intéressantes... La rivière qui coule devant ma porte passe en ligne droite à travers les bois, en sorte qu'elle me présente un long canal ombragé d'arbres de toutes sortes de feuillages : il y a des tatamaques, des bois d'ébène et de ceux qu'on appelle ici bois de pomme, bois d'olive et bois de cannelle ; des bosquets de palmistes élèvent çà et là leurs colonnes nues et longues de plus de cent pieds, surmontées à leurs sommets d'un bouquet de palmes, et paraissent au-dessus des autres arbres comme une forêt plantée sur une autre forêt. Il s'y joint des lianes de divers feuillages qui, s'enlaçant d'un arbre à

[1] Aujourd'hui île Maurice.

l'autre, forment ici des arcades de fleurs, là de longues courtines de verdure. Des odeurs aromatiques sortent de la plupart de ces arbres, et leurs parfums ont tant d'influence sur les vêtements mêmes, qu'on sent ici un homme qui a traversé une forêt, quelques heures après qu'il en est sorti. Dans la saison où ils donnent leurs fleurs, vous les diriez à demi couverts de neige. A la fin de l'été, plusieurs espèces d'oiseaux étrangers viennent, par un instinct incompréhensible, des régions inconnues, au delà des vastes mers, récolter les graines des végétaux de cette île, et opposent l'éclat de leurs couleurs à la verdure des arbres rembrunie par le soleil. Telles sont, entre autres, diverses espèces de perruches, et les pigeons bleus, appelés ici pigeons hollandais. Les singes, habitants domiciliés de ces forêts, se jouent dans leurs sombres rameaux, dont ils se détachent par leur poil gris et verdâtre, et leur face toute noire ; quelques-uns s'y suspendent par la queue et se balancent en l'air ; d'autres sautent de branche en branche, portant leurs petits dans leurs bras. Jamais le fusil meurtrier n'a effrayé ces paisibles enfants de la nature. On n'y entend que des cris de joie, les gazouillements et les ramages inconnus de quelques oiseaux des terres australes, que répètent au loin les échos de ces forêts. La rivière, qui coule en bouillonnant sur un lit de roche, à travers les arbres, réfléchit çà et là dans ses eaux limpides leurs masses vénérables de verdure et d'ombre, ainsi que les jeux de leurs heureux habitants ; à mille pas de là, elle se précipite de différents étages de rocher, et forme, à sa chute, une nappe d'eau unie comme le cristal, qui se brise, en tombant, en bouillons d'écume. Mille bruits confus sortent de ces eaux tumultueuses ; et, dispersés par les vents dans la forêt, tantôt ils fuient au loin, tantôt ils se rapprochent tous à la fois et assourdissent comme les sons des cloches de cathédrale. L'air, sans cesse renouvelé par le mouvement des eaux, entretient sur les bords de cette rivière, malgré les ardeurs de l'été, une verdure et une fraîcheur qu'on trouve rarement dans cette île, sur le haut même des montagnes.

(Paul et Virginie.)

II

TEXTES CORRESPONDANT
AU COURS DE STYLE

Les textes réunis ici appartiennent au XIXᵉ siècle et correspondent aux genres étudiés cette année au Cours de Style.

MONTALEMBERT (1810-1870)

A un ami de collège.

Avril 1827.

Un jour, Mahomet se trouva entouré de ses disciples, à quelque distance d'une montagne. Il s'écria : « Mes enfants, vous allez voir la puissance de Dieu ; montagne, je t'ordonne de venir à moi. » Cependant la montagne ne fut pas docile ; plusieurs incrédules commencèrent à ricaner, après que le prophète eut vainement répété plusieurs fois sa sommation ; mais lui, sans se troubler, les confondit par ces paroles : « Vous le voyez, la montagne ne veut pas venir me trouver ; eh bien ! moi, Mahomet, j'irai moi-même trouver la montagne ; serez-vous convaincus alors de ma puissance ? »

C'est ainsi, vieille montagne, que je me vois forcé de t'écrire, puisque, malgré la gracieuse permission que j'avais bien voulu te donner, tu as négligé de remplir ta promesse. J'attends depuis plusieurs jours une lettre de toi ; enfin, fatigué d'une si longue attente, moi, Montalembert, je t'écris moi-même.

Je te dirai d'abord que, quoique dans ma chambre tout seul, j'entends bourdonner autour de mes oreilles un bruit confus de ténèbres, de plain-chant, de faux bourdons, de sermons, etc., reste sanctifié de la semaine sainte. J'ai vraiment pris une bonne dose de sainteté.

J'ai bien prié pour toi pendant ces jours saints ; je prie pour tous ceux que j'aime : c'est une petite récompense que je me plais à rendre à ceux qui ont des bontés pour moi. Quelle douce chose que la prière ! Quel bienfait inexprimable de notre religion ! Quel plaisir pour moi de rassembler autour de moi dans ma cellule, à Sainte-Barbe, le petit cercle de tout ce que j'aime, de tout ce que je respecte, de m'unir à ces personnes bien-aimées par la prière, de me rappeler les vertus des absents, d'oublier leurs défauts, et de m'occuper d'eux en m'entretenant avec Dieu ! Je sais que mes prières sont bien peu efficaces ; mais Dieu a dit : *Sacrificium Deo cor contritum et humiliatum* ; ce qui me donne quelque espérance. Mais je t'entends qui t'écries : « Peste soit du sermonnaire ! Il a la tête tournée par la semaine sainte. » Sur quoi je me sauve.

FROMENTIN (1820-1876)

Rembrandt (Portrait).

La vie de Rembrandt est, comme sa peinture, pleine de demi-teintes et de coins sombres. Autant Rubens se montre tel qu'il était au plein jour de ses œuvres, de sa vie publique, de sa vie privée, net, lumineux et tout chatoyant d'esprit, de bonne humeur, de grâce hautaine et de grandeur, autant Rembrandt se dérobe et semble toujours cacher quelque chose, soit qu'il ait peint, soit qu'il ait vécu.

Point de palais avec l'état de maison d'un grand seigneur, point de train et de galeries à l'italienne. Une installation médiocre, la maison noirâtre d'un petit marchand, le pêle-mêle intérieur d'un collectionneur, d'un bouquiniste, d'un amateur d'estampes et de raretés... Avant de connaître plus exactement le détail de son mobilier d'artiste, et toutes les curiosités instructives et utiles dont il avait encombré sa maison, on n'y voyait qu'un désorde de choses hétéroclites, tenant de l'histoire naturelle et du bric-à-brac : panoplies sauvages, bêtes empaillées, herbes desséchées. Cela sentait le capharnaüm, le laboratoire, un peu la science occulte et là cabale, et cette baroquerie, jointe à la passion qu'on lui supposait pour l'argent, donnait à la figure méditative et rechignée de ce travailleur acharné je ne sais quel air compromettant de chercheur d'or.

Il avait la rage de poser devant un miroir et de se peindre, non pas comme Rubens le faisait, dans des tableaux héroïques, sous de chevaleresques dehors, en homme de guerre et pêle-mêle avec des figures d'épopée; mais tout seul, en un petit cadre, les yeux dans les yeux, pour lui-même et pour le seul prix d'une lumière frisante ou d'une demi-teinte plus rare... Il se retroussait la moustache, mettait de l'air et du jeu dans sa chevelure frissonnante; il souriait d'une lèvre forte et sanguine, et son petit œil noyé sous d'épaisses saillies frontales dardait un regard singulier, où il y avait de l'ardeur, de la fixité, de l'insolence et du contentement.

... Il se parait d'ailleurs et se travestissait à la façon des gens de théâtre. Il empruntait à son vestiaire de quoi se vêtir, se coiffer ou s'orner, se mettait des turbans, des toques de velours, des feutres, des pourpoints, des manteaux, quelquefois une cuirasse ; il agrafait une joaillerie à sa coiffure, attachait à son cou des chaînes d'or avec pierreries ; et pour peu qu'on ne fût pas dans le secret de ses recherches, on arrivait à se demander si toutes ces complaisances du peintre pour le modèle n'étaient pas des faiblesses de l'homme auquel l'artiste se prêtait.

Plus tard, après ses années mûres, dans les jours difficiles, on le vit paraître en des tenues plus graves, plus modestes, plus véridiques : sans or, sans velours, en vestes sombres avec un mouchoir en serre-tête, le visage attristé, ridé, macéré, la palette entre ses rudes mains. Cette tenue de désabusé fut une forme nouvelle que prit l'homme quand il eut passé cinquante ans ; mais elle ne fit que compliquer davantage l'idée vraie qu'on aimerait à se former de lui.

(Les Maîtres d'autrefois.)

A. DAUDET (1840-1897)

Le Sous-Préfet aux champs (Narration).

Le sous-préfet travaille tristement dans sa calèche à un discours qu'il doit prononcer en présence de ses administrés : rien ne vient... Mais tout à coup, il aperçoit dans le lointain un

petit bois de chênes verts, qui semble l'inviter et lui promettre
meilleur succès : il s'y rend seul et à pied.

Dans le petit bois de chênes verts, il y a des
oiseaux, des violettes et des sources sous l'herbe fine.
Quand ils ont aperçu M. le sous-préfet avec sa belle
culotte et sa serviette en chagrin gaufré, les oiseaux
ont eu peur et se sont arrêtés de chanter, les sources
n'ont plus osé faire du bruit, et les violettes se sont
cachées dans le gazon... Tout ce petit monde-là n'a
jamais vu de sous-préfet, et se demande à voix basse
quel est ce beau seigneur qui se promène en culotte
d'argent...

A voix basse sous la feuillée, on se demande quel est
ce beau seigneur en culotte d'argent... Pendant ce
temps-là, M. le sous-préfet, ravi du silence et de la
fraîcheur du bois, relève les pans de son habit, pose
son claque sur l'herbe et s'assied dans la mousse au
pied d'un jeune chêne ; puis il ouvre sur ses genoux
sa grande serviette en chagrin gaufré et en tire une
large feuille de papier ministre : « C'est un artiste !
dit la fauvette. — Non, dit le bouvreuil. Ce n'est pas
un artiste, puisqu'il a une culotte d'argent ; c'est plutôt un prince. »

« C'est plutôt un prince, dit le bouvreuil. — Ni un
artiste ni un prince, interrompt un vieux rossignol,
qui a chanté toute une saison dans les jardins de la
sous-préfecture... Je sais ce que c'est : c'est un sous-
préfet ! » Et tout le petit bois va chuchotant : « C'est
un sous-préfet ! c'est un sous-préfet ! » — « Comme il
est chauve ! » remarque une alouette à grande huppe.
Les violettes demandent : « Est-ce que c'est
méchant ? »

« Est-ce que c'est méchant? » demandent les violettes. Le vieux rossignol répond : « Pas du tout. » Et
sur cette assurance les oiseaux se remettent à chanter,
les sources à courir, les violettes à embaumer, comme
si le monsieur n'était pas là... Impassible au milieu de
tout ce joli tapage, M. le sous-préfet invoque dans son
cœur la Muse des comices agricoles, et, le crayon
levé, commence à déclamer de sa voix de cérémonie.
« Messieurs et chers administrés... »

« Messieurs et chers administrés, » dit le sous-préfet
de sa voix de cérémonie. Un éclat de rire l'interrompt; il se retourne et ne voit rien qu'un gros pivert
qui le regarde en riant, perché sur son claque. Le
sous-préfet hausse les épaules et veut continuer son
discours; mais le pivert l'interrompt encore et lui crie
de loin : « A quoi bon? — Comment! à quoi bon? »
dit le sous-préfet qui devient tout rouge. Et, chassant
d'un geste cette bête effrontée, il reprend de plus belle :
« Messieurs et chers administrés... »

« Messieurs et chers administrés, » a repris le sous-
préfet de plus belle; mais alors, voilà les petites violettes qui se haussent vers lui sur le bout de leurs tiges
et qui lui disent doucement : « Monsieur le sous-préfet, sentez-vous comme nous sentons bon? » Et les
sources lui font sous la mousse une musique divine,
et dans les branches, autour de sa tête, des tas de fau-
vettes viennent lui chanter leurs plus jolis airs, et tout
ce petit bois conspire pour l'empêcher de composer
son discours.

Tout le petit bois conspire pour l'empêcher de composer son discours. M. le sous-préfet, grisé de parfums,
ivre de musique, essaye vainement de résister au nouveau charme qui l'envahit. Il s'accoude sur l'herbe,

dégrafe son bel habit, balbutie encore deux ou trois fois : « Messieurs et chers administrés... Messieurs et chers amis... Messieurs et chers... » Puis il envoie les administrés au diable, et la Muse des comices agricoles n'a plus qu'à se voiler la face.

(Lettres de mon moulin.)

GODEFROY KURTH (1847-1916)

Né à Arlon en 1847, G. Kurth consacra toute sa vie à l'étude de l'histoire. Orateur et peintre autant qu'érudit, il a le don des vues amples et des représentations saisissantes ; la richesse de documentation n'alourdit pas sa marche : son œuvre possède la chaleur, le rythme, la vive lumière d'un poème ; elle est surtout imprégnée de l'amour de la patrie belge et de l'Église.

Les Pyramides (Description).

« Écoute, ô Karmakhis ! Je t'ai vu, il y a de cela des années, plus beau que tu n'es aujourd'hui, moins cassé, moins ridé, ferme et fier sur ton piédestal, contemplant de tes grands yeux immobiles le désert infini. C'était par une nuit sans lune, sous l'obscure clarté qui tombe des étoiles. (Pardon de te citer du Corneille.) Entre tes pattes gigantesques au repos, une femme dort étendue, chastement drapée dans ses longs voiles. Ses bras, vigilants jusque dans le sommeil, serrent sur son cœur un petit enfant. Non loin, près d'un feu dont le filet de fumée s'élève tout droit dans l'atmosphère pure, un homme est étendu, plongé dans le pesant repos du voyageur fatigué. Un âne est debout près du feu ; son bât a été jeté à terre ; mais on voit que l'animal humble et fidèle est prêt à reprendre son service au premier appel de son maître. Te souvient-il de ce tableau, et de l'hospitalité nocturne que tu as prêtée aux pauvres voyageurs ? Toi, l'énigme supposée, tu t'es trouvé ce jour devant une énigme véritable que tu n'as pu résoudre. Eh bien ! je t'en donnerai le mot : la femme, c'était la Reine des cieux, et l'enfant, c'était l'Œdipe qui a résolu toutes les énigmes.

« Dis, ô Karmakhis, cette légende ne vaut-elle pas celle que les Grecs t'ont créée ? Pour ma part, je crois qu'on a bien fait de te bâtir, il y a six mille ans, pour permettre à un artiste chrétien nommé Luc-Olivier Merson, de te prendre pour le témoin de la *Fuite en Égypte.*

(Mizraïm.)

VANDAL

Erfurt (Description historique).

Ville paisible de bourgeois et de fonctionnaires, Erfurt n'avait pas le goût des grandeurs, et d'ailleurs sa disposition ne se prêtait guère à sa nouvelle fortune. Ses rues tortueuses, mal pavées, point éclairées le soir, ses places irrégulières semblaient peu propres au déploiement des cortèges et aux évolutions de la troupe. Les maisons étroites, à pignons aigus, à façades pittoresques, où l'art du xvie siècle avait sculpté ses ornements délicats, si elles avaient suffi naguère

à abriter le luxe tout intime d'une bourgeoisie opu-
lente, ne répondait pas aux nécessités des grandes
existences de cour. N'importe, le maître avait parlé :
Erfurt cessait de s'appartenir. Il lui fallut se laisser aménager et transformer, se faire capitale pour
quelques jours, s'accommoder aux honneurs et aux
charges de sa destination improvisée.

Ce fut d'abord une prise de possession militaire :
des troupes partout : artillerie à la citadelle avec le
général comte Oudinot, gouverneur de la place ; com-
pagnies d'élite en ville, régiments d'infanterie canton-
nés dans les villages environnants. Les bourgeois regardaient passer ces belles troupes avec admiration, puis
songeaient qu'il faudrait leur fournir vivres et logement, et cette réflexion tempérait leur enthousiasme.
A l'invasion des soldats succéda celle des employés,
agents et ouvriers : ils parurent en longues files, ame-
nant des convois d'objets précieux. Par leurs mains,
tout se restaurait et s'embellissait. Le palais du gou-
vernement échangeait son mobilier d'autrefois contre
un décor dans le style du jour renouvelé de l'antique,
se parait de bronzes, de vases, de statues ; les murs
des appartements, fleuris d'ornements gracieux, dis-
paraissaient sous les lourdes étoffes et les tapisseries
des Gobelins ; les portraits des vieux princes, des
duchesses à falbalas, souriant sous la poudre, cédaient
la place aux emblèmes de l'Empire : partout des aigles,
partout des abeilles d'or, semées sur la pourpre des
tentures. L'ancien théâtre de la cour, délaissé et trans-
formé en hangar, brillait à nouveau sous ses dorures
avivées ; certaines demeures bourgeoises, désignées
pour loger les hôtes de l'Empereur, recevaient une
décoration somptueuse et prenaient figure de palais.

... La population d'Erfurt doublait, triplait à vue d'œil. Les vingt auberges de la ville étaient assiégées, les maisons particulières envahies. A toute heure, c'étaient de nouvelles arrivées : hier, un groupe de diplomates précédant leurs maîtres ; aujourd'hui, la Comédie-Française, appelée par levée en masse, au nombre de trente-deux sujets ; puis des curieux, des fonctionnaires en congé, des joueurs de profession, des oisifs venus des eaux d'Allemagne, de Carlsbad et de Tœplitz, de tous ces lieux de plaisir et de conversation que Metternich appelait « les cafés de l'Europe » ; enfin, au milieu de cette foule bourdonnante et confuse, des personnages à sensation, des grands seigneurs de toute provenance, des maréchaux d'Empire, des princes souverains, des rois.

... Confondus dans la foule des visiteurs, ces princes cherchaient cependant à s'en distinguer par le luxe un peu suranné de leurs livrées, de leurs équipages, de leur maison. Les charges, les titres de l'Allemagne féodale reparaissaient autour d'eux ; le nombre était incalculable de chambellans, de conseillers privés, d'écuyers cavalcadours[1] qui se trouvaient réunis à Erfurt, tous gonflés de leur importance. Mais se présentait-il quelque Français, touchant de près ou de loin à l'état-major impérial, chacun de s'effacer respectueusement, tant était inné chez ces Allemands le culte de la force...

Le 27 au matin, Napoléon arriva brusquement, en voyageur, accompagné du seul prince de Neufchâtel. De beaux escadrons de sa garde galopaient autour de sa voiture, et la vue de ces guerriers aux exploits

---

[1] Écuyers cavalcadours : ceux qui avaient la surveillance des équipages.

12. — Manuel de 4ᵉ Classe.

fabuleux, de cette légende vivante, produisait sur le peuple son effet ordinaire de saisissement. Napoléon n'avait point voulu de réception officielle : on avait préparé des arcs de triomphe ; il les fit décommander. Il entendait que tous les honneurs, tous les hommages fussent communs aux deux empereurs, et se refusait à en distraire prématurément aucune part. Il prit logement au palais, expédia quelques ordres, écrivit à Cambacérès, rendit visite au roi de Saxe, puis monta à cheval avec toute sa maison pour se rendre au-devant de l'empereur de Russie.

A quelque distance de la ville, on aperçut la voiture d'Alexandre venant en sens inverse, au milieu d'un groupe brillant d'officiers. Les deux empereurs mirent pied à terre, allèrent l'un à l'autre, s'embrassèrent, puis causèrent quelques instants avec effusion, en amis heureux de se retrouver. Par ordre de Napoléon, on avait amené pour Alexandre un cheval de selle pareil à ceux dont le tsar se servait d'ordinaire, harnaché à la russe, avec une housse de fourrure blanche. Alexandre le prit ; Napoléon remonta à cheval ; leurs suites se confondirent, et, en une seule colonne, on se dirigea vers la ville, qui dressait au loin sa silhouette gothique.

(Napoléon et Alexandre Ier.)

LENÔTRE

Le Drame de Varennes (Narration).

(Les Tuileries.)

L'homme le plus ébahi de la France le 21 juin 1791 fût assurément le sieur Lemoine, valet de chambre de Louis XVI. Il avait veillé aux Tuileries, aidé le roi à monter dans son lit, dont il avait soigneusement fermé les rideaux, puis, comme il était de service dans la chambre même où il couchait sur un lit de sangle dressé derrière un paravent, il avait clos les volets, poussé les verrous intérieurs des portes, allumé « le mortier de nuit ». Il s'était déshabillé sans bruit, avait attaché, ainsi qu'il le faisait chaque soir, à portée de la main du roi le cordon d'appel, dont l'autre extrémité était enroulée à son bras, et s'était endormi vers minuit.

À 7 heures du matin, il écarta les volets, alla sur la pointe du pied ouvrir la porte aux garçons de chambre Hubert et Marquant... et, s'approchant de l'alcôve royale, il s'inclina respectueusement et prononça la formule habituelle : « Sire, il est 7 heures ! » Alors il souleva le rideau et s'aperçut que le lit était vide.

Très surpris de cette dérogation sans précédents aux usages de la chambre, il chargea Hubert de s'informer au rez-de-chaussée de la reine si, contrairement à ses habitudes, le roi n'y était pas descendu. Hubert revint très troublé, « Il ne faisait point jour chez la reine ; » mais il avait appris de Lenoble, garçon de toilette, qu'il n'y avait personne chez M. le dauphin. Lemoine, stupéfait, s'obstinait à ne pas croire possible la disparition de son maître, qu'il n'avait pas quitté de la nuit ; il explora l'appartement... Le lit du roi était placé entre deux portes : l'une donnait accès dans la chambre du dauphin, l'autre ouvrait sur un étroit escalier conduisant au rez-de-chaussée où le roi s'était ménagé un oratoire et une petite forge. Toutes ces pièces étaient désertes.

Lemoine remonta plein d'angoisse. Comme la demie venait de sonner, il se décide à ouvrir la porte communiquant avec la salle du Conseil, où attendent « les petits services », fort étonnés de ce retard insolite... Dans la galerie de Diane, les cireurs frottent le parquet ; les Suisses replient leurs lits ; les valets en peignoirs se poudrent. C'est un campement au réveil. A la nouvelle, tout le monde s'attroupe, brosse en main, catogans dénoués ; un porteur d'eau très ému « promène ses seaux dans les salons ». Les marmitons, débuchés des cuisines, s'effarent. De l'étage inférieur montent des gens ahuris. Les portes de la reine restent fermées... Le logement de Mme Gougenot, femme de chambre de la reine, est vide, et le désordre de l'appartement témoigne d'un départ précipité... L'événement est connu en moins d'un quart d'heure de tout le château, depuis les rôtisseries dans les caves de la galerie du quai, jusqu'aux dernières mansardes du pavillon de Marsan, qui comptait quatorze étages, et aussi à la rue du Dauphin, dans les maisons du vieux Louvre, aux baraques du Carrousel, où s'entassait une multitude d'employés et de fonctionnaires, qui, chaque matin, prenaient aux Tui-

leries leur service. Tout s'arrêta instantanément... Et
dans cet hébétement, il y avait de la panique, la
terreur de ce qu'allait dire ce formidable Paris qui
s'éveillait sous le ciel couvert d'un jour d'été lourd
et orageux.

La ville, en effet, avait su l'événement avec une
instantanéité qui confond... Et spontanément, par
un irrésistible mouvement d'anxiété, tous marchèrent
vers les Tuileries. Le Carrousel s'emplit. Sur le pont
Royal, une foule s'était massée, ce qui intriguait fort
un capitaine de la garde, Philippe Dubois, qui, d'une
des fenêtres du pavillon de Flore, regardait placide-
ment ces gens très animés. Philippe Dubois était
préposé à la suveillance de madame Élisabeth ; il avait
fait coucher un de ses hommes sur un matelas en
travers de l'unique porte des appartements de la princesse ; et, comme ceux-ci, très isolés du reste du
château, ne prenaient jour que du côté des jardins,
le désarroi des services ne s'était pas encore propagé
jusque-là. Le capitaine Dubois, pris de soupçon,
ouvrit délibérément la chambre de madame Élisabeth :
personne ; une tapisserie soulevée laissait apercevoir
une armoire à fond mobile, donnant accès à la galerie
encore démeublée qu'on destinait au futur musée :
la princesse, à l'aide d'une clef ployante qu'on retrouva sur le parquet, avait fait jouer cette machi-
nerie et était sortie par là.

Dubois, très penaud, quitta son poste et gagna la
galerie. C'était, devant la colère montante de Paris,
un sauve-qui-peut ; une galopade effarée... Les valets
jetaient leur livrée ; les femmes, en hâte, ficelaient
des paquets ; chacun s'efforçait de gagner les portes,
recherchant les couloirs sombres, se faufilant vers les

sorties encore libres de la chapelle et du pavillon de Marsan.

... Car la cour des Princes et la cour Royale sont déjà envahies. On se bouscule,... on hue, on siffle, on s'indigne... Tout de suite surgit la persistante version du souterrain des Tuileries par lequel on peut gagner Vincennes et Marly... A 8 heures et demie, cent mille curieux s'écrasent aux murs des Tuileries ; le tocsin tinte, les tambours roulent, les boutiques se ferment, la fièvre monte, et, par toutes les portes à la fois, la foule fait irruption dans le château, poussant des clameurs d'indignation contre les déserteurs et de vengeance contre Lafayette, qui les a laissés fuir.

HENRI PIRENNE (1862-   )

Élève de Kurth, H. Pirenne a retenu de son maître les vues élevées et les grandes synthèses, l'information et la critique, le sens patriotique et chrétien. Mais il s'éloigne singulièrement de lui dans la manière : au lieu de la majesté, de la magnificence rythmée et éloquente de l'auteur des *Origines*, Pirenne a un style sobre, élégant, simple, concis, juste dans l'expression.

Bruges au XV⁰ Siècle (Description).

Cette belle ville (de Bruges) jeta alors un éblouissant éclat. Sa parure de monuments, déjà commencée du vivant de Louis de Male, s'augmente, en 1393-96, de l'étage supérieur du beffroi; en 1427, de l'église du Saint-Sépulcre; en 1494, des halles de Damme; en 1465, de l'hôtel Grunthunse; en 1478, de celui des Ranséates; en 1482, du chevet de Saint-Sauveur.

Pendant les règnes de Philippe le Bon et de Charles
le Téméraire, Jean van Eyck, puis Memling lui
assurent dans l'histoire de l'art une place comparable à celle de Florence. Son luxe s'étale splendide
en toutes occasions. En 1456, lors de la visite que
le dauphin Louis y fit avec le Duc, la pompe déployée
par les marchands-étrangers, la décoration des maisons, les illuminations, « de mode nouvelle et es-
trange, » émerveillèrent les Français de son entourage, « qui n'avaient jamais vu telle richesse ne telle
chière comme estait icelle ». Treize ans plus tard,
quand Marguerite d'York vint épouser Charles le
Téméraire, elle trouva les rues tendues de draps d'or
et de soie et de tapisseries, et le cortège féerique qui
l'accompagna de la porte Sainte-Croix à l'hôtel ducal
s'arrêta dix fois sur ce parcours, pour admirer des
tableaux vivants empruntés à l'histoire sainte et à
l'histoire profane. Ce somptueux décor ne doit point
cependant nous faire illusion. En réalité, la prospérité de Bruges a atteint son apogée, et son déclin
commence vers le xve siècle. Comme Venise, c'est
au moment où sa vitalité économique s'affaiblit qu'elle
s'entoure de toutes les splendeurs de l'art et du luxe.
Certes, sa décadence ne s'accomplit pas brusquement,
et, jusque vers le milieu du siècle, les symptômes ne
s'en révélèrent pas aux yeux des contemporains. Les
usages commerciaux, on le sait, ne se modifient
qu'avec lenteur. Ils conservèrent à Bruges, longtemps
encore, un rôle qui ne correspondait plus à la puissance réelle de cette ville.

(Histoire de Belgique.)

HANOTAUX

Les Eaux de France (Description).

Quand les étrangers entrent en France, ils sont frappés, d'abord, par la richesse des eaux et l'abondance, la dissémination infinie de la végétation ; ils comparent volontiers la terre française à un jardin. Ils ne trouvent certainement pas ici la belle et plantureuse vigueur des herbages anglais, vêtus d'arbres séculaires ; ni la verdure uniforme et unie du polder de Hollande, où, sur l'horizon nu, le dos de la vache qui paît semble une montagne ; ce n'est pas non plus l'élégance gracile et nette, l'essence de beauté qui se dégage du pays toscan : mais c'est un peu de tout cela à la fois. La Normandie est verte comme la verte Érin, la Flandre est grasse comme les grasses Belgiques, la Provence est sèche et claire, sous la lumière et le vent, comme si elle devait servir de fond à un tableau de Ghirlandaïo ou de Léonard. La France a, en plus, une beauté par laquelle elle se distingue de toutes ses rivales : ce sont les plaines étendues et fécondes, paresseusement couchées au soleil, le long de ses grands fleuves.

Dans le réservoir des neiges éternelles s'amassent, l'hiver, sur les hautes montagnes, — bordures majestueuses du territoire français, — les prodigieuses épargnes aquatiques qui se videront interminablement, au printemps et à l'été, sur ce sol qui ne connaît pas la soif.

Le soleil pompe, aux grands espaces de la mer et sur la terre elle-même, la vapeur et les nuages qui, poussés par les vents d'ouest, viennent se heurter au triple écran des montagnes : Massif Central, Alpes, Pyrénées ; là, ils s'arrêtent et les hivers tissent le manteau blanc des sommets. On dirait un drap mortuaire sur un cadavre rigide : tout est mort !

Mais au premier souffle du printemps, c'est un réveil : le cœur de la terre se gonfle : les larmes se mettent à couler. La goutte tombe, la goutte pleure ; on l'entend sourdre partout en un universel bruissement. A l'émotion succède la joie, l'allégresse, les bondissements. Les avalanches se précipitent, les torrents galopent ; dans le vallon, la source bavarde s'empresse ; le perce-neige se mire au rivage renouvelé : c'est la vie !

Cascades, torrents, fontaines se réunissent et forment des rivières, — rivières de montagnes soudaines et capricieuses, qui furent longtemps redoutables, mais que l'homme a domptées maintenant. Il les attelle à son travail quotidien. Sous le choc que fait la chute, il glisse sa turbine, et c'est la « houille blanche ».

Le poids de l'eau multiplié par la hauteur crée une force : l'homme la capte et la transforme, à son gré, en flamme, feu, étincelle électrique, mouvement. Autant d' « ouvriers », inutilisés jadis, et qui, aujourd'hui, se chargent docilement des transports, de l'éclairage, de la production industrielle, du travail agricole, partout où le câble, véhicule de cette force, peut atteindre. Premier bienfait de la montagne. Les montagnes de France lui octroient généreusement cette richesse qui, un jour, peut-être, supplantera celles que la création a cachées dans le sol en enfouissant les immenses forêts qui ont formé le charbon, « la houille noire ».

Combien ces ressources sont pauvres si on les compare au cadeau, indéfiniment renouvelé, que la montagne fait à la plaine ! La houille noire est une fortune économisée qui se dépense et s'épuise ; la houille blanche reste attachée à la montagne et ne peut s'arracher à cette servitude ; tandis qu'au loin, le long des vallées, à l'orée du bois, à la déclivité du coteau, s'épanche l'onde qui féconde les plaines françaises : ce n'est pas l'eau qui tombe, c'est l'eau qui court, « la houille verte ».

Mère des prairies, des champs et des jardins, elle fait sonner le tic-tac du moulin, elle fait retentir le battoir et le caquet des femmes au lavoir, elle abreuve le village et les fermes ; elle distribue, partout, une richesse familière qu'on ne peut apprécier que si on a parcouru les pays auxquels l'eau manque et qui n'ont d'autres ressources que l'irrigation aménagée par le travail humain. La houille verte, c'est la bonne fée de la France, qu'elle orne et embellit, chaque jour, en la frappant des coups légers de sa baguette humide...

Ciel, sol, eaux, faune et flore, tout concourt, s'harmonise et s'adapte pour jouer ces magnifiques symphonies naturelles qui font le renom traditionnel de nos provinces. Vosges vêtues de vert profond, aux champs étroits et noirs ; Franche-Comté aux vallées de « beurre », s'avançant jusqu'aux succulentes provendes de la Bresse ; bords du Rhône où tremblent l'alignement des peupliers, l'émail des cerisiers et la noire perruque des mûriers ; Provence splendide et luisante, à peine voilée par l'ombre ténue des oliviers ; grasses paissances des Pyrénées se mariant, en descente, aux crus généreux du Midi et du Bordelais ; coteaux de l'Armagnac, « champagne » de Cognac distillant les

eaux-de-vie, fleur de la vigne et dangereux élixir du
sol de France ; verdure profonde des Puys, vigueur
âpre des montagnes auvergnates se fondant, soudain,
dans les délices de la Limagne ; Touraine, « jardin de
la France » ; Anjou, « Angevins, bons fruits, bons
esprits, bons vins » ; charme incomparable de l'Armo-
rique vivant de peu et poursuivant le vieux songe celtique, couchée sur les genêts ; puissance de la Normandie, pâturages épais, cidre mousseux, beurre en
tartines, bêtes à cornes et chevaux de sang, grasse et
riche terre que la nature a gâtée comme la fleur de ses
œuvres ; Picardie, Artois, Flandre, betteraves et froment, sillons profonds à pleins humus, toits noirs des
grandes fermes et, partout, comme des troncs ébran-
chés, énormes, les hautes cheminées d'usines qui
secouent dans le vent le panache noir des fumées ;
Champagne ! Champagne ! où le vin casse la bouteille
pour faire jaillir sur le monde le signal de la joie ;
France enfin, l'Ile-de-France, où la Seine s'attarde
et fait fleurir la rose de Provins, mûrir la pêche de
Montreuil et pousser les petits pois de Clamart, avant
de venir baiser de son flot vagabond les quais sonores
de notre grand Paris !

III

POÉSIE

C. DELAVIGNE (1793-1843)

La Mort de Jeanne d'Arc.

Silence au camp ! la Vierge est prisonnière ;
Par un injuste arrêt Bedford croit la flétrir :
Jeune encore, elle touche à son heure dernière...
Silence au camp ! la Vierge va périr !

A qui réserve-t-on ces apprêts meurtriers ?
Pour qui ces torches qu'on excite ?
L'airain sacré tremble et s'agite...
D'où vient ce bruit lugubre ? où courent ces guerriers,
Dont la foule à longs flots roule et se précipite ?

La joie éclate sur leurs traits,
Sans doute l'honneur les enflamme :
Ils vont pour un assaut former leurs rangs épais.
Non, ces guerriers sont des Anglais
Qui vont voir mourir une femme.

Qu'ils sont nobles dans leur courroux !
Qu'il est beau d'insulter au bras chargé d'entraves !
La voyant sans défense, ils s'écriaient, ces braves :
« Qu'elle meure ! elle a contre nous
Des esprits infernaux suscité la magie... »

Lâches ! que lui reprochez-vous ?

D'un courage inspiré la brillante énergie,
L'amour du nom français, le mépris du danger :
    Voilà sa magie et ses charmes.
    En faut-il d'autres que des armes
Pour combattre, punir et vaincre l'étranger?

Du Christ avec ardeur Jeanne baisait l'image,
Ses longs cheveux épars flottaient au gré des vents;
Au pied de l'échafaud, sans changer de visage,
    Elle s'avançait à pas lents.

Tranquille, elle y monta : quand, debout sur le faîte,
Elle vit ce bûcher qui l'allait dévorer,
Les bourreaux en suspens, la flamme déjà prête,
Sentant son cœur faiblir, elle baissa la tête
    Et se prit à pleurer:

    Ah ! pleure, fille infortunée !
    Ta jeunesse va se flétrir
    Dans sa fleur trop tôt moissonnée !
    Adieu, beau ciel, il faut mourir !

Tu ne reverras plus tes riantes montagnes,
Le temple, le hameau, les champs de Vaucouleurs,
    Et ta chaumière et tes compagnes,
Et ton père expirant sous le poids des douleurs.

Chevaliers, parmi vous, qui combattra pour elle?
N'osez-vous entreprendre une cause si belle ?
Quoi ! vous restez muets ! aucun ne sort des rangs !
Aucun pour la sauver ne descend dans la lice !
Puisqu'un forfait si noir les trouve indifférents,
    Tonnez, confondez l'injustice,
Cieux, obscurcissez-vous de nuages épais;
Éteignez sous leurs flots les feux du sacrifice,

12*

   Ou guidez au lieu du supplice,
A défaut du tonnerre, un chevalier français !

Après quelques instants d'un horrible silence,
Tout à coup le feu brille, il s'irrite, il s'élance...
Le cœur de la guerrière alors s'est ranimé ;
A travers les vapeurs d'une fumée ardente,
  Jeanne, encor menaçante,
Montre aux Anglais son bras à demi consumé.
  Pourquoi reculer d'épouvante,
  Anglais ? son bras est désarmé !
La flamme l'environne, et sa voix expirante
Murmure encore : « O France, ô mon roi bien-aimé ! »

Qu'un monument s'élève aux lieux de ta naissance,
O toi qui des vainqueurs renversas les projets !
La France y portera son deuil et ses regrets,
  Sa tardive reconnaissance.
Elle y viendra gémir sous de jeunes cyprès ;
Puissent croître avec eux ta gloire et ta puissance !
Que sur l'airain funèbre on grave des combats,
Des étendards anglais fuyant devant tes pas,
Dieu vengeant par tes mains la plus juste des causes.
Venez, jeunes beautés ; venez, braves soldats !
Semez sur son tombeau les lauriers et les roses !
Qu'un jour le voyageur, en parcourant ces bois,
Cueille un rameau sacré, l'y dépose et s'écrie :
« A celle qui sauva le trône et la patrie,
Et n'obtint qu'un tombeau pour prix de ses exploits ! »

LAMARTINE (1791-1869)

Stances.

Et j'ai dit dans mon cœur : Que faire de la vie ?
Irai-je encor, suivant ceux qui m'ont devancé,
Comme l'agneau qui passe où sa mère a passé,
Imiter des mortels l'immortelle folie ?

L'un cherche sur les mers les trésors de Memnom,
Et la vague engloutit ses vœux et son navire ;
Dans le sein de la gloire où son génie aspire,
L'autre meurt enivré par l'écho d'un vain nom...

Le paresseux s'endort dans les bras de la faim ;
Le laboureur conduit sa fertile charrue ;
Le savant pense et lit, le guerrier frappe et tue ;
Le mendiant s'assied sur les bords du chemin...

Pour moi, je chanterai le Maître que j'adore,
Dans le bruit des cités, dans la paix des déserts,
Couché sur le rivage, ou flottant sur les mers,
Au déclin du soleil, au réveil de l'aurore.

La terre m'a crié : « Qui donc est le Seigneur ?
— Celui dont l'âme immense est partout répandue.
Celui dont un seul pas mesure l'étendue,
Celui dont le soleil emprunte sa splendeur ;

Celui qui du néant a tiré la matière,
Celui qui sur le vide a fondé l'univers,
Celui qui sans rivage a renfermé les mers,
Celui qui d'un regard a lancé la lumière ;

Celui qui ne connaît ni jour ni lendemain,
Celui qui de tout temps de soi-même s'enfante,
Qui vit dans l'avenir comme à l'heure présente,
Et rappelle les temps échappés de sa main :

C'est lui ! c'est le Seigneur : que ma langue redise
Les cent noms de sa gloire aux enfants des mortels :
Comme la harpe d'or pendue à ses autels,
Je chanterai pour lui, jusqu'à ce qu'il me brise. »

(Méditations poétiques.)

VICTOR HUGO (1802-1885.)

Louis XVII.

I

En ce temps-là, du ciel les portes d'or s'ouvrirent,
Du Saint des Saints ému les feux se découvrirent ;
Tous les cieux un moment brillèrent dévoilés ;
Et les élus voyaient, lumineuses phalanges,
Venir une jeune âme entre de jeunes anges
    Sous les portiques étoilés.

C'était un bel enfant qui fuyait de la terre ;
Son œil bleu du malheur portait le signe austère ;
Ses blonds cheveux flottaient sur ses traits pâlissants ;
Et les vierges du ciel, avec des chants de fête,
Aux palmes du martyre unissaient sur sa tête
    La couronne des innocents.

II

On entendit des voix qui disaient dans la nue :
« Jeune ange, Dieu sourit à ta gloire ingénue ;
Viens, rentre dans ses bras pour ne plus en sortir ;
Et vous, qui du Très-Haut racontez les louanges,
   Séraphins, prophètes, archanges,
Courbez-vous, c'est un roi ; chantez, c'est un martyr !

— Où donc ai-je régné? demandait la jeune ombre,
Je suis un prisonnier, je ne suis point un roi.
Hier je m'endormis au fond d'une tour sombre.
Où donc ai-je régné? Seigneur, dites-le-moi.
Hélas! mon père est mort d'une mort bien amère ;
Ses bourreaux, ô mon Dieu! m'ont abreuvé de fiel ;
Je suis un orphelin, je viens chercher ma mère,
   Qu'en mes rêves j'ai vue au ciel. »

Les Anges répondaient : « Ton Sauveur te réclame.
Ton Dieu d'un monde impie a rappelé ton âme.
Fuis la terre insensée où l'on brise la croix,
Où jusque dans la mort descend le régicide,
   Où le meurtre, d'horreurs avide,
Fouille dans les tombeaux pour y chercher des rois !

— Quoi! de ma longue vie ai-je achevé le reste?
Disait-il ; tous mes maux, les ai-je enfin soufferts?
Est-il vrai qu'un geôlier, de ce rêve céleste,
Ne viendra pas demain m'éveiller dans mes fers?
Captif, de mes tourments cherchant la fin prochaine,
J'ai prié. Dieu veut-il enfin me secourir?
Oh! n'est-ce pas un songe? a-t-il brisé ma chaîne?
   Ai-je eu le bonheur de mourir?

12**

« Car vous ne savez point quelle était ma misère !
Chaque jour dans ma vie amenait des malheurs ;
Et, lorsque je pleurais, je n'avais pas de mère
Pour chanter à mes cris, pour sourire à mes pleurs.
D'un châtiment sans fin languissante victime,
De ma tige arraché comme un tendre arbrisseau,
J'étais proscrit bien jeune, et j'ignorais quel crime
      J'avais commis dans mon berceau.

« Et pourtant, écoutez, bien loin dans ma mémoire,
J'ai d'heureux souvenirs avant ces temps d'effroi,
J'entendais en dormant des bruits confus de gloire,
Et des peuples joyeux veillaient autour de moi.
Un jour tout disparut dans un sombre mystère ;
Je vis fuir l'avenir à mes destins promis.
Je n'étais qu'un enfant, faible et seul sur la terre,
      Hélas ! et j'eus des ennemis !

« Ils m'ont jeté vivant sous des murs funéraires ;
Mes yeux voués aux pleurs n'ont plus vu le soleil ;
Mais vous que je retrouve, anges du ciel, mes frères,
Vous m'avez visité souvent dans mon sommeil.
Mes jours se sont flétris dans leurs mains meurtrières,
Seigneur ; mais les méchants sont toujours malheureux.
Oh ! ne soyez pas sourd comme eux à mes prières,
      Car je viens vous prier pour eux. »

Et les anges chantaient : « L'arche à toi se dévoile,
Suis-nous ; sur ton beau front nous mettrons une étoile.
Prends les ailes d'azur des chérubins vermeils ;
Tu viendras avec nous bercer l'enfant qui pleure,
      Ou, dans leur brûlante demeure,
D'un souffle lumineux rajeunir les soleils ! »

III

Soudain le chœur cessa, les élus écoutèrent.
Il baissa son regard par les larmes terni.
Au fond des cieux muets les mondes s'arrêtèrent,
Et l'éternelle voix parla dans l'infini :

« O roi ! je t'ai gardé loin des grandeurs humaines ;
Tu t'es réfugié du trône dans les chaînes.
    Va, mon fils, bénis tes revers ;
Tu n'as point su des rois l'esclavage suprême,
Ton front du moins n'est pas meurtri du diadème,
    Si tes bras sont meurtris de fers.

« Enfant, tu t'es courbé sous le poids de la vie ;
Et la terre, pourtant, d'espérance et d'envie
    Avait entouré ton berceau !
Viens, ton Seigneur lui-même eut ses douleurs divines,
Et mon Fils, comme toi, roi couronné d'épines,
    Porta le sceptre de roseau ! »

(Odes et ballades.)

La Rose de l'Infante.

Elle est toute petite. Une duègne la garde.
Elle tient à la main une rose, et regarde.
Quoi ? que regarde-t-elle ? Elle ne sait pas. L'eau,
Un bassin qu'assombrit le pin et le bouleau ;
Ce qu'elle a devant elle : un cygne aux ailes blanches,
Le bercement des flots sous la chanson des branches,

Et le profond jardin rayonnant et fleuri.
Tout ce bel ange a l'air dans la neige pétri.
On voit un grand palais comme au fond d'une gloire,
Un parc, de clairs viviers où les biches vont boire,
Et les paons étoilés dans les bois chevelus.
L'innocence est sur elle une blancheur de plus ;
Toutes ses grâces font comme un faisceau qui tremble.
Autour de cette enfant l'herbe est splendide et semble
Pleine de vrais rubis et de diamants fins ;
Un jet de saphirs sort des bouches des dauphins.
Elle se tient au bord de l'eau ; sa fleur l'occupe.
Sa basquine est en point de Gênes ; sur sa jupe
Une arabesque, errant dans les plis du satin,
Suit les mille détours d'un fil d'or florentin.
Sa rose épanouie et toute grande ouverte,
Sortant du frais bouton comme d'une urne ouverte,
Charge la petitesse exquise de sa main…
Elle assiste au printemps, à la lumière, à l'ombre,
Au grand soleil couchant horizontal et sombre,
À la magnificence éclatante du soir,
Aux ruisseaux murmurants qu'on entend sans les voir,
Aux champs, à la nature éternelle et sereine,
Avec la gravité d'une petite reine :
Elle n'a jamais vu l'homme que se courbant.
Un jour, elle sera duchesse de Brabant ;
Elle gouvernera la Flandre ou la Sardaigne.
Elle est l'infante, elle a cinq ans, elle dédaigne.
Car les enfants des rois sont ainsi ; leurs fronts blancs
Portent un cercle d'ombre, et leurs pas chancelants
Sont des commencements de règne. Elle respire
Sa fleur en attendant qu'on lui cueille un empire ;
Et son regard, déjà royal, dit : « C'est à moi. »
Il sort d'elle un amour mêlé d'un vague effroi.

La douce enfant sourit, ne faisant autre chose
Que de vivre et d'avoir dans la main une rose,
Et d'être là, devant le ciel, parmi les fleurs.

Le jour s'éteint; les nids chuchotent, querelleurs;
Les pourpres du couchant sont dans les branches d'arbre;
La rougeur monte au front des déesses de marbre
Qui semblent palpiter sentant venir la nuit;
Et tout ce qui planait redescend; plus de bruit,
Plus de flamme; le soir mystérieux recueille
Le soleil sous la vague et l'oiseau sous la feuille.

Cependant, sur le bord du bassin, en silence,
L'infante tient toujours sa rose gravement,
Et, doux ange aux yeux bleus, la baise par moment.
Soudain un souffle d'air, une de ces haleines
Que le soir frémissant jette à travers les plaines,
Tumultueux zéphir effleurant l'horizon,
Trouble l'eau, fait frémir les joncs, met un frisson
Dans les lointains massifs de myrte et d'asphodèle,
Vient jusqu'au bel enfant tranquille, et, d'un coup d'aile,
Rapide, et secouant même l'arbre voisin,
Effeuille brusquement la fleur dans le bassin,
Et l'infante n'a plus dans la main qu'une épine.
Elle se penche et voit sur les eaux cette ruine;
Elle ne comprend pas; qu'est-ce donc? Elle a peur;
Et la voilà qui cherche au ciel avec stupeur
Cette brise qui n'a pas craint de lui déplaire.
Que faire? Le bassin semble plein de colère;
Lui, si clair tout à l'heure, il est noir maintenant;
Il a des vagues; c'est une mer bouillonnant;
Toute la pauvre rose est éparse sur l'onde;

Les cent feuilles que noie et roule l'eau profonde,
Tournoyant, naufrageant, s'en vont de tous côtés
Sur mille petits flots par la brise irrités.
On croit voir dans un gouffre une flotte qui sombre.
« Madame, dit la duègne avec sa face d'ombre
A la petite fille étonnée et rêvant,
Tout sur terre appartient aux princes, hors le vent. »

(La Légende des siècles.)

BRIZEUX (1805-1858.)

Les Pêcheurs.

Un petit port breton devant la mer sauvage
S'éveillait ; les bateaux amarrés au rivage,
Mais comme impatients de bondir sur les flots,
De sentir sur leurs bancs ramer les matelots,
Et les voiles s'enfler, et d'aller à la pêche,
Légers, se balançaient devant la brise fraîche.
Tout était bleu, le ciel et la mer ; les courlis,
Tournoyant par milliers, de l'eau rasaient les plis ;
Des marsouins se jouaient en rade, et sur les plages
Mollement au soleil s'ouvraient les coquillages.
Qu'il vienne au bord des flots, à ton miroir vermeil,
Celui-là qui veut voir ton lever, ô soleil !

Bientôt les bons pêcheurs de ce havre de Vannes,
A l'heure du reflux quittèrent leurs cabanes.
Sur leurs habits pesants, tout noircis de goudron,
L'un portait un filet et l'autre un aviron ;
Leurs femmes les suivaient, embarquant une cruche
D'eau fraîche, un large pain qui sortait de la huche,

Du porc salé, du vin ; et pendant les adieux
Leurs regards consultaient les vagues et les cieux.
Les chaloupes enfin, se défiant entre elles,
Comme de grands oiseaux déployèrent leurs ailes.

Celle qui la première ouvrit sa voile au vent
Portait un homme mûr, un jeune homme, un enfant,
Et leur aïeul à tous, dont les mains sillonnées
Marquaient de longs labeurs et de longues années...
Leur pays, c'est Enn-Tell, et leur nom Colomban,
Un des saints que Dieu fit maîtres de l'Océan.

Tandis qu'ils s'éloignaient, laissant traîner leurs dragues,
Ils virent les enfants jouer au bord des vagues
Et ceux qui, tout le jour, le long des murs assis,
Inutiles vieillards, n'ont plus que des récits.
Sur les quais, leurs maisons reluisaient toutes blanches,
Et par-dessus les toits, au loin, de vertes branches
Leur laissaient entrevoir de tranquilles hameaux ;
Les grands bœufs lentement paissaient sous les rameaux,
Et le vent apportait le gai refrain des pâtres,
Qui, sur l'herbe couchés devant les flots saumâtres,
Savourent leur jeunesse, au reste indifférents.
Alors, pour éclaircir le front de leurs parents,
Au bruit des avirons le novice et le mousse
Se mirent à chanter d'une voix lente et douce.

SULLY-PRUDHOMME (1839-1907)

L'Habitude.

L'habitude est une étrangère
Qui supplante en nous la raison,

C'est une ancienne ménagère
Qui s'installe dans la maison.

Elle est discrète, humble, fidèle,
Familière avec tous les coins;
On ne s'occupe jamais d'elle,
Car elle a d'invisibles soins.:

Elle conduit les pieds de l'homme,
Sait le chemin qu'il eût choisi,
Connaît son but sans qu'il le nomme,
Et lui dit tout bas : « Par ici. »

Travaillant pour nous en silence,
D'un geste sûr, toujours pareil,
Elle a l'œil de la vigilance,
Les lèvres douces du sommeil.

Mais imprudent qui s'abandonne
A son joug une fois porté !
Cette vieille au pas monotone
Endort la jeune liberté,

Et tous ceux que sa force obscure
A gagnés insensiblement,
Sont des hommes par la figure,
Des choses par le mouvement.

EDMOND ROSTAND (1868-1918)

La Brouette.

Tel un prince héritier qui se déguise et rôde
Afin de découvrir l'injustice et la fraude

A travers les États du roi son père, — tel
Jésus reprend parfois son jeune front mortel,..
Quitte en secret le firmament de Dieu son Père
Et, blond, s'en vient un peu voyager sur la terre.
Télémaque divin que, comme un vieux Mentor,
Le bon saint Pierre, ôtant son auréole d'or
Pour n'être pas trahi par ses feux, accompagne.

Un jour, ayant battu longuement la campagne,
Le Seigneur et le saint, — on était en hiver, —
Firent halte en un bois dont le feuillage vert
N'était plus, sur le sol, que de l'humus rougeâtre.

Saint Pierre eût bien voulu s'asseoir au coin d'un âtre
Et chauffer ses vieux doigts;.. mais la seule maison
Qui levât son chapeau de chaume à l'horizon
Ne penchait pas au vent la plume de fumée
Qui fait rêver bon gîte et soupe parfumée.
Donc ce bois valait mieux, d'autant que le soleil
Y donnait, — un soleil timidement vermeil,
Un soleil pas bien chaud, c'est vrai, mais, tout de
                                        même,

Point trop à dédaigner en ce matin si blême;
Et Pierre, tout fourbu d'aller par les chemins,
S'étant assis, tendait vers le soleil ses mains
Et les dégourdissait dans sa lumière rose,
Cependant que Jésus rêvait à quelque chose,
Debout, et ne sentant ni fatigue ni froid.

Pierre cria soudain : « Maître! Fils de mon Roi!
Regardez, regardez par ici, cette femme!
N'est-elle pas stupide ou folle? Sur mon âme!
Elle veut ramasser du soleil, voyez-la! »

Jésus leva les yeux… Une vieille était là,
De ces vieilles des champs, au dur profil de chouette,
Et cette vieille, — avec son énorme brouette, —
Se tenait au milieu du sentier, à l'endroit
Qu'éclairait un rayon de soleil tombant droit.
Et sitôt qu'il venait dorer son véhicule,
Cette femme tentait la chose ridicule
D'emporter le rayon, et poussait aux brancards
Bien vite ;… mais toujours, au moindre des écarts
Qu'elle faisait du point frappé par la lumière,
Le soleil s'échappait de la brouette. Et Pierre
Se divertissait fort à regarder ce jeu ;
La capture, d'abord, du beau rayon de feu
Entre les ais boueux et gris qu'il illumine,
Puis sa fuite rapide, et la piteuse mine
De la vieille pauvresse, interdite un moment,
Mais qui recommençait bientôt patiemment,
Sans comprendre pourquoi, dès qu'elle entrait dans
                                        l'ombre,
Elle ne poussait plus qu'une brouette sombre !
« Est-elle simple ! Dieu ! Voyez ce qu'elle fait !…
Bon, elle recommence ! » Et Pierre s'esclaffait !…
Mais voici que Jésus, dont l'intérêt s'éveille,
S'approche et doucement interroge la vieille.
« Femme, que fais-tu là ? N'as-tu plus ta raison ?
Il règne un froid terrible en cette âpre saison
Et je ne comprends pas, ô femme, que tu veuilles,
Au lieu de ramasser du bois sec et des feuilles,
Ramasser ce rayon à peine réchauffant !
— C'est pour le rapporter à mon petit enfant,
Dit la femme en levant le front. Je suis l'aïeule
D'un pauvre enfant malade, à qui je reste seule,
Car, cet hiver, le père et la mère sont morts.

Pour travailler, mes bras ne sont pas assez forts ;
Je ne puis que glaner, et ce travail-là chôme...
Et l'enfant va mourir sous notre triste chaume,
Sans même avoir connu ces douceurs, ces bonbons
Qui font sourire encor les petits moribonds.
Ne pouvoir pas gâter alors qu'on est grand'mère,
C'est dur !... Que lui donner ? Je ne savais que faire !
Mais voici qu'il me dit ce matin, au réveil :
« Je serais bien content si j'avais du soleil !... »
Car le soleil jamais n'entre dans ma chaumière
Et mon petit garçon est privé de lumière.
Alors, voyant qu'ici le soleil a relui,
Je viens en ramasser un bon morceau pour lui. »

Et la vieille reprit, avec foi, sa besogne...
Quand il se sent ému, saint Pierre se renfrogne.
Il dit : « Elle est stupide ! Elle ne voit donc pas
Que son soleil s'en va dès qu'elle fait un pas !
Cette vieille cervelle est dure comme pierre
Et ne comprend plus rien ! » Mais Jésus dit à Pierre,
Pensif, ayant rêvé sur cette femme un peu :
« On ne sait pas ce que l'amour des simples peut ! »
Et n'ayant pas compris encor cette parole,
Saint Pierre répétait : « Mais cette femme est folle !
Elle est folle, Seigneur !... » Soudain il s'arrêta,
Presque aussi confondu que quand le coq chanta,
Car la vieille marchait maintenant sous les branches,
Et les rayons restaient entre les quatre planches.
Et les rayons, dans l'ombre, étincelaient encor.
Et paraissant pousser devant elle un tas d'or,
Sans s'étonner, la vieille, impassible et muette,
Emportait le soleil dans son humble brouette.

ÉMILE VERHAEREN (1855-1916)

Né à Saint-Amand, près d'Anvers, en 1855, É. Verhaeren est mort en 1916. Le poème de la patrie qu'il devait écrire a été commencé dans les *Ailes rouges de la Guerre*. Le poète s'y retrouve tout entier : violent, haineux, en même temps que tendre et passionné de justice. Son style a les mêmes éclairs, les mêmes pauvretés et les mêmes splendeurs.

Un Lambeau de Patrie.

Ce n'est qu'un bout de sol dans l'infini du monde;
Le Nord
Y déchaîne un vent qui mord.
Ce n'est qu'un peu de terre avec sa mer au bord
Et le déroulement de sa dune inféconde.

Ce n'est qu'un bout de sol étroit,
Mais qui renferme encore et sa reine et son roi,
Et l'amour condensé d'un peuple qui les aime.
Le Nord
A beau y déchaîner le froid qui gerce et mord,
Il est brûlant ce sol suprême.

Quelques troupes, grâce à ce roi,
Y propagent l'exploit
De l'un à l'autre bout des boueuses tranchées;
Et l'Yser débordé y fait stagner ses eaux
Sur les vergers de ferme où, jadis, les oiseaux
Aux vieux pommiers en fleurs suspendaient leurs
nichées.

Dixmude et ses remparts, Nieuport et ses canaux,
Et Furne avec sa tour pareille à un flambeau,
Vivent encore ou sont défunts sous la mitraille.
O ciel bleu de la Flandre, aux nuages si clairs
Qu'on les prenait pour des anges traversant l'air,
Qui donc eût dit que tu serais ciel de bataille
                    Un jour !

Sous ta voûte, la gloire et le deuil tour à tour
            Apparaissent et s'entremêlent.
O noms sacrés, Keyem, Pervyse et Ramscapelle,
C'est près de vos clochers, en d'immenses tombeaux,
            Qu'ils goûtent le repos,
Ceux qui se sont battus avec force et furie.
Ce sol qui les aima leur a fait bon accueil,
Si bien que, n'ayant ni suaire ni cercueil,
Ils sont jusqu'en leurs os étreints par la Patrie.

                  Parfois
En robe toute droite, ou de toile ou de laine,
Celle qu'ils acclamaient aux jours d'orgueil, leur
                                    reine,
Vient errer et prier parmi leurs pauvres croix,
Et son geste est timide et son ombre est discrète ;
Elle s'attarde et rêve, et quand le soir se fait,
Vers les dunes là-bas sa frêle silhouette
Avec lenteur s'efface et bientôt disparaît.

Tandis que lui, le roi, l'homme qui fut saint George,
S'en revient du lieu même où son histoire se forge,
Au bord de l'eau boueuse et sombre de l'Yser,
Il rêve lui aussi et rejoint sa compagne,
Vers leur simple maison qui s'ouvre sur la mer.

O Flandre,
Voilà comment tu vis
Autrement aujourd'hui;
Voilà comment tu vis
Dans la gloire et sa flamme, et le deuil et sa cendre.
Jadis je t'ai aimée avec un tel amour,
Que je ne croyais pas qu'il eût pu croître un jour.
Mais je sais maintenant la ferveur infinie
Qui t'accompagne, ô Flandre, à travers l'agonie,
Et t'assiste et te suit jusqu'aux bords de la mort.
Et même il est des jours de démence et de rage
Où mon cœur te voudrait plus déplorable encor
Pour me pouvoir tuer à t'aimer davantage.

(Les ailes rouges de la guerre.)

L. MERCIER

La Louange des Clochers.

I

Aux dieux trop peu divins adorés autrefois
L'art ancien dédia le fronton et l'attique.
Il ne fit pas jaillir sur leurs temples étroits
Le pur élancement des clochers extatiques.

Mais depuis que le Christ, Fils de l'homme et vrai
Dieu,
Aux espoirs de la terre assigna l'autre vie,
L'homme, pour exprimer sa hantise des cieux
Et les soucis nouveaux de son âme agrandie,

Afin de témoigner qu'il n'est rien ici-bas
Où son cœur dévorant se puisse satisfaire,
L'homme fait se dresser, semblables à des bras
Éperdus de désirs, des clochers téméraires ;

Et comme pour blesser d'un radieux amour
Le Dieu que l'inconnu des espaces lui voile,
Il ajoute la flèche au sommet de la tour
       Et la darde vers les étoiles.

II

Ainsi selon le siècle et selon le climat
Où le grain des semeurs d'Évangile germa,
Les clochers sont éclos sur la terre chrétienne.

Dans le marbre, dans le granit ou dans le bois,
Chaque race a sculpté la forme de sa foi
Suivant l'obscur conseil de l'âme qui fut sienne.

Les plus riches terroirs ont créé les plus beaux ;
Les peuples dont l'esprit fut comme un vin nouveau
Frémissant de désirs généreux et d'idées,

Ceux qui surent penser et vivre hautement
Firent chanter plus haut sous le clair firmament
L'hymne mystérieux des pierres accordées.

Ils mirent à dresser de leurs doigts ciseleurs
L'épanouissement des cathédrales fleurs,
Leur génie indomptable et leur folle vaillance.

C'est pourquoi les plus beaux sont les clochers de France.

TABLE DES MATIÈRES

39.535. — Tours, imprimerie Mame.